신화와 역사
그리고
욕망의 서사

신화와 역사 그리고 욕망의 서사

이봉일 지음

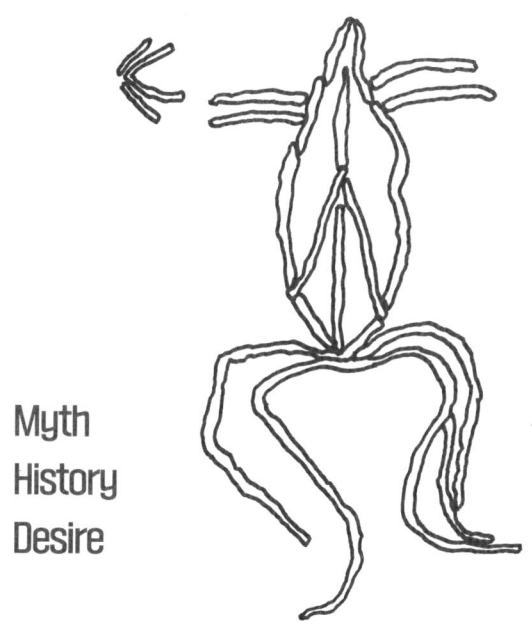

Myth
History
Desire

굿모닝미디어

책을 내면서

지금까지 공부하며 가르치면서 살아온 날들을 생각해보면, 늘 뭔가 모를 지식의 허기 속에서 그것을 채우기 위해 노력해온 것 같다. 2009년 『문학과 정신분석』(새미)를 출간한 이후, 10년이 넘도록 책 한 권 세상에 내놓지 않았으니 참으로 게으른 학문적 삶을 살아온 것이다. 부끄럽기 짝이 없다.

또 한편으로 생각해보면, 그렇게 무심하게 살아오지는 않았다. 2011년 경희사이버대학교 문화창조대학원 미디어문예창작전공이 개설된 이래, 매주 목요일마다 온라인 화상으로 대학원생들과 함께 공부해온 〈목요세미나〉가 2022년 11월 10일 현재 389회까지 꼬박 8년 가까이 진행되었으니 말이다.

이번에 출간하는 책 『신화와 역사 그리고 욕망의 서사』는 이러한 세월의 흔적들이다. 그 가운데 「신화와 역사의 간극 – 김수로왕 신화에 대한 역사적 이해」(『국제한인문학연구』 제13호), 「『삼국유사(三國遺事)』 '연오랑세오녀(延烏郎細烏女)'와 『고사기(古事記)』 '신라왕자 아메노히보코(天之日矛)' 이야기」(『국제한인문학연구』 제9호), 「'아름답다'는 어휘로 살펴본 한국인의 미의식」(『한국문예창작』 제3호), 「문명의 성숙을 위한 몇 가지 조건 – 『까토의 자유』론」(정을병, 『까토의 자유』, 지만지), 「천사는 팜츄리 나무 아래 산다」(홍영옥, 『어디에 있든 무엇을 원하든』, 개미)는 필자가 쓴 논문과 해설들이다.

그리고 나머지 글들은 제자들이 박사과정에 들어가 스스로 학문활동을 잘 수행할 수 있도록 함께 작업한 공동연구의 결과물이다.

「신라 '제48대 경문대왕(景文大王) 설화'와 이를 바탕으로 창작된 현대소설의 서사적 의미」는 강희영과의 공동연구로 『인문학연구』 제24호에 발표하였다. 강희영은 경희대학교에서 국어국문학 박사학위를 취득했다. 「매와 매사냥의 역사와 어휘연구」는 김미경과의 공동연구로 『비평문학』 제65호에 발표하였다. 김미경은 아주대학교에서 국어국문학 박사과정을 수료한 상태로 곧 박사학위를 취득할 예정이다. 「그림책 『강아지똥』과 생태사상」은 손정선과의 공동연구로 『한국문예창작학회』 제29호에 발표하였다. 손정선은 이후 영국으로 선교활동을 떠났다. 「「산불」과 성적 욕망의 서사」는 손○○와의 공동연구로 『국제한인문학연구』 제12호에 발표하였다. 손○○은 고려대학교에서 문예창작학과 박사과정을 수료했다. 「가족 서사와 아버지 콤플렉스」는 원래 「김소진 소설에 대한 정신분석학적 연구」로 최현숙과의 공동연구로 『국제한인문학연구』 제11호에 발표하였다. 최현숙은 경희대학교에서 국어국문학 박사과정을 수료하고 논문 준비 중이다. 「『해를 품은 달』의 서사와 신자유주의 이념」은 『세계문학비교학회』 제44집에 안세라와의 공동연구로 발표하였다. 안세라는 참으로 뛰어난 역량을 지닌 젊은 제자인데 박사과정에 진학하지 않고 게임작가로 활동 중이다. 「SNS 사회적 텍스트와 집단지성-트위터를 중심으로」는 김혜민과의 공동연구로 『한민족문화연구』 제47호에 발표하였다. 김혜민은 프리랜서로 활동 중이다.

무엇이 나에게 대학원생들과 함께 지금도 이 같은 독서세미나를 지속하게 하는 걸까, 그 시간에 다른 방식으로 학문적 삶을 추구할 수도 있었을 텐데, 왜 그렇게 했을까 자문해본다. 21세기 들어 너무나 빠르게 변화하는 문명의 변화를 체험하면서, "인간은 과연 어떻게 생각하는 걸까?" "문명은 과연 어떻게 만들어지지?" 등등 인간과 문명의 근원에 대한 새로운 지적인 탐색을 공유하기 위해 내 나름대로 노력한 흔적이 아닐까 하는 생각이 든다.

    그 과정에서 근 7~8년 동안 문학서사, 스토리텔링, 정신분석, 뇌과학 공부에 전력을 다해왔다. 아직도 갈 길은 멀다. 이제 조금 어렴풋하게 보이기 시작하는 그 불빛에 아주 가까이 빨리 다가가서 인간과 세계에 대한 해석을 참신하게 할 수 있었으면 하는 바람이다.

2022년 11월
이봉일

차례

1부 신화와 역사

1. 신화와 역사의 간극-김수로왕 신화에 대한 역사적 이해   13
2. 『삼국유사(三國遺事)』'연오랑세오녀(延烏郎細烏女)'와
   『고사기(古事記)』'신라왕자 아메노히보코(天之日矛)' 이야기   45
3. '아름답다'는 어휘로 살펴본 한국인의 미의식   69
4. 신라 '제48대 경문대왕(景文大王) 설화'와 이를 바탕으로
   창작된 현대소설의 서사적 의미   83
5. 매와 매사냥의 역사와 어휘 연구   111

2부 문명과 욕망

1. 문명의 성숙을 위한 몇 가지 조건 ―「까토의 자유」론   135
2. 그림책『강아지똥』과 생태사상   149
3.「산불」과 성적 욕망의 서사   183
4. 가족 서사와 아버지 콤플렉스   207
5.『해를 품은 달』의 서사와 신자유주의 이념   227
6. SNS 사회적 텍스트와 집단지성 ― 트위터를 중심으로   257
7. 천사는 팜츄리 나무 아래 산다   281

1부

신화와 역사

1 신화와 역사의 간극
― 김수로왕 신화에 대한 역사적 이해

1. 신화인가? 역사인가?

신화는 신적 존재의 기원의 문제를 대상으로 다루는 이야기다. 신화는 기원의 역사에 대해 다양한 시선을 교차시키면서 자체의 그물망을 짠다. 그것은 일상적 경험의 차원을 넘어선다는 점에서 초자연적이며, 일회적 사실의 이야기에 그치지 않는 항구적 의미를 지닌다는 점에서 전설적이며, 종족의 공동체적 기억과 이상을 표현한다는 점에서 집단적이다.[1] 이런 점에서 역사의 신화화와 신화의 역사화는 그 기원에서부터 거의 동시적으로 진행된다고 볼 수 있다.

우리말로 신화를 본풀이라 하는데, 이 말은 그러한 신화와 역사의 이중회로적 특성을 상징적으로 잘 보여준다. 본풀이의 본(本)은 신의 근본과 내력을 뜻하는 것이고, 풀이는 그것에 대한 해석을 말하는 것이다. 본(本)이 풀이에 의해 그 모습을 드러내고, 풀이가 본(本)의 신

---

[1] 한국문학평론가 협회 편, 「신화」, 『문학비평용어사전』 하, 국학자료원, 2006, 362쪽.

화적 본질을 담보해낼 때 진정한 본풀이가 된다. 본(本)이 신화의 본질적 형상을 보여주고 있다면, 풀이는 신화가 형성되는 바로 그 순간의 역사적 진실을 형상화한다.[2] 그러니까 신화와 역사는 서로를 비추는 문화의 거울로써, 안팎이 분리되어 있는 것처럼 보이지만 사실은 하나로 엮여 있는 뫼비우스의 띠와 같다.

이러한 관계를 증명해주는 역사적 사건은 수없이 많다. 그중 대표적인 것으로 몇 가지 들어보자. 독일의 아마추어 고고학자 하인리히 슐리만(Heinrich Schliemann: 1882~1890)은 어린 시절 호메로스의 대서사시 『일리아드』를 읽으며, 거기에 등장하는 트로이 전쟁영웅들의 이야기를 신화가 아닌 실제의 역사라고 생각하고, 각고의 노력으로 작업한 끝에 1873년 6월 드디어 트로이 유적을 발견할 수 있었다. 또 청대 국자감 제주이자 금석학자였던 왕의영(王懿榮: 1845~1900)은 1899년 중병에 걸려 북경으로 가 안양 소둔에서 출토된 용골(龍骨)을 약재로 사들였다. 그때 구입한 용골 속에는 고문자가 새겨져 있었다. 그는 이것이 상나라 문자라는 사실을 알아채고 수집하여 연구하기 시작하였다. 이렇게 해서 은허(殷墟) 유적이 세상에 알려지게 되었다.

두 사례에서 보듯이, 역사의 안개 속에서 신화로만 알려져 있던 것들이 개인의 지고한 노력이나 혹은 아주 우연한 계기를 통해 우리 앞에 아주 중요한 역사적 사실로 다가오는 경우가 종종 있다. 신화의 베일이 벗겨지고 역사의 새로운 지평이 열리는 순간이다. 우리나라에서는 이런 역사적 대발견이 없었을까? 있었다.

1796년(정조 20년) 경주부윤이었던 홍양호(洪良浩: 1724~1802)가 쓴 『이계집(耳溪集)』을 보면, 당시 경주에서 밭을 갈던 농부에 의해

---

[2] 나경수 지음, 『한국의 신화』, 한얼미디어, 2005, 17~32쪽 참조.

「문무대왕릉비」의 하단부와 우측 상단부 조각이 발견된 사실이 기록되어 있다. 홍양호는 이를 탁본해 당대의 지식인들에게 공개했었다. 그러나 이 비문에 주목한 사람은 거의 없었다. 혜풍 유득공(惠風 柳得恭: 1749~?)이 그의 『고예당필기(古藝堂筆記)』에서 "김일제(金日磾: BC 134~BC 86))의 김(金)이 계림(鷄林)의 김인가"라는 의문과 함께 "전문을 볼 수 없으므로 감히 증거하지 못하겠다."고 한 것과,[3] 1817년 금석문의 대가 추사 김정희(1786~1856)가 경주에서 이 비의 하단부(상단부는 이때 못 찾았다)를 재발견하고 연구한 내용을 적은 책 『해동비고(海東碑攷)』 필사본이 2007년에 발굴됨으로써 저간의 사정을 알 수 있을 뿐이다.

다행히 추사가 연경으로 가지고 갔던 비문의 탁본을 청의 금석학자 유희해(劉喜海: 1793~1853)에게 전한 것이 그의 책 『해동금석원(海東金石苑)』에 실려 있다. 이 책이 아니었으면 천금 같은 역사적 진실이 영영 사라져버렸을지도 모른다. 「문무대왕릉비」는 원래 682년(추사 김정희는 『해동비고(海東碑攷)』에서 687년이라고 했다) 경주 사천왕사에 세워졌다. 이후 1114년 동안 잊혀 있다가, 1796년 처음 발견된 해로부터 꼭 165년이 지난 1961년, 조선시대 경주부 관아가 있었던 경주 동부동에서 가정집 빨래판으로 쓰이고 있던 하단부가, 또 그로부터 48년 만인 2009년에 동일한 곳에서 상단부의 조각이 재발견됨으로써 역사학계의 집중적인 조명을 받았다.

이 「문무대왕릉비」의 최근의 발견으로 인해, 신라의 김알지(金閼智)와 가야의 김수로(金首露)왕에 대한 기록은 신화와 역사가 어떻게 결합되는지를 명확하게 보여주는 중요한 학술적 사례로 수용되고 있다. 다시 말하면 두 인물에 대한 『삼국사기』(1145)와 『삼국유사』

---

[3] 김대성 엮음, 『금문의 비밀』, 컬쳐라인, 2002, 282~3쪽 참조.

(1276년 전후)의 기록은 역사적 사실을 교묘하게 숨기기 위한 최초 이야기 창작자의 신화적 화장술을 채록한 것일 뿐이라는 것이다.

『삼국사기』「김유신전」에 김유신(595~673)의 출자(出自)에 대해 다음과 같이 적고 있다.

"신라 사람이 스스로 소호금천씨(少昊金天氏)의 후손이라고 일렀기 때문에 성을 김(金)이라 했는데, 유신의 비문에도 또한 헌원(軒轅)의 후예요, 소호의 자손이라 했으니 남가야(南加耶) 시조 수로왕은 신라와 성이 같다."4

그런데 이 기록에 대해 학자들마다 의견이 구구하다. 이에 대한 평가는 소호금천씨(少昊金天氏)나 황제헌원씨(黃帝軒轅氏)를 중국의 신화에 등장하는 인물로 치부하여 실존의 가능성을 인정하지 않고, 8세기 후반 신라왕족들의 모화사상에 의한 출자의 윤색으로 보는 쪽(이병도, 윤내현)과 위의 기록을 문헌에 근거한 역사적 사실로 인정하고 새롭게 학문적 해석을 시도하는 쪽(문정창, 김병기, 김종성, 정형진)으로 나누어져 있다.

2. 신화와 역사의 퍼즐 맞추기

우리는 여기서「대당고김씨부인묘명(大唐故金氏夫人墓銘)」이라는 묘지명을 참조할 필요가 생긴다. 그 주인공은 재당 신라인 김공량(金

---

4 김부식, 이재호 옮김,「김유신」상,『삼국사기』3, 솔, 1997, 261~2쪽.
[羅人自謂少昊金天氏之後 故性金 庾信碑亦云 軒轅之裔 則南加耶始祖首露與新羅同姓也]

公亮)의 딸로 장안에서 이구(李璆)라는 당나라 사람의 후처로 살다가 32세(864)로 일생을 마친 인물이다. 이 김씨부인의 묘지명은 1954년 중국 섬서성(陝西省) 서안시(西安市) 교외 곽가탄(郭家灘)에서 출토된 후 지금까지 서안시 비림박물관(碑林博物館)에 소장되어 있었다. 그러나 정작 우리에게 알려진 것은 2009년 한국고대사 연구자인 부산외대 권덕영 교수가 당나라 금석문을 조사하는 과정에서 발견하기까지 무려 45년이 지나서였다.

"태상천자(太上天子)께서 나라를 태평하게 하시고 가문을 열어 세우셨으니, 그 이름이 소호씨금천(少昊氏金天)이라, 곧 우리 가문이 성씨를 받게 된 세조(世祖)시다. 그 후 파가 갈라지고 갈래가 나뉘어 번창하여 온 천하에 만연하니 이미 그 수효가 많고도 많도다. 먼 조상 휘(諱)는 일제(日磾)시니, 흉노의 용정(龍庭)에서 서한(西漢)으로 투항하여 무제(武帝)를 섬겼다. 무제가 명예와 절개를 중히 여겨 그를 발탁해 시중(侍中)과 상시(常侍)에 임명하고 투정후(秺亭侯)에 봉하시니, 이후 7대에 걸쳐 벼슬을 얻었다. 이로 인해 경조군(京兆郡)에 정착하게 되니 이런 일은 사책에 기록되었다."[5]

이 기록을 보면, 신라 김씨의 세조(世祖)는 '소호씨금천'(少昊氏金天)으로부터 시작되었고, 중간시조는 '일제'(日磾)로 흉노의 조정인 용정(龍庭)[6]에서 귀순하여 서한의 무제를 섬겨 벼슬이 투정후(秺亭

---

[5] 「대당고김씨부인묘명」[太上天子有國泰宗陽號少昊氏金天卽吾宗受氏世祖厥後派疏枝. 分有昌有徽蔓衍四天下亦已多已衆遠祖諱日磾自龍庭歸命西漢. 仕武帝愼名節陛拜侍中常侍封秺亭侯自秺亭已降七葉軒紱燉煌. 繇是望係京兆郡史籍敍載].

[6] 흉노(匈奴)의 용정(龍庭)은 그 뜻이 '선우(單于)의 오르도(Ordo)가 존재하는 곳, 즉 제단'으로 문헌에 따라 롱성(龍城), 용성(龍城), 농성(籠城), 선우정(單于庭), 조회

侯)에 올랐으며, 그 이유로 경조군(지금의 서안)에 정착하게 된 경위를 파악할 수 있다. 김씨부인의 묘지명과 『삼국사기』 「김유신전」에 소호씨금천라는 이름이 공통으로 씌어진 점으로 보아 7~9세기 신라의 김씨들은 소호금천씨를 그들의 세조로 알고 있었으리라 짐작된다. 그 이유는 장안에서 김씨부인의 묘지명을 쓴 사람과 『삼국사기』의 저자 김부식이 만나 기록을 위조했을 리는 없기 때문이다. 두 기록 사이에는 281년의 시차가 존재한다.

자, 그럼 이와 관련 있는 「문무대왕릉비」의 내용 가운데 '전면 5행'을 살펴보자.

"우리 선조들의 신령스러운 근원은 멀리서부터 계승되어져 화관지후(火官之后)에 이르러 빛나는 터전(昌基)을 닦았고, 높이 세워져 바야흐로 융성하니, 이로써 …을 극복하고 …과 지(枝)가 이어지며 생겨난 영이(英異)한 투후(秺侯)는 하늘에 제사지낼 아들(祭天之胤)로 태어났다. 7대를 전하니 … 하였다."**7**

먼저, '투후'(秺侯)는 김씨부인 묘지명의 '투정후'(秺亭侯)와 같은 벼슬이름이기 때문에, 두 비문의 주인공은 모두 신라 김씨의 중간시조로 '일제'(日磾)를 공통으로 생각하고 있다고 보아도 무방하다. 문제는 '화관지후'(火官之后)다. 화관지후(火官之后)는 화신(火神)에게 제사지내는 지위에 있는 임금을 가리킨다. 그런데 이 임금이 누구냐 하는 것이다. 고대에는 불이 가장 중요한 문화적 도구의 하나였으므

(朝會) 등 여러 가지 용어로 사용되었다.(박원길, 『유라시아 초원제국의 샤마니즘』, 민속원, 2001, 22~32쪽 참조)

7 「문무대왕릉비」 전면 5행 일부 [君靈源自敻繼昌基於火官之后峻構方隆由是克. 枝載生英異( )侯祭天之胤傳七葉以].

로, 역사에 기록된 것처럼 염제신농(김종성)으로도 순임금(김대성)으로도 볼 수 있다. 낙빈기의 『금문신고(金文新攷)』에 따르면, 염제신농(炎帝神農)은 고조선의 제1대 임금이고, 순(舜)은 제7대 임금이다.[8]

필자의 생각으로는 염제(炎帝) 신농(神農)으로 보는 것이 맞는 것 같다. 비문에서 보는 것처럼, 까마득한 옛날부터 이어져온 조상의 신령한 근원에 대해 "화관지후(火官之后)에 이르러 빛나는 터전(昌基)"을 닦았다는 표현으로 볼 때, 전대에 여러 임금들이 있는 순임금을 묘사하는 문장으로는 적절하지 않고, 새로운 나라를 창업한 염제 신농에게 더 잘 어울린다. 그러나 이런 결론에 도달하면, 우리는 새로운 문제점에 봉착하게 된다. 『삼국사기』「김유신전」에서 김유신이 자신을 황제헌원(黃帝軒轅)의 후예라고 하고 있기 때문이다.

왜, 이런 서로 다른 계보가 생겨나게 되었을까? 자세히는 고증할 수 없지만, 아마도 당대의 가족제도를 잘 몰라서 그랬을 수 있다. 염제 신농과 황제 헌원이 활동했던 당시의 가족제도는 인류사에서 두 번째로 등장한 양급제(兩級制, 푸날루아Punalua) 모계사회였다. 이런 모계 중심의 가족제도가 지배하고 있던 시대의 진실을 부계 중심의 사회에서 올바르게 파악하지 못했다고 해서 역사적 진실이 사라지는 것은 아니다. 그 이유는 염제 신농과 황제 헌원의 집안은 양급제 결혼제도로 얽히고설켜 몇 겹의 겹사돈을 맺고 있었기 때문이다.[9]

---

[8] 김대성 엮음, 앞의 책, 「삼황오제시대 계보도」 참조, 42~43쪽.
[9] 양급제 모계사회는 두 사람의 남편과 두 사람의 부인이 공동부부가 되어 하나의 가정을 이루는 가족제도다. 그러나 남자의 경우는 아버지와 아들, 삼촌과 조카, 형과 아우가 공동남편이 될 수 있지만, 여자의 경우는 반드시 고모와 조카가 한 쌍이 되어야만 한다. 이때 고모는 모일급처속(母一級妻屬)으로 첫째 부인인 모일급부인이 되고, 조카는 자일급처속(子一級妻屬)으로 둘째 부인인 자일급부인이 된다. 제위를 받게 되면 모일급부인이 정비(正妃)가 되고, 자일급부인은 차비(次妃)가 된다.

마지막으로 한 가지 더 고려할 것이 있다. 소호금천씨가 『삼국사기』 「김유신전」과 「대당고김씨부인묘명(大唐故金氏夫人墓銘)」에 나오는 것처럼 과연 신라 김씨의 조상이 맞느냐 하는 것이다. 이것은 소호금천씨와 김일제의 관계를 밝혀야지만 알 수 있다. 『한서(漢書)』 「흉노전(匈奴傳)」에 다음과 같은 기록이 있다.

"이듬해 봄(BC 121)에 한나라는 표기방군 〔곽〕거병에게 만 명의 기병을 거느리고 농서군에서 출정하도록 하자〔그는〕언지산을 지나 천여 리〔나아가 흉노를 공격해〕흉노의 수급과 포로 8천여 인을 잡고 휴도왕(休屠王)을〔격파하고〕하늘에 제사지낼 때 쓰는 황금상(祭天金人)을 얻었다. 그 여름 표기장군이 다시 합기후(合騎侯)〔공손오〕와 함께 수만 명의 기병을 이끌고 농서, 북지에서 이천 리를 나가 흉노를 쳤다. 거연(居延)을 지나 기련산(祁連山)에〔있는 흉노를〕공

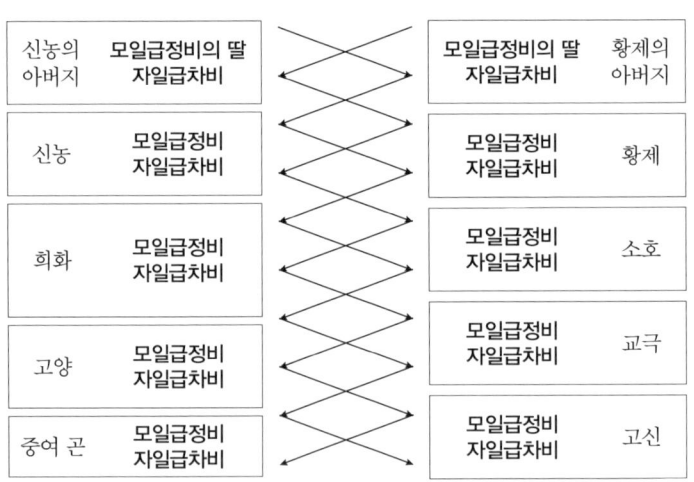

〈염제 신농과 황제 헌원 집안의 양급제 결혼관계도〉

(김대성 엮음, 앞의 책, 36~41쪽 참조; 프리드리히 엥겔스 지음·김대웅 옮김, 『가족의 기원』, 아침, 1985, 43~51쪽 참조)

격해 흉노의 수급과 포로 3만여와 비소왕 이하 70여 인을 얻었다."**10**

　기원전 121년 봄, 한나라 표기장군 곽거병은 휴도왕과의 싸움에서 승리하고, 휴도왕이 하늘에 제사지낼 때 쓰는 황금상(祭天金人)을 빼앗아 가지고 돌아왔다. 그리고 그해 여름, 그는 기련산으로 다시 출정해 그곳에서 흉노의 비소왕 이하 70여 명을 포로로 잡았다. 그 속에는 휴도왕의 아들 일제(日磾)와 일제의 아우 윤(倫) 그리고 어머니 알씨(閼氏)도 함께 있었다. 장안으로 잡혀온 일제는 한조(漢朝)의 양마노(養馬奴)가 되었고, 말을 잘 키운 덕에 양마감(養馬監)으로 승진하였다. 그후 무제의 두터운 신임을 얻어 부마도위 광록대부가 되어 무제를 가까이에서 보필하였다. 포로 생활 35년이 되던 해 논공행상에 불만을 품은 시중복야(侍中僕射) 망하라(莽何羅)가 아우 중합후(重合侯) 망통(莽通) 등과 함께 반역을 꾀했다. 일제가 그 사실을 눈치채고, 망하라가 무제를 시해하려는 순간에 그것을 막아냈다. 이에 대한 공로로 일제는 김씨(金氏) 성(姓)을 하사받았고, 나중에 투후(秺侯)에 봉해졌다.

　『전한서(前漢書)』「김일제전」에도 휴도왕이 하늘에 제사지내기 위해 금인(金人)을 만들어 세웠기 때문에 김씨 성을 하사한 것으로 되어 있다.**11** 『한서(前漢書)』와 『전한서(前漢書)』를 통해 우리가 알 수 있는 것은 휴도왕의 제천금인(祭天金人)으로 인해 김씨 성을 하사받았다는 것이다. 그렇다면 금인(金人)이란 무엇인가? 『위서(魏書)』「석

---

10 동북아역사재단 편,『漢書 外國傳 譯註』上, 동북아역사재단, 2009, 114쪽.
　[明年春, 漢使票騎將軍去病將萬騎出隴西, 過焉耆山千餘里, 得胡首虜八千餘級, 得休屠王祭天金人. 其夏, 票騎將軍復如合騎侯數萬騎出隴西·北地二千里, 過居延, 攻祁連山, 得胡首虜三萬餘級, 裨小王以下七十餘人]

11 『前漢書』卷68「金日磾傳」[本以休屠. 作金人. 爲祭天立故. 因賜姓金氏]

로지(釋老志)」에 다음과 같은 구절이 있다.

"한무제 원수2년(BC 121년)에 곽거병을 보내 흉노를 토벌하고 휴도왕의 제천금인(祭天金人)을 획득하여 돌아오니 무제가 큰 신(大神)이라 하며 감천궁에 모셨다. 금인 크기는 10척 정도였는데 제사를 지내지 않고 다만 향을 사르고 예배했을 뿐이니 이것이 곧 불도(佛道)가 유통되게 된 과정이다."[12]

인용문에서는 휴도왕이 불교를 믿었던 것처럼 보인다. 그러나 여기에 대해 학자들의 의견은 갈린다. 이때 불교가 전래되었다고 볼 개연성도 희박하거니와 더욱이 휴도왕이 불교신자일 가능성은 거의 없다고 보는 쪽(김병기)과 문헌기록과 역사적 사실에 입각한 추리로 휴도왕을 불교신자로 증명하기 위해 노력하는 쪽(정형진)이 있다. 후자 쪽을 살펴보자. 중국문헌『三寶感通錄』에서 채록한『삼국유사』에는 휴도왕(休屠王)을 포도왕(蒲圖王)으로 기록하고 있고,[13]『삼국지』『위략』「서융전」에는 부처를 부도(浮屠)로 기록하고 있다.[14] 두 기록을 보면 부도(浮屠)와 포도(蒲圖)는 음이 비슷하고, 휴도(休屠)와는 다르다.

이들의 중고한자음을 비교해보자. 부도(浮屠)의 중고한자음은 b'u-d'uo'이고, 포도(蒲圖)의 중고한자음은 b'uo-d'uo'이고, 휴도(休屠)의 중고한자음은 'x u-d'uo'이다. 부도와 포도는 음가가 거의 같다. 이로 보아 포도(蒲圖)는 부처를 뜻하는 부도(浮屠)의 다른 표

---

[12] 김병기,『가락국의 후예들』, 역사의 아침, 2008, 31쪽 재인용.
[13] 『삼국유사』「탑상」편〈요동성의 아육왕탑〉조. [漢國有之 彼名蒲圖王 本作休屠王 祭天金人]
[14] 김성구 발췌번역,『중국정사조선열국전』, 동문선, 1996, 122쪽.

기로 볼 수 있다. 그렇다면 부도(浮屠)를 어떻게 휴도(休屠)로 표기했을까? 그 이유는 몽고어 방언에서 p-가 h-로 변하는 음운법칙과 한국어의 부리(夫里, 伐, 峯)가 일본어에서는 후리/호리(伐, 峯)로 변하는 음운법칙에서 찾을 수 있다.[15]

이런 기록에 근거하더라도 금인(金人)을 불상이라고 단정하기 어렵다. 세계문화사에서 불상이 생겨난 것은 기원후 1세기경으로 추정되기 때문이다. 휴도왕이 한나라 표기장군 곽거병에게 제천금인(祭天金人)을 빼앗겼을 때가 기원전 121년이니까, 불상이라고 주장하기에는 역사적 시간의 아귀가 잘 맞지 않는다. 그렇다면 금인은 무엇인가? 진시황은 천하를 통일한 그날에 천하의 병기를 걷어들여 그것으로써 거대한 금인(金人)을 만들었다.[16] 진시황(재위: BC 246~BC 210)이 만든 이 거대한 금인은, 인도식 불상이 아니요, 소호금천씨계 금인인 것이다.[17] 진시황은 왜 거대한 금인을 만들었으며, 문정창은 어떤 이유로 이런 주장을 할까? 진시황의 성은 영(嬴)인데, 소호금천씨의 후손이 거(莒), 영(嬴)에 살았다는 기록이 있다.[18] 그리고 진나라가 세워질 때 서방의 신을 모시고 나라의 기틀을 잡았다는 백제사(白帝寺)가 등장하는데, 여기에 등장하는 백제는 소호금천을 가리키며 백제사는 소호금천을 위한 사당이었다.[19] 이러한 사실로 추정해보면, 휴도왕의 제천금인(祭天金人)은 자신의 조상인 소호금천씨의 신상(神像)이라고 봐도 큰 무리는 없을 듯하다.

---

[15] 정형진, 『신라왕족』, 일빛, 2005, 433~4쪽 참조.
[16] 『史記』「秦始皇本紀」[二十六年. - 中略 -. 收天下之兵. 聚之咸陽. 銷以爲鍾鐻. 金人十二重. 各千石. 置廷宮中]
[17] 문정창, 『가야사』, 백문당, 1978. 65쪽.
[18] 정형진, 위의 책, 409쪽 참조.
[19] 김대성, 「흉노왕의 후손 김일제의 유적을 찾아서」, 『신동아』, 1999년 8월호

3. 하늘이 왕을 보내다

『삼국유사』「가락국기(駕洛國記)」는 이렇게 시작된다. "천지가 개벽한 후로 이 지방에는 나라 이름도 없고 또한 왕과 신하의 칭호도 없었다."[20] 우리는 이 기록을 그대로 믿을 수 있을까? 『삼국사기』「신라본기」'시조혁거세거서간'조에 보면, "19년(BC 39) 봄 정월에 변한(卞韓)이 나라를 들어 항복했다."[21]는 기록이 보인다. 이미 나라가 있었던 것이다. 그리고 『후한서』「동이열전」'한'조를 보면 아래와 같이 적고 있다.

"한은 세 종류가 있으니, 첫 번째를 마한(馬韓)이라 하고, 두 번째를 진한(辰韓)이라 하고, 세 번째를 변진(弁辰)이라 한다. 마한은 서쪽에 54국이 있고, 그 북쪽이 낙랑과 접하며 남쪽은 왜(倭)와 접한다. 진한은 동쪽에 있으며 12국이 있고, 그 북쪽이 예맥과 접한다. 변진은 진한의 남쪽에 있으며 역시 12국이 있는데, 그 남쪽이 역시 왜와 접한다. 무릇 78국이며 백제(伯濟)가 그 중의 한 나라이다. -중략-. 마한이 가장 크니 모두 함께 그 혈통을 세워 진왕(辰王)으로 삼고, 목지국(目支國)에 도읍하여 모든 삼한(三韓)의 땅을 왕으로서 다스린다. 그곳 모든 나라 왕의 선조들은 모두 마한 혈통의 사람들이다."[22]

---

[20] 『三國遺事』「駕洛國記」[開闢以後, 此地未有邦國之號, 亦無君臣之稱]
[21] 『三國史記』「新羅本紀」'始祖赫居世居西干'條 [十九年春正月, 卞韓以國來降]
[22] 『後漢書』「東夷列傳」'韓'條 [韓有三種, 一曰馬韓, 二曰辰韓, 三曰弁辰, 馬韓在西, 有五十四國, 其北與樂浪, 南與倭接, 辰韓在東, 十有二國, 其北與濊貊接, 弁辰在辰韓之南, 亦十有二國, 其南亦與倭接, 凡七十八國, 伯濟是其一國焉, ……, 馬韓最大, 其立其種爲辰王, 都目支國, 盡王三韓之地, 其諸國王先皆是馬韓種人焉]

마한 54국과 진한 12국 그리고 변진 12국이 공존하고 있고, 백제의 건국이 AD 37년임을 감안하면, 위의 상황은 아직 백제가 마한지역을 병탄하지 못하고 있던 건국 초기라는 것을 알 수 있다. 그리고 마한이 가장 커서 그 혈통으로 진왕(辰王)을 삼고, 삼한의 모든 나라가 마한(馬韓) 왕의 지배를 받으며, 그곳 모든 나라 왕의 조상들은 마한 혈통의 사람들이라는 진술은 가야(加耶)도 이 상황에서 예외가 될 수 없음을 의미한다.

그렇다고 역사의 기록을 완전히 무시할 수는 없는 것이니, 그 이어지는 이야기를 계속 따라가 보자. 「가락국기(駕洛國記)」는 계속 이렇게 적고 있다. "이때 아도간(我刀干), 여도간(汝刀干), 피도간(彼刀干), 오도간(五刀干), 유수간(留水干), 유천간(留天干), 신천간(神天干), 오천간(五天干), 신귀간(神鬼干) 등 구간(九干)이 있었다. 이들 추장(酋長)이 백성(百姓)을 통솔했는데, 대개 1백 호에 7만 5천 명이었다."[23]

1백 호에 7만 5천 명이 모여 살았다고 하면, 구간이 있었으므로 총인구는 67만 5천 명쯤 된다. 그러나 백성(百姓)의 개념을 이해하고 나면, 상당히 많은 인구수이다. 당시에 성(姓)은 왕족과 귀족만이 가질 수 있었다. 이러한 사실은 『논어』 「학이」편에 '인민'(人民)을 구별하여 사용하고 있는 데에서도 확인할 수 있다.

> "공자께서 말씀하기기를, 제후의 나라를 다스릴 때는 매사를 공경스럽게 믿음이 가게 하고, 쓰임을 절도있게 하며 사람(人)을 사랑하고, 민(民)을 부리는 데는 때에 맞추어 한다."[24]

---

[23] 『三國遺事』 「駕洛國記」 [越有我刀干, 汝刀干, 彼刀干, 五刀干, 留水干, 留天干, 神天干, 五天干, 神鬼干等九干者. 是酋長, 領總百姓, 凡一百戶, 七萬五千人]
[24] 『論語』 「學而」 [子曰, 道千乘之國, 敬事而信, 節用而愛人, 使民以時]

1 신화와 역사의 간극

공자(BC 551~BC 479) 시대에 사람(人)은 성(姓)을 가지고 있는 왕족과 귀족을, 민(民)은 성(姓)을 가지고 있지 않은 성(城) 밖에 사는 민초를 가리킨다. 이러한 관점에서 보면, 위의 67만 5천 명의 숫자는 백성을 역사철학적 개념으로 봐서는 무리가 따른다. 아마도 당시 가야 지역의 총인구라고 봐야 하지 않을까?

"그러므로 「가락국기(駕洛國記)」의 호(戶) 개념은 일반적인 호 개념이 아니라 다른 무언가를 나타내는 것이었다고 봐야 한다. 사료가 없으므로 구체적인 정황을 파악할 수는 없지만, 이것은 가족이 아닌 사회집단을 의미한다고 보는 게 타당하지 않나 생각한다."[25] 이때 가야지역에는 추장(酋長)들이 지배하는 10개의 씨족집단을 한 단위로 하는 아홉 개의 작은 나라가 있었다고 볼 수 있다.[26]

그런데 가락국기의 저자는 왜 가야지역의 지배자들을 9간이라고 했을까? 혹시 김수로왕의 출자(出自)를 알리기 위한 서사적 전략은 아닐까? 아니면 고조선의 붕괴 이후, 이제 막 새롭게 태동하려는 역사적 상황을 이야기하고 있는 걸까? 아무튼 9간 시대는 김수로왕의 극적인 출현으로 끝난다.

"후한(後漢)의 세조 광무제(世祖光武帝) 건무(建武) 18년 임인(壬寅: AD 42) 3월 계욕일(禊浴日)에 그들이 사는 곳의 북쪽 구지(龜旨)—이것은 산봉우리 이름인데 거북이 엎드린 형상과 같으므로 구지라 했다—에서 수상한 소리가 들렸다. 구간과 마을 사람들 2·3백 명이 거기에 모이니, 사람 소리 같기는 한데 그 모습은 안 보이고 소

---

[25] 김종성,『철의 제국 가야』, 역사의 아침, 2010, 34쪽.
[26] 한 나라 때 기원 전후로 실시된 인구조사에 따르면 만주의 총인구는 100만 명 수준이며 인구 밀도도 1.31명/km^2에 불과했다.(김운회,『대쥬신을 찾아서(1)』, 해냄, 2006, 113쪽) 그러니까 1백 호 7만 5천 명은 적은 숫자라고 볼 수 없다.

리만 났다./여기 누가 있느냐?/구간들은 대답했다./우리들이 여기 있습니다./내가 있는 곳이 어디이냐?/여기는 구지입니다."²⁷

김수로(金首露)는 AD 42년 3월 계욕일(禊浴日), 즉 3월 상사일(上巳日)에 부정한 액(厄)을 없애기 위해 물가에서 목욕하고 곡수연(曲水宴)을 하는 날에 북쪽 구지(龜旨)²⁸의 하늘에서 처음에는 수상한 소리(殊常聲)로 드라마틱하게 등장한다. 이 봄날은 지난 구태의 때를 벗어버리고 새로운 시작의 출발을 알리기에 아주 상징적인 계절이다. 구간과 마을 사람들 2·3백 명이 모이자, 그 수상한 소리는 무리를 향해 문답놀이를 시작한다.

"여기 누가 있느냐?"/"우리들이 여기 있습니다."/"내가 있는 곳이 어디이냐?"/"여기는 구지입니다." 이 호명놀이는 '누구-우리들'과 '내가 있는 곳-구지'가 짝을 이루면서 호명하는 주체의 권위를 절정으로 이끈다. 사실 첫 번째 질문 "여기 누가 있느냐?"의 대답은 "'우리들의 대왕'이 여기 있습니다."가 되어야 한다. 문답의 두 주체는 서로

---

27 『三國遺事』「駕洛國記」 [後漢世祖光武帝建武十八年壬寅三月禊浴之日, 所居北龜旨-是峰巒之稱, 若十朋伏之狀 故云也-有殊常聲氣呼喚, 衆庶二三百人, 集會於此, 有如人音, 隱其形, 而發其音曰, 此有人否, 九干等云, 吾徒在, 又曰, 吾所在爲何對云, 龜旨也]

28 거북이 엎드린 형상과 같으므로 구지(龜旨)로 했다는 것은 김수로 왕릉의 형상을 보고 붙인 명칭에 불과하다. 구지(龜旨)는 문자 그대로 풀이하면 구(龜)의 뜻(旨)이다. 이때 구(龜)가 무엇을 가리키는지 알아야 한다. 龜의 음가는 거북 '귀', 땅 이름 '구'이다. 龜가 거북을 뜻한다면 '귀'로 읽어야 하는데, '구'로 읽는 것은 단순히 거북만을 의미하지 않는다는 것이다. 또 곱(神)의 향찰표기로 생각할 수도 있다. 그리고 구지(龜旨)를 고구려어로 말을 의미하는 '곧'(古次)의 표기로 볼 수도 있다. 우리말 '굿', 잠꼬대와 곧이곧대로의 '곧' 등은 모두 신령이 하는 '말'을 의미한다. 영어의 God도 처음에는 신이 아니라 신의 소리를 의미했다는 사실에서 그 친연성을 확인할 수 있다. 김수로왕이 하늘에서 처음에 '수상한 소리'(殊常聲)로 내려왔다는 것을 상기하면 이렇게 추측해 볼 수도 있을 것이다.

모르는 사이로 설정되어 있기 때문에 "우리들이 여기 있습니다."로 대답할 수밖에 없었던 것이다. 그러므로 "우리들이 여기 있습니다."는 "(대왕을 우러러 모시는) 우리들이 여기 있습니다."로 해석되어야 한다. 이 호명놀이는 김수로왕의 출현에 대한 이야기의 당위성과 신성성을 극대화하기 위한 장치이다. 계속되는 서사의 이야기를 따라가면 금방 그것을 눈치챌 수 있다.

"하늘(皇天)이 나에게 명령하신 것은 이곳에 와서 나라를 새로 세워 임금이 되라 하셨다. 그래서 하늘에서 내려오려고 한다. 너희들은 모름지기 산꼭대기를 파고 흙을 집으면서 "신이여! 신이여! 수로(首露)를 내놓아라. 내놓지 않으면 구워 먹겠다."고 노래하고 발을 구르며 춤을 추어라. 그렇게 하면 대왕을 맞이하게 되고, 너희들은 매우 기뻐서 춤출 것이다."[29]

수상한 소리는 구지(龜旨)로 내려가 나라를 세우고 임금이 되라는 하늘(皇天)의 명령을 받았다고 이야기한다. 그러고 나서 무리들에게 노래하고 춤추면, 대왕을 맞이할 수 있으리라 예언한다. 그런데 좀 이상하다. 어느 날 갑자기 나타난 이방인이 노래를 지어 그 지역 토박이한테 부르라고 하면, 노래를 부를 토박이들이 과연 있겠는가? 구지가(龜旨歌)는 본래 김수로가 출현하기 이전부터, 그 지역에 살고 있던 사람들이 풍요를 기원하며, 굿판에서 부르던 주술의 노래였을 것이다. 특히, '위협(협박)주술' 노래의 한 종류이다.

고대인의 신앙체계에서는 비손하는 주체의 청을 들어주는 신의 형

---

[29] 『三國遺事』「駕洛國記」[皇天所以命我者, 御是處, 惟新家邦, 爲君后, 爲茲故降矣, 儞等須掘峯頂撮土, 歌之云，龜何龜何, 首其現也, 若不現也, 燔灼而喫也, 以之蹈舞, 則是迎大王, 歡喜踴躍之也]

태는 주체와 신을 매개하는 동물에 따라 그 모습을 달리 한다. 구지가(龜旨歌)에서 사람과 신의 매개체는 '거북'이므로, 신의 형태는 '수신'(水神)이나 '해신'(海神)이 되어야 마땅함에도 불구하고 '천신'(天神)으로 나온다. 이러한 변화는 가야지역에 갑자기 출현한 김수로 집단이 선주민들의 노래를 빼앗아 자기들의 입맛에 맞게 변형시켰기 때문에 일어났다고 본다.

이와 비슷한 노래로 신라 성덕왕 때 동해 해룡이 납치해 간 수로부인(水路夫人)을 구출하기 위해 불렀던 해가(海歌)가 있다. "거북아, 거북아, 수로를 내놓아라./남의 부녀를 앗아간 죄 그 얼마나 클까./네 만약 거슬러 내놓지 않으면,/그물로 잡아서 구워먹겠다."[30] 두 노래 모두 매개 동물 '거북'을 위협했는데, 구지가에서는 '하늘'(皇天)이, 해가에서는 '해룡'(海龍)이 그 청을 들어준다. 해가가 원형이고, 구지가는 후에 변형된 것이다.

4. 수상한 소리의 내력

그렇다면 하늘을 핑계 삼아 구지로 내려온 수상한 소리는 어디로부터 왔을까? 다시 한 번「문무대왕릉비」의 전면 6행의 일부를 보자.

"15대 성한왕(星漢王)은 하늘에서 바탕을 내렸고, 선악(仙岳)으로부터 신령이 비로소 탄생하여 ······"[31]

---

30 『三國遺事』「水路夫人」[龜乎龜乎出水路, 掠人婦女罪何極, 汝若悖逆不出獻, 入網捕掠燔之喫]
31 「문무대왕릉비」전면 6행 일부 [十五代星漢王降質圓穹誕靈仙岳]

「문무대왕릉비」는 성한왕(星漢王)을 문무대왕의 15대 조상으로 적고 있다. 그렇다면 성한왕은 다름 아닌 김알지(金閼智)가 된다. 김알지가 서나벌(徐那伐)에 출현한 시기는 신라 제4대 탈해왕 9년(AD 65)이다. 김수로왕이 가야지역에 나타난 때(AD 42)보다 23년이나 늦다. 위의 기록만 가지고는 수상한 소리의 내력을 알 수가 없다. 좀더 구체적인 이해를 위해 휴도왕의 가계를 살펴보자. 휴도왕의 첫째 아들 김일제의 4대 후손에 투후를 지낸 성(星)이 있고, 둘째 아들 윤(倫)의 4대 후손에 도성후를 지낸 탕(湯)이 있다.**32** 주32)의 도표를 보면, 김일제의 후손보다 김윤의 후손이, 특히 3대째부터는 황문랑 김윤의 친척들이 투후 김일제 후손들보다 훨씬 더 번창했음을 알 수 있다.

그리고 서한 말 최대 외척은 허씨(許氏)와 왕씨(王氏)였다. "선제(宣帝: BC 74~BC 49)의 허황후(許皇后)는 원제(元帝: BC 49~BC 33)의 모친이다."**33** "원제(元帝: BC 49~BC 33)의 왕황후(王皇后)는 성제(成帝: BC 33~BC 7)의 모친이다."**34** "성제(成帝: BC 33~BC 7)의 허

---

32 휴도왕의 가계표

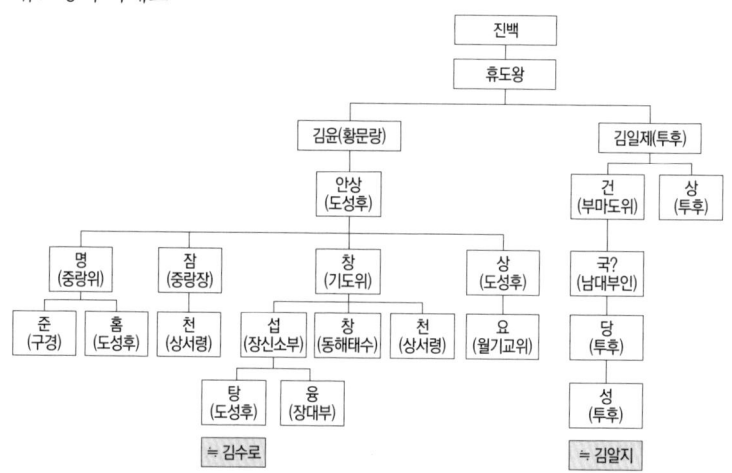

33 반고 지음, 홍대표 옮김, 『한서열전(漢書列傳)』, 범우사, 1997, 346쪽.

황후(許皇后)는 대사마 겸 거기장군 평은후가[平恩侯嘉: 허광한의 아우 허연수(許延壽)의 둘째 아들]의 딸이다."35 "평제(平帝: BC 1~AD 5)의 왕황후는 안한공(安漢公) 태부대사마(太傅大司馬) 왕망(王莽)의 딸이다."36 이처럼 두 집안은 4황제에 걸쳐 교대로 황후를 배출했다.

이때 평제의 장인이며 왕태후의 아버지로 문무 최고의 직을 동시에 차지하고 있던 태부대사마(太傅大司馬) 왕망(王莽)은, AD 5년에 평제를 독살하고 때를 기다리고 있다가, AD 9년에 신(新: 9~23)나라를 수립한다. 무제 이후부터 서한(西漢: BC 206~AD 8)의 조정에서 핵심 권력의 요직을 맡아오던 휴도왕의 후손들은 신나라에 들어와서는 왕망 정권의 외척으로서 그 지위가 더욱 공고해졌다. 그러나 왕망의 개혁 정책이 실패하고, 자연재해로 백성의 삶이 급속도로 피폐해지자, 여기저기서 민란이 일어나 나라를 세운 지 14만 년 만인 AD 23년에 왕망 정권은 무너지고 만다. 이러한 역사적 상황을 대만의 기후사학자 유소민은 『기후의 반역』(2003)에서 다음과 같이 묘사하고 있다.

"전한(前漢) 말기에 여러 해 동안 계속 한재가 들었다. 이로 인해 한 평제(平帝: 재위 AD 1~5) 때에 천하가 분쟁에 휘말렸고 백성들은 남쪽으로 이동하기 시작했다. 마침내 왕망(王莽)이 한 왕실을 찬탈하였지만 여전히 가뭄은 계속되고 서리가 내려 그가 세운 신(新) 왕조 역시 얼마 안 가서 멸망하였다."37

---

34 반고 지음, 위의 책, 352쪽.
35 반고 지음, 위의 책, 352쪽.
36 반고 지음, 위의 책, 384쪽.
37 유소민 지음, 박기수·차경애 옮김, 『기후의 반역』, 성균관대학교출판부, 2005, 116쪽.
　이 책의 저자는 중국 5천 년 역사를 4차례의 한랭기와 5차례의 혼란기로 나눈다. 서한 말 성제 4년(BC 29)부터 수문제 20년(AD 600)까지 한랭건조한 제2차

전한 말기 가뭄이 계속되자 천하는 도탄에 빠지고, 서민들은 먹고 살기 위해 상대적으로 물자가 풍부한 남쪽으로 내려가기 시작한다. 이런 상황에서 신나라가 폐망(AD 23)하자 휴도왕의 후손들도 안전지대로 몸을 숨길 수밖에 없는 처지가 되었다. 그 과정에서 김수로왕 집단은 19년 동안 유랑과 정착을 반복하며 이동하면서 마지막 정착지로 가야지역을 선택하게 된다.

이제 수상한 소리의 내력이 조금 풀리는 것 같다. 왕망 정권에 깊이 참여했던 휴도왕의 후손들은 신나라가 망하고 살길을 찾아 길을 나선 이후 19년 만에 한반도의 남쪽에 도달하게 된다. 당시 한반도 남쪽은,『후한서』와『삼국지』모두 진한과 변진의 상황을 풍요로운 곳으로 설명하고 있는 것으로 보아, 중국처럼 자연재해에 시달리는 상황은 아니었던 것 같다. "[진한은] 토질이 비옥하여 오곡이 잘 자란다. 누에를 치고 뽕나무를 가꿀 줄 알며 비단과 베를 짰다."[38] "[변진의] 토지는 비옥하여 오곡과 벼가 잘 자란다. 누에 치고 뽕나무 가꾸는 것을 잘 알며 비단과 베를 짰다."[39]

수상한 소리(殊常聲)는 금합(金合)에 싸여 황금알(黃金卵)로 구간과 마을 사람들 앞에 나타났다.

"얼마 후 우러러 하늘을 바라보니, 자주색 줄이 하늘로부터 드리워

소빙하기 시대였다. 이때 서한과 왕망의 멸망, 후한 왕실의 쇠퇴, 5호 16국의 등장, 한족의 강남 대이동과 같은 역사적 대사건들이 많이 발생하였다.

[38] 김성구 발췌편역,『중국정사조선열국전』,「후한서-동이열전-한조」, 동문선, 72쪽.
　[土地肥美, 宜五穀, 知蠶桑, 作縑布]
[39] 김성구 발췌편역,『중국정사조선열국전』,「삼국지-오환선비동이전-한전-변진」, 동문선, 110쪽.
　[土地肥美, 宜種五穀及稻, 曉蠶桑, 作縑布]

져 땅에 닿는 것이었다. 줄 끝을 찾아보니 붉은 단이 붙은 보자기에 금합(金合)이 싸여 있었다.

열어보니 황금알(黃金卵)이 여섯 개가 있는데 해처럼 둥글었다. 여러 사람은 모두 놀랍기도 하고 기뻐서 함께 수없이 절했다. 조금 있다가 다시 보자기에 싸서 아도간의 집으로 돌아와 긴 의자(榻) 위에 두고 무리들은 모두 흩어졌다.

12일이 지난 그 다음날 아침에 마을 사람들이 다시 모여서 금합을 열어보니 알 여섯 개가 어린이로 변해 있었는데 용모가 덩실하니 컸으며, 이내 평상에 앉았다. 여러 사람들은 모두 삼가 절을 올리고는 극진히 공경했다."[40]

수상한 소리(殊常聲)의 명령을 받은 구간(九干)들은 42년 3월 상사일(上巳日)에 구지봉(龜旨峰)에 올라 자신들의 대왕을 맞이하기 위하여 구지가(龜旨歌)를 부르며 하늘을 우러러보니, 하늘로부터 자주색 줄에 매달은 금합이 내려왔다. 구간들이 이 금합 속의 황금알을 보고 12일 동안 아도간의 집에 두고 각자의 집으로 돌아갔다는 것으로 보아, 기존의 구간 집단은 김해에 당도한 김수로 집단을 곧바로 수용한 것 같지는 않다. '황금알'이 '어린이'로 변신한 것을 보고서야 삼가 절을 올리고 극진히 공경했다는 것은 두 집단 간의 치열한 싸움 속에서 공존을 모색한 결과로 보아야 한다.

이처럼 김수로 집단은 그들의 족원(族源)을 금합 속의 황금알로 상징화했다. 자신들은 하늘이 보낸 성스런 겨레, 즉 황금족(黃金族)이라

---

[40] 『三國遺事』「駕洛國記」[未幾 仰以觀之 唯紫繩自天垂而着也 尋繩之下 乃見紅幅裹金合子 開而視之 有黃金卵六圓如日者 衆人悉皆驚喜 俱伸百拜 尋還裏著 抱持而歸我刀家 寘榻上 其衆各散 過浹辰 翌日平明 衆庶復相聚集開合 而六卵爲童子 容貌甚偉 仍坐於床 衆庶拜賀 盡恭敬止]

는 것을 선언한 것이다. 그리고 황금알 여섯 개는 폐망한 신나라로부터 함께 탈출한 일가붙이에 대한 은유라고 할 수 있다. 그 이유는 가야 제국이 건국에서 멸망에 이르기까지 500여 년 동안 서로 침략전쟁을 하지 않았다는 역사적 사실에서 찾을 수 있다.

5. 허황옥은 어디에서 왔나

김수로왕이 가락국을 세운 지 6년이 지난 AD 48년 7월 27일에 구간들은 왕에게 구간의 처녀 가운데 가장 좋은 사람을 왕비로 삼도록 간언한다. 그러나 왕은 "내가 이곳에 내려옴은 하늘의 명령이다. 내게 짝지어 왕후로 삼게 함도 또한 하늘이 명령할 것이니 그대들은 염려하지 말라."[41]고 뿌리친다. 그리고는 유천간(留天干)에게 망산도(望山島)로, 신귀간(神鬼干)에게 승점(乘岾)으로 가 해안으로 들어오는 배를 맞이하라고 명령한다. 때마침 한 척의 배가 서남쪽으로부터 붉은 돛을 달고 붉은 기를 휘날리면서 해안에 상륙한다. 배에서 20여 명이 내리는데, 그중의 한 사람이 김수로왕에게 자기의 신분을 밝힌다.

"저는 아유타국(阿踰陀國)의 공주입니다. 성은 허(許)라 하고 이름은 황옥(黃玉)이며 나이는 열여섯 살입니다."[42]

여기서 아유타(阿踰陀), 즉 아요디아(Ayodhia)는 갠지스강 중류에 있었던 인도의 고대왕국 코살라(Kosala)국의 수도였다. 그런데 아무

---

[41] 『三國遺事』「駕洛國記」[朕降于兹 天命也 配朕而作后 亦天之命 卿等無慮]
[42] 『三國遺事』「駕洛國記」[妾是阿踰陀國公主也 姓許名黃玉 年二八矣]

리 사명을 띠었다 해도, 芳年의 규수가 인도 내륙의 아요디아 지방에서 몇 사람 시종만을 거느리고, 2,000여 리의 갠지즈강을 빠져나와, 벵갈만(灣)을 거쳐, 風浪이 거세기로 유명한 그 길고 긴 東지나 海를 거쳐, 한반도 김해지방에까지 찾아올 수 있었을 것인가.[43]

이런 의구심을 풀기 위해 김해에 있는 허황옥의 능 비문에 적혀 있는 다음과 같은 글귀를 살펴보자.

가락국 수로왕비(駕洛國 首露王妃)
보주태후 허씨능(普州太后 許氏陵)

허황옥의 시호(諡號)가 보주태후(普州太后)이다. 시호는 보통 어떤 인물이 죽은 후 그 인물의 업적을 기리기 위해 후손들이 그에 합당하게 지어주는 것이다. 그런데 허황옥의 시호는 구체적인 지명으로 되어 있다. 보주는 중국 사천성(四川省)의 한 지방 도시인 안악(安岳)의 옛날 이름이었다. 안악은 성도(成都)와 중경(重慶) 사이에 있는 내륙지방으로 양자강의 지류인 부강(涪江)으로 성도, 중경, 상해와 연결되는 곳이고, 보주라는 이름은 주나라부터 송나라 기간에 사용되었다.[44] 이 기록을 사실로 받아들이면, 허황옥 집단은 인도의 아유타국에서 중국의 보주로 이주해 왔다. 그럼 언제쯤 어떤 이유로 왔을까?

기원전 2세기 무렵, 인도 마우리아 왕조(BC 321~BC 185)의 북쪽에는 그리스인이 세운 박트리아 왕국(BC 246~BC 138)이 있었다. 이 나라는 힌두쿠시산맥과 아무다리아강(옥서스강)사이에 있던 나라로 중국의 문헌에는 대하(大夏)라고 하였다. 이들은 후에 북쪽에서 흉노

---

[43] 문정창, 앞의 책, 61쪽.
[44] 김병모, 『김병모의 고고학 여행』 2, 고래실, 2006, 151쪽.

에게 밀리어 내려온 월지인에게 멸망한다.[45] 이 월지인이 세운 대월지에서 BC 1세기경 쿠샨(Kushana)왕조가 탄생한다. 그리고 이 쿠샨왕조에 의해 인도 중북부를 지배하던 숭가왕조(Sunga: BC 187~BC 76)와 함께 아요디아도 붕괴된다. 불교를 통치 이념으로 한 평등한 사회를 표방했던 쿠샨 앞에서, 브라만을 정점으로 하는 철저한 계급사회였던 아요디아는 쉽게 무너졌다. 이때 허황옥의 조상들이 중국 보주로 이주했다고 보는 것이 합리적인 역사 추리일 것이다.

재미 있는 것은 보주 서운향(瑞雲鄕)이라는 마을 뒷산 암벽에 신정(神井)이 있는데, 그 유래를 설명하는 내용에 허황옥(許黃玉)이라는 이름이 나타난다는 사실이다.

> 보주 땅 동쪽 마을 종지란 곳에 신령스러운 기운이 솟아
> 인걸이 떨치고 영명한 역사가 있다.
> 허씨족은 일찍부터 이곳에 살았는데 훌륭한 이야기가 오랫동안 전해온다.
> 그 집 뒷산은 사자와 같고 앞뜰은 비단과 같았다.
> 동한(東漢) 초에 허황옥(許黃玉)이라는 소녀가 있어
> 용모가 수려하고 지략이 뛰어났다.
> 어릴 때부터 어른들의 이야기 듣기를 좋아했다.
> 일찍이 할아버지 말씀에 의하면,
> "정묘년(丁卯年)에 기근이 있어 많은 사람들이 고향을 떠나게 되었을 때,
> 마침 어머니가(증조모)가 산기가 있어 떠나는 사람들과 헤어져 남게 되었다.

---

[45] 정형진, 앞의 책, 437쪽.

아버지(증조부)가 구걸을 해서 살아가게 되었다.

그때 내(조부)가 이 땅에 태어났으나 먹을 젖이 없었다.

증조부가 우물가에서 경건히 하늘의 도움을 빌자,

이윽고 우물 속에서 물고기가 뛰어올랐다.

나뭇가지를 꺾어 낚시를 드리워 하루에 두 마리씩 낚았다.

(물고기를) 쪄서 죽을 만들고 유즙을 만들어서 여러 해를 지낼 수 있었다.

너의 할아버지는 이렇게 하여 살아남았다.

후손들이 그 (우물의) 신령스러움에 감복하여 〈신정〉이라고 높여 불렀다.

그래서 허씨족이 오늘날과 같이 번창하고 위대한 씨족이 되었다."
고 한다.[46]

허황옥의 할아버지는 정묘년(丁卯年)에 태어났다. 허황옥은 가락국에 시집올 때인 서기 48년에 16세(二八矣)였으므로 역산하면 서기 32년생이고, 그 할아버지가 태어난 정묘년은 60갑주에서 기원전 54년에 해당한다. 그때 중국은 서한(西漢) 곧 전한(前漢) 선제(宣帝: BC 74~BC 49) 때다.[47] 할아버지가 태어난 해가 기원전 54년이라면, 할아버지의 아버지는 이미 그 전에 보주로 이주해서 살았다는 이야기다.

참으로 신기하게도 여기에 나오는 허황옥이라는 소녀와 「가락국기」에 나오는 허황옥은 한자가 똑 같다. 동한(東漢: AD 23~220) 초면, 광무제(光武帝: 재위 25~57) 때이다. 소녀로 부를 수 있는 나이의 한

---

[46] 김병모, 앞의 책, 158쪽.
[47] 김병모, 『허황옥 루트』, 역사의 아침, 2006, 247쪽.

1 신화와 역사의 간극

계를 고대에 여자가 결혼할 수 있는 적정 연령인 16세 전후로 본다면, 이 소녀가 활동했던 시기는 대략 48년 내외가 된다.

『후한서(後漢書)』에 보면, 동한(東漢) 서기 47년에 이 지방이 포함된 남군(南郡)에서 한나라의 수탈정치에 항거하는 민중봉기가 일어났다가 7천 명의 토착인들이 체포되어 강하(江夏: 현 武昌)로 강제 이주당한 사건이 기록되어 있다. 그후 101년에도 봉기가 일어났다가 주동자가 항복한 사건도 있다. 이때 주동자의 신분이 밝혀졌는데 놀랍게도 이름이 허성(許聖)이었다.[48] 그런데 동한 서기 47년에 일어났던 이 민중봉기로 인해 허황옥 집단이 1년 만에 가락국으로 가게 되었다는 견해를 받아들이기 위해서는 설명이 더 필요하다.[49] 왜냐하면 김수로 집단과 허황옥 집단이 서로 왕래하지 않는 상태에서, 보주에서 김해까지 곧바로 갈 수는 없기 때문이다. 그리고 보주에서 무창을 거쳐 양자강을 따라 상해에 이른다고 해도 황해를 가로지르기는 무리다.

이런 점에서 진시황(秦始皇: 재위 BC 247~210)이 불로초를 구하기 위해 동쪽으로 보냈다는 서복(徐福)의 출해동도(出海東渡) 항로는 참고할 만하다. 서복 일행은 산동반도 남단의 낭아(琅玡)에서 출항해 산동반도 연안을 따라 북상해 등주(登州)에 도달한 다음, 발해를 건너 요동반도의 남단을 거쳐 한반도의 서해 연안으로 남하해 제주도

---

[48] 김병모, 『김병모의 고고학 여행』 2, 고래실, 2006, 152쪽.
[49] 김병모는 김수로왕릉 앞에 서 있는 삼문(三門)의 문설주 위에 그려져 있는 쌍둥이 신어(神魚)는 BC 2,700년경 아시리아에서 발생해 페르시아-스키타이-간다라-아요디아-미얀마-운남-보주-무창-가야-구마모토까지 전파되었으며, 이 루트를 따라 허황옥이 김해에 왔다고 이야기한다.(김병모, 위의 책, 175쪽) 그런데 쌍어문 신어의 원형은 이미 기원전 5,000년경의 메소포타미아의 초기문화인 우바이드 시대의 채도에 보인다.(정형진, 『바람 타고 흐른 고대문화의 비밀』, 소나무, 2011, 177쪽)

에 도착한 것으로 추정된다.[50] 이러한 상황은 허황옥 일행이 한 척의 배로 황해를 직접 건너왔다기보다 진시황 이전에 개척된 서복의 출해동도 항로를 따라갔을 확률이 훨씬 더 높다.

김수로왕이 스스로 김해에 온 것과 또 왕후가 될 짝도 '하늘의 명령'으로 이곳(김해)으로 오기로 되어 있다는 말을 떠올려 보자. 이 말은 두 집단이 서로 잘 알고 있다는 것을 암시한다. 전한 말 최대 외척은 허씨(許氏)와 왕씨(王氏)였다. 허씨는 선제(宣帝: BC 74~BC 49)와 성제(成帝: BC 33~BC 7) 때, 왕씨는 원제(元帝: BC 49~BC 33)와 평제(平帝: BC 1~AD 5) 때 황후를 배출했다. 허씨가 어떻게 전한의 최대 외척이 되었는지 알 길은 없다. 그런데 허씨의 본거지인 보주에서 전한의 수도인 장안(현재: 서안)까지는 약 이천 리 정도로 충분히 왕래할 수 있는 거리다.

게다가 원제(元帝: BC 49~BC 33)의 모친인 허황후(許皇后)의 "부친 허광한(許廣漢)은 창읍[昌邑: 현재 산동성 금향현(金鄉縣)] 사람으로서, 젊은 시절에 창읍왕의 낭(郎: 숙위관)이었다."[51] 또 김일제가 한 무제로부터 제후로 봉해진 투[秺: 현재 산동성 성무현(城武縣)] 지역은 창읍에서 서남쪽으로 불과 60리밖에 떨어져 있지 않은 아주 가까운 지역이다. 이러한 이유로 허씨 집안과 김씨 집안은 장안 왕궁 안에서 아주 가깝게 지냈으리라는 것은 누구나 추론할 수 있다.

이러한 역사적 상황을 이해하기 위해 김수로왕과 허황옥의 삶을 비교해 보자. 허황옥은 48년 7월 27일에 가야에 도착했을 때가 16세였고, 32년생인 그녀는 189년 3월 1일 157세로 세상을 떠났다. 반면, 김수로왕은 허황옥보다 10년 더 살다가 199년에 죽었다. 이때가

---

[50] 정수일 지음, 『한국 속의 세계』 상, 창비, 2005, 65~75쪽 참조.
[51] 반고 지음, 홍대표 옮김, 『한서열전(漢書列傳)』, 범우사, 1997, 346쪽.

158세이다. 그러니까 김수로왕의 나이는 허황옥보다 11년 연상이다. 유추하면 김수로왕은 21년생으로 허황옥이 도착한 48년에는 27세였고, 가야를 세운 42년에는 21세였다.

그렇다면 김수로는 왕망이 세운 신(新: 9~23)나라가 망하기 2년 전에 태어나 2살 무렵부터 험난한 도주생활을 시작했고, 허황옥은 32년생이므로 신나라가 망한 지 9년 후에 어딘가에서 태어나, 16살인 47년까지 보주에서 살았었다. 지금까지 살펴본 역사적 사실로 보면, 부모세대의 인연이 없고서는 허황옥이 김수로왕을 만나기 위해 김해에까지 온다는 것은 불가능하다고 본다. 그리고 허황옥과 함께 온 잉신들의 이름에서 그것을 확인할 수 있다.

"왕후도 산 밖의 별포(別浦) 나루터에 배를 매고, 육지로 올라와서 높은 언덕에서 쉬었다. 그리고 자기가 입었던 비단바지를 벗어서, 그것을 폐백 삼아 산신에게 바치는 것이었다.

이 외에 시종(侍從)해온 잉신(媵臣) 두 사람은 이름을 신보(申輔)·조광(趙匡)이라 했고, 그들의 아내 두 사람은 모정(慕貞)·모량(慕良)이며, 노비까지 합하여 20여 명이었다. 가지고 온 금수(錦繡)·능라(綾羅)와 옷·필단(疋緞)이며 금은·주옥과 경구(瓊玖)의 장신구 등은 이루 다 기록할 수 없었다."[52]

잉신인 신보(申輔)와 조광(趙匡)의 성씨는 물론 그들의 아내인 모정(慕貞)과 모량(慕良)의 성씨에서 우리는 이들이 북방계 사람이라는

---

[52] 『三國遺事』「駕洛國記」[王后於山外別浦津頭 維舟登陸 憩於高嶠 解所著綾袴爲贄 遺于山靈也 其他侍從媵臣二員 名曰申輔·趙匡 其妻二人號慕貞·慕良 或臧獲幷計二十餘口 所賚錦繡綾羅 衣疋緞金銀·珠玉瓊玖服玩器 不可勝記]

것을 알 수 있다. 특히 모(慕)씨는 선비족인 모용씨[53]에서 갈라져 나왔다. 그리고 허황옥 일행이 김해에 도착하여 높은 언덕에 올라 자신이 입었던 비단바지를 벗어 산신에게 제를 올린 것은 이들이 산신제라는 북방문화를 자신들의 소중한 정신유산으로 간직하고 있었음을 말한다. 허씨 족속이 "그들의 딸을 수로왕에게 보낼 때에는 발해 연안 어느 지점에 자리하였던 그들 최후의 아성(牙城)이 무너졌던 것 같다."[54]는 역사적 평가는 깊이 생각해볼 만하다.

모든 역사적 기록을 종합해보면, 김수로와 허황옥 집단의 이동 루트는 한무제 때부터 쓰기 시작한 오수전(五銖錢)과 왕망 시대에만 썼던 화천(貨泉)의 발견 루트와 비슷하다. 오수전은 오늘날 만주의 요서(遼西)와 요동(遼東), 한반도 서북 지역과 남쪽 김해, 제주도와 일본 큐슈 지역에서까지 출토되고 있다. 그리고 화천은 황해도와 평양, 나주-해남-김해, 제주도, 일본 큐슈에서 오사카까지 출토되고 있다. 오수전과 화천의 이러한 출토는 이미 한나라 이전부터 한반도를 거쳐 일본에 이르기까지 바닷길을 따라 국제무역이 활발하게 이루어졌다는 역사적 사실을 의미한다.

---

[53] 모용씨는 선비족의 일파로서 '모용'은 부족의 이름이기도 하고 부족장의 성씨이기도 하다. 선비족은 추장의 성씨나 이름을 부족명으로 하는 관습이 있었다. 『자치통감』을 보면, "후한 환제(桓帝: 재위 147~167) 때 선비족의 단석괴(檀石槐)가 그 땅을 동·중·서 3부로 나누었고 중부대인(中部大人)은 가최(柯最), 궐거(闕居), 모용(慕容) 등이었다는 기사가 있다. 선비의 나라가 커지자 정치의 효율성을 기하기 위해 3부로 나누었음을 알 수 있다. '모용'의 의미가 무엇인지 알 길이 없지만 나는 선비족 말로 황금(金: Gold)을 뜻했던 것이 아닌가 여겨진다. 신라나 가야의 김씨 왕실이 모두 '모용'에서 유래된 모(慕 또는 牟)씨 성을 쓰다가 성씨를 바꿀 때 약속이나 한 듯이 김(金)을 성씨로 삼고 있는 데서 선비족 말 '모용'의 본래 의미가 금(金)이 아니었는가 추측해보는 것이다."(장한식, 『신라 법흥왕은 선비족 모용씨의 후예였다』, 풀빛, 1999, 48~52쪽 참조)

[54] 문정창, 앞의 책, 67쪽.

6. 신화는 역사의 또 다른 얼굴이다

신화는 역사의 또 다른 얼굴로 역사의 이면을 잘 보여준다. 21세기가 되면서 세계는 문명사적 대전환의 상황을 맞이하고 있다. 바야흐로 세계는 근대 민족주의의 한계를 절감하고 있지만, 그렇다고 새로운 대안을 가지고 있지도 못하다.

필자가 본고에서 『삼국유사』 「가락국기」에 나오는 김수로왕 신화에 대한 새로운 이해를 추구하는 것도 21세기 대전환의 시대를 살아가야 하는 민족의 세계사적 운명과 관계가 있다. 한국사는 고대로 갈수록 국제사(國際史)이고 근대로 올수록 국지사(局地史)로 변했다.[55]는 어느 연구자의 진술은 한국인의 민족적 정체성이 무엇인지 새삼 의문을 갖게 한다. 우리가 그 동안 한결같이 믿어왔던 단일민족신화는 역사적 상황에 따라 형성된 민족적 환상이었다는 사실이 밝혀진 것이다.

김수로왕 신화가 보여주는 그 기원에 대한 놀라운 진실은 우리가 결코 유라시아의 동쪽 끝에 자리잡은 지리적 소국이 아님을 말해 준다. 김수로왕의 5대조는 김일제로 흉노 휴도왕의 왕자였으며, 그 계보의 꼭지점에는 소호금천씨가 우뚝 버티고 있다. 또 허황옥 조상은 인도의 아요디아(Ayodhia)에서 출발하여 중국 보주를 거쳐 서한 왕실의 외척이 되었다가 가락국에 도달했다.

그런데 이 같은 역사적 사실을 자세히 알 수 있게 해준 계기는 역사의 우연한 발견에서 비롯되었다. 1796년에 처음 발견된 「문무대왕릉비」와 1954년에 출토되었으나 우리에게는 45년이 지난 2009년에 알려진 「대당고김씨부인묘명」은 한국고대사의 일대 혁명적 사

---

[55] 김병모, 앞의 책, 255쪽.

건이다. 이것은 왜 한국인들이 세계사적 시각을 확보해야 하는지 생각하게 한다. 그리고 우연히 발견된 작은 역사적 기록 하나가 얼마나 대단한 역사적 해석을 가능하게 하고, 그 가치가 얼마나 크면 신화와 역사의 간극을 메울 수 있는지 알게 해준다.

이러한 기록들은 우리의 정신 속에 숨어 있는 세계문화시민으로서의 역사적 혼들을 일깨워준다. 그리고 한국문화의 세계적 발전가능성을 인식할 수 있게 해주고, 한국인의 세계문화시민적 정체성을 구축해 나가는데 중요한 역할을 하리라 본다. 따라서 우리가 세계문화시민의 창조적 구성원의 일원으로 거듭나기 위해 아시아를 넘어 세계사 속에 숨어 있는 우리의 세계문화시민적 흔적을 발굴하고 해석하는 학문적 노력을 게을리하지 말아야 한다.

2 『삼국유사(三國遺事)』'연오랑·세오녀'(延烏郎·細烏女)와 『고사기(古事記)』'신라왕자 아메노히보코'(天之日矛) 이야기

1. 근오기(斤烏支), 도기야(都祈野), 영일현(迎日縣)

어떤 지역의 문화적 특성을 파악하려고 할 때, 그 지역의 지명에 대해 알고 나면 한결 쉽게 이해할 수 있다. 지금 이야기하려는 곳도 그러한 경우이다. 『신증동국여지승람(新增東國輿地勝覽)』 「영일현(迎日縣)」 조에 보면, 본래는 신라의 근오기현(斤烏支縣)인데, 경덕왕 16년(757)에 임정현(臨汀縣)으로, 고려 때 지금 이름으로 개칭하였다고 적고 있다.[1] 경덕왕 때 고친 임정현(臨汀縣)은 근오기(斤烏支)라는 명칭에 근거하여 바꾼 것 같다. 근오기(斤烏支)의 근(斤)은 '큰'의 뜻이고, 오기(烏支)는 '어구, 어귀'를 의미한다.[2] 그러니까 근오기(斤烏支)는 '큰 어귀(입구)'의 뜻으로, '모래가 쌓인 물가에 임해 있는 마을'이라는 임정현(臨汀縣)과 의미가 상통한다. 호미(虎尾)곶 위쪽으로 쑥 들어간, 큰 배들이 드나들기 좋게 되어 있는 U자 형태의 영일만을 보

---

[1] 고전국역총서, 『국역 신증동국여지승람 III』, 민족문화추진위원회, 1970, 374쪽 참조.
[2] 이영희, 『노래하는 역사 I』, 조선일보사, 2001, 115쪽.

면, 왜 근오기(斤烏支)³라 불렸는지 그 느낌이 온다.

그런데, 고려 때 임정현(臨汀縣)에서 영일현(迎日縣)으로 이름을 바꾸었는데, 어떤 근거로 그렇게 하였는지 명확하지 않다. 임정현(臨汀縣)과 영일현(迎日縣)은 그 의미가 너무 다르기 때문이다. 여기에 대해『신증동국여지승람』「영일현(迎日縣)」조에는 "이제 상고해 보면 고려 초에 임정현(臨汀縣)의 이름을 고쳐 영일현(迎日縣)이라 했으니, 신라 아달라(阿達羅)왕 때에 비롯된 것은 아닌 것 같다. 영오(迎烏)의 이야기는 김부식이 지은『삼국사기』와 권근의『동국사략』에는 보이지 않고 다만『삼국유사』에만 수록돼 있으니 믿을 만한 것이 못된다."⁴고 적고 있다.

정말 그럴까?『삼국유사』「연오랑(延烏郞)과 세오녀(細烏女)」조에 보면, 하늘에 제사지내던 곳을 '영일현(迎日縣) 또는 도기야(都祈野)'로 불렸다고 기록하고 있다. 이 진술대로라면, '영일현(迎日縣) 또는

---

3 근오기현(斤烏支縣)은 다르게 해석될 수도 있다. 일명 오량우현(烏良友縣)이라고도 불렸다고 하는데, 이때 오량우(烏良友)을 이두 표기로 보고 구분하면 '烏良'과 '友'로 나눌 수 있다. '烏良'은 다시 '烏'와 '良'으로 나뉘어진다. '烏'의 음가는 그대로 '오'이고, '良'의 음가는 신라 상고음 기층자음 '랑'이다. '那'와 대응될 때는 '라'로 읽힌다. 이때 음정 끝소리는 무시되었다.(최남희,『고대 국어한자음 연구』, 박이정, 1999, 363-364쪽 참조) 그리고 '友'는 '支'의 오기(誤記)라고 본다. 이렇게 보면, '烏良'은 '阿羅伽倻'의 '阿羅'와 같은 뜻인 '알'(해)이고, '友'는 사람을 뜻하는 '지(치)'로, 말 전체의 뜻은 '알(해)사람이 사는(다스리는) 마을'이다. 또 근오기(斤烏支)도 이두 표기로 보면, '斤'+'烏'+'支'로 나눌 수 있다. 斤은 '큰', '烏'은 훈독하여 '감(해)', '支'는 '지(치)'로 말 전체의 뜻은 '큰 감(해)사람이 사는(다스리는) 마을'이 된다. 두 명칭의 뜻은 일치한다.

이런 다양한 해석은 이두식 표기에서 생겨나는 오묘한 의미의 발생이라고 본다. 이것은 해석의 혼란이 아니라 한 어휘 속에 여러 의미를 압축해 표현하려는 고대인의 지혜가 발휘된 결과이다. 예로, '居西干'의 '居西'를 들 수 있다. 이 단어는 제정일치 사회의 지배자 '것'을 가리키는 단어지만, 그 다른 뜻은 '서쪽에서 온, 살았던'이라는 의미도 내포하고 있다.

4 고전국역총서, 앞의 책, 379~380쪽.

도기야(都祈野)'는 그 의미가 같거나 비슷해야 한다. 위에서 살펴본 것처럼 '고려 초에 임정현(臨汀縣)의 이름을 고쳐 영일현(迎日縣)'이라 했다 하나, 두 이름은 그 의미가 너무 다르기 때문에, 그 사실을 파악하기가 어렵다. 그렇기 때문에 우리는 영일현(迎日縣)이라는 지명의 뿌리를 '도기야'(都祈野)라는 명칭을 매개로 추적해보는 수밖에 없다.

영일현(迎日縣)이 '해를 맞이하는 고을'을 뜻하므로, 도기야(都祈野)도 그러한 의미를 지니고 있어야 한다. 이것이 증명되려면 영일현(迎日縣)은 도기야(都祈野)의 한자 번역이어야 하고, 도기야(都祈野)는 당시 현실음에 대한 한자 표기라는 것이 확인되어야 한다. 한번 추적해 보자. 도기야(都祈野)는 '도기'(都祈)와 '야'(野)로 구분된다. 여기서 야(野)는 '곳, 땅'을 뜻하는 '벌'의 의미다. 경주를 지칭하던 서라벌(徐羅伐)의 '벌'과 같다. 그러므로 '야'(野)는 영일현(迎日縣)의 '현'(縣)으로 번역되었다고 본다. 문제는 '도기'(都祈)가 무엇을 나타내는가 하는 것이다.

인류는 신석기 시대에 들어와서 죽음에 대한 공포를 극복하기 위한 모색으로 영원성에 대해 생각하기 시작한다. 이때부터 하늘과 땅의 대응을 찾으려고 노력하며, 그리고 그 둘을 연결하는 매개물(새)에 대해 상상하게 된다. 그들이 관찰해서 찾아낸 하늘의 영원성을 보장하는 사물은 일월성신(日月星辰) 그 중에서도 '해'였고, 땅에서의 그 최초의 짝은 '돌'이었다. 이러한 흔적은 산동반도에서 요동반도를 거쳐 한반도에 이르기까지 분포되어 있는 고인돌의 숫자만 봐도 알 수 있다. 세계 고인돌의 절반이 이 지역, 특히 요동반도에서 한반도에 걸쳐 있다. 이 지역의 고인돌은 신석기에서 청동기에 이르기까지 '돌'족이 건설한 문명의 상징이다.

'돌'과 관련된 우리말 중에 '돍'이라는 단어가 있다. 지금은 '돌'로 쓰고 있지만, 얼마 전까지만 해도 '돐'로 표기했었다. 옛말 '돐'은 아이가 태어난 지 한 해가 지나면 차려주는 잔치를 뜻한다. 지구가 태양을 한 바퀴 돌아올 때까지 죽지 않고 살아있음을 축하하는 말인 것이다. 그러니까 이 말 속에는 '해'의 뜻이 들어 있다. 우리는 사람이 죽은 것을 '돌아가다'라고 표현한다. 그 뜻은 본래의 고향(해)으로 간다는 의미다. 진수의 『삼국지(三國志)』 「위서(魏書)」 한·변진(韓·弁辰) 항목에 다음과 같은 말이 있다. 사람이 죽으면 "큰 새의 깃을 함께 묻는데, 그 의미는 죽은 자로 하여금 해를 향해 날아갈 수 있도록 하기 위함이다.(以大鳥羽送死 其意欲使死者飛揚)"⁵ 이렇듯 '돌'이라는 단어가 '해'(日)와 '돌'(石)이라는 전혀 다른 뜻을 가지고 있는 것은 바로 고대인들의 우주관에 그 숨은 비밀이 있다.

신석기 시대부터 각 씨족들은 자기 고유의 토템(Totem)을 만들기 시작했고, 그 토템을 족명(族名)으로 사용했으며, 또 그들이 살던 곳의 지명(地名)으로도 불렸다. 이처럼 고대인들은 하늘과 땅 그리고 그 둘을 연결하는 메신저로 동일한 어휘를 사용했다. 우리말 '돌(해)-닭(새)-돌이(사람)'가 그것을 증명한다. 대구를 예로 들어보자. 대구(大邱)의 신라시대 명칭은 '달구화현'(達句火縣)이다. 달구화현(達句火縣)은 '달구'(達句)와 '화현'(火縣)으로 구분할 수 있다. 화현(火縣)의 화(火)는 우리말 '벌'의 훈독이고, 현(縣)은 행정구역 명칭이다. 지금도 대구는 '달구벌'로 불린다.

그럼, '달구'(達句)는 무슨 뜻일까? 경상도 사람들은 닭을 '달구새끼'라고 부른다. 달구(達句)는 '닭'의 음독표기인 것이다. 닭은 지금과는 달리 고대에는 조류의 총칭이었다. 그 흔적은 조류를 총칭하는 일본어 도리(とり)로 남아 있다. 그런데, 경덕왕 때 달구화현(達句火縣)

---

5 진수(陳壽), 『삼국지(三國志)』, 「위서(魏書)」, 한·변진(韓·弁辰) 항목 참조.

을 대구(大邱)로 개칭했는데, 그 의미가 상통하지 않는다. 어찌된 일일까? 개칭이 합당하려면, 달구(達句)에 '대'(大)의 의미가 들어 있어야 하는데 말이다.

삼국시대 이전부터 산(山)을 지칭하는 말로 '달'(達)과 '닥'(德)이 있었다. 백두산을 중심으로 서쪽에서는 달(達)로, 동쪽에서는 닥(德)으로 쓰였다고 한다.[6] 둘 다 '닭'의 음가를 표기한 것이다. 지금도 닭은 지역에 따라 '달'로도 혹은 '닥'으로도 발음된다. 우리말 닭에는 해(日), 달(月), 새(鳥), 곳(山), 사람 등 다양한 뜻을 가지고 있으며,[7] 고구려 말 '달골'(達忽)[8]에서 보듯이 '높다'라는 뜻으로 쓰인 흔적은 찾을 수 있으나, '크다'라는 뜻으로 쓰였는지는 알 수 없다. 그러나 일본어를 보면, 그 뜻을 명확하게 파악할 수 있다. 백두산 동쪽에서 쓰였던 닥(德)이 일본으로 건너가 '큰 산'(岳)의 뜻으로는 '타케'(たけ)로, '높다, 크다'의 뜻으로는 '타카이'(たかい)로 사용되었다.[9] 경덕왕 때

---

[6] 닥(德)은 함경남도 단천군(端川郡)의 수차덕(水差德), 은룡덕(隱龍德), 검의덕(檢義德), 함경북도 회령도호부(會寧都護府)의 봉덕(奉德), 내지덕(內地德)에서 알 수 있는 것처럼 주로 함경도 지역에서 사용되었다.(고전국역총서, 『신증동국여지승람(新增東國輿地勝覽)』VI』, 민족문화추진위원회, 1970, 233쪽과 313쪽 참조)

[7] 신화적 관점에서 '달(達)'을 해석하면, 달(達)에는 '해(日) - 새(鳥) - 사람'으로 연결되는 고대인들의 우주관이 분명히 드러난다. 그리고 그 사람들이 살았던 높은 곳(山)을 아사달(阿斯達), 박달(朴達)의 '달(達)'이라 불렀던 것도 알 수 있다. 여기서 한 가지 문제를 제기할 수 있는데, 그럼 달(月)은 어디서 나온 말인가 하는 것이다. 필자는 이렇게 생각한다. 본래 달(達)은 해를 달이라 지칭하는 족속들이 사용한 말인데, 나중에 '밝'족이나 '알'족에게 밀려나 해의 의미를 그들에게 빼앗기고, 일월성신(日月星辰)의 두 번째 자리를 차지하게 되었다고 본다.

[8] 『三國史記』卷35,「雜志」第4, '地理 2'에 보면, '高城郡 本高句麗達忽'라고 적혀 있다. 경덕왕 때 達忽을 高城으로 고쳤으니, 당시에 達=高, 忽=城임을 알 수 있다. 또 지금은 忽을 '홀'이라고 읽지만, 고구려 때는 '골'로 읽었다.

[9] 이러한 해석은 한일 간의 쟁점이 되고 있는 '독도' 문제도 쉽게 설명할 수 있다. '독도'의 '독'은 '닥'의 변형으로 '돌'을 뜻한다. 실제 독도는 동도와 서도 모두 기암(奇巖)으로 이루어져 있다. 일본은 17세기 후반부터 울릉도를 죽도(竹嶋)로, 독

달구화현(達句火縣)을 대구(大邱)로 개칭한 것으로 봐서, 이미 그 당시 어의(語義) 분화가 일어났고 닭이라는 말이 가지고 있던 신화적인 요소는 사라졌을 것이다.

이로써 추정해보면, '도기'(都祈)[10]라는 명칭은 해의 의미를 담고 있는 '닥'(德)의 변형된 표기로, 영일(迎日)과 그 뜻이 같음을 알 수 있다.

2. 일월지(日月池), 일월사당(日月祠堂), 웅신리(熊神籬)

포항시에 '몰개월'이라는 지명이 있다. 남구 청림동 일대를 말한다. 이 지명은 황석영 작가의 단편소설 「몰개월의 새」(『세계의 문학』, 1976)로도 씌어졌다. '몰개월'에서 "'몰개'는 모래의 경상도 사투리다. 그럼 '월'은 무엇일까? '위'의 옛말 '우'와 '연못'의 옛말 '얼'을 합친 '우 얼'은 흡사 '월'처럼 들린다. 몰개월이란 다름이 아닌 '몰개 우 얼', 즉 모래 위의 연못을 뜻한다."[11] 이곳이 연오랑(延烏郞)과 세오녀(細烏女)가 역사 속에 전설로 살아 숨쉬는 일월지(日月池)로, 그 근처에는 해와 달을 모시는 일월사당(日月祠堂)이 있다.

이 일월사당에 얽힌 『삼국유사』 「연오랑·세오녀」와 유사한 이야기로 일본책 『고사기(古事記)』에 나오는 「신라왕자 아메노히보코(天

도를 송도(松嶋)로 불렀다. 그러나 1905년 러일전쟁을 치르면서 독도의 가치를 재인식한 일본은 그해 2월 22일 일방적으로 독도를 다케시마(竹島)로 개칭하고 일본 시마네현(島根縣)에 편입시켰다. 이러한 일본의 행위는 '닥'의 본래 뜻을 모르는 문화적 폭력에 다름 아니다.

[10] '도기'(都祈)라는 명칭은 현재 포항시 동해면 도구리(都丘里)의 '도구'(都丘)로 남아 있다.

[11] 이영희, 『무쇠를 가진 자, 권력을 잡다』, 조선일보사, 2009, 30쪽 참조.

之日矛)」와 『일본서기(日本書紀)』에 나오는 「신라왕자 아메노히보코(天之槍)」가 있다.12 세 이야기는 비슷하면서도 다르다. 그러나 『고사기』에 나오는 「신라왕자 아메노히보코(天之日矛)」의 이야기가 역사적 원형에 더 가까울지 모른다. 왜냐하면 『고사기』는 저작연대가 712년이지만, 『삼국유사』는 일연의 나이가 70세쯤, 그러니까 1276년 전후에 씌어졌을 것으로 판단되기 때문이다. 그리고 720년에 저작된 『일본서기』는 그 이야기의 내용이 '신라왕자 아메노히보코'(天之槍)에만 집중돼 있지만, 두 이야기에 없는 내용을 담고 있어 소중한 정보를 제공해준다.

세 이야기의 원형은 『삼국유사』에 기록된 것처럼 아달라왕 4년(157)에 만들어졌다고 볼 수 있다. 그렇게 보면 『고사기』의 「신라왕자 아메노히보코(天之日矛)」는 555년 만에, 『일본서기』의 「신라왕자 아메노히보코(天日槍)」는 563년 만에, 『삼국유사』의 「연오랑·세오녀」는 그 두 배에 가까운 1119년을 전후한 시점에 채록되었을 것이다. 만약 세 이야기가 하나의 기원에서 시작되었다면, 이야기에 등장하는 주인공들의 이름에 뭔가 공통적인 의미가 있을 것이다. 그 이름을 분석해 보자.

먼저 『고사기(古事記)』 「신라왕자 아메노히보코(天之日矛)」에 나오는 두 주인공 '아메노히보코'(天之日矛)와 '아카루히메'(阿加流比賣), 그리고 아카루히메를 모시고 있는 '히메코소'(比賣許曾)신사의 이름에 대해 차례로 살펴보자. 아메노히보코는 '아메(天)+노(之)+히(日)+보코(矛)'이다. 그 의미는 "하늘의 해, 보코(矛)"이다. 그런데 矛로 표기해 놓고, 왜 보코13라고 읽는지 궁금하다. 『일본서기』에서도 아메

---

12 세 이야기를 같은 것으로 보는 대표적인 학자로 이영희 교수와 홍윤기 교수를 들 수 있다. 필자도 세 이야기를 동일한 기원의 서로 다른 버전이라고 생각한다.
13 일본 『古語辭典』에는 보코(ぼこ)를 소아(小兒), 아기(子供), 갓난아기(赤ん坊)라고

노히보코(天日槍)에서 보는 것처럼 槍으로 표기하고, 보코라고 읽는다. 혹시 보코가 제정일치 사회의 지배자를 뜻하는 우리말 '박'(朴)의 변음은 아닐까?

다음은 히메코소(比賣許曾)신사에 모셔져 있다는 아카루히메(阿加流比賣)를 살펴보자. 아카루히메(阿加流比賣)는 '아카루(阿加流)+히(比)+메(賣)'이다. 이 여자는 '아카타마'(あかたま: 赤玉)가 변해서 되었다고 한 것으로 보아, 아카루(阿加流)는 '붉다 혹은 밝다'의 뜻일 것이다.[14] 그러면, 아카루히메(阿加流比賣)는 '밝은 해, 여자(님)'로 해석된다.

마지막으로 히메코소(比賣許曾)신사의 히메코소(比賣許曾)를 살펴보자. 히메코소(比賣許曾)는 '히(比)+메(賣)+코소(許曾)'이다. 그 의미는 "해 여자(님), 코소(許曾)"이다. 여기서 '코소'(許曾)는 우리말 '것'을 표현한 것이다. 제정일치 사회 고조선의 지배자를 의미하는 거수국(渠帥國)의 '거수'(渠帥), 박혁거세(朴赫居世)의 '거세'(居世), 거서간(居西干)의 '거서'(居西)가 모두 그 표기이다. 이렇게 보면, 아카루히메(阿加流比賣)와 히메코소(比賣許曾)는 한 사람에 대한 다른 표기임을 알 수 있다.

세 사람의 이름에서 알 수 있듯이, 이들은 제정일치 사회의 지배자였을 것이다. 이러한 사실을 보여주는 또 다른 증거는 『일본서기』의 기록이다. 스이닌 천황 3년 3월에 보면, 신라왕자 아메노히보코(天日槍)가 구슬(玉) 3개, 작은 칼(小刀), 미늘창(矛), 해거울(日鏡), 웅신리

적고 있다.(大野 晉·佐竹昭廣·前田金五郎 編, 『古語辭典』, 岩波書店, 1974, 2193쪽)

[14] 이 이름에 대해 이영희 교수는 '아'(阿)를 '칼붙이'로, 카루(加流)를 '갈다'의 뜻으로 해석하여 '칼붙이갈기' 즉 '철기제조'를 의미한다고 하였다. 그러나 너무 무리한 해석이라고 생각한다. '아카루(阿加流)'는 자연스럽게 '붉은 혹은 밝은'으로 해석하는 게 맞을 것 같다.(이영희, 『노래하는 역사1』, 조선일보사, 2001, 108쪽 참조)

(熊神籬) 등 일곱 가지 물건을 가지고 건너왔다고 되어 있고, 부연설명에서는 거기에 큰 칼(大刀)을 더해 여덟 가지 물건을 가져왔다고 적고 있다.

일본천황가가 지금까지 삼종(三種)의 신기(神器)로 소중히 여기는 것이 다름 아닌 '구슬(玉)과 청동거울과 칼'이다. 그런데, 신라왕자 아메노히보코가 가져간 것은 『일본서기』의 기록처럼 모두 나라에 없어서는 안 되는 성스러운 신물(神物)이었던 것이다. 그리고 그 가운데에서 다른 무엇보다 중요한 것이 웅신리(熊神籬)일지 모른다. 신리(神籬)란 신에게 제사드리는 신주(神主)단지다. 그러니까, 웅신리(熊神籬)에는 웅신(熊神, 곰)에 관한 신성한 기록들이 모두 보관되어 있었을 것이다.

이것을 두고, 18세기의 저명한 고증학자 토우테이칸(藤貞幹: 1732~1997)은 『충구발(衝口發)』에서 "신리(神籬)는 후세(後世)의 신사(神社)이니라. 무릇 신리는 제사 드리는 그 분의 몸으로 삼아 모시는 물건이다. '신리'를 '히모로기(ひもろぎ: 比毛呂岐)'라고 새겨서 읽는 것은 본래 신라의 말이며, 그 신라 말을 빌려서 쓰게 된 것이다. 천일창이 가지고 온 '웅신리'도 천일창이 조상님을 신주(神主)로 모신 것임"[15]을 말하고 있다.

이로써 보면, 연오랑과 세오녀가 왜국(倭國)으로 떠났을 때, 신라에서는 해와 달이 빛을 잃었다고 하는데, 그게 무슨 뜻인지 추측할 수 있다.

---

[15] 홍윤기, 『일본 속의 한국문화유적을 찾아서』, 서문당, 2002, 268쪽 재인용.

3. 연오랑(延烏郞)과 세오녀(細烏女)의 '오'(烏)자에 담긴 의미

이제 연오랑(延烏郞)과 세오녀(細烏女)라는 이름에서 '오'(烏)라는 글자에 대해 이야기할 때가 되었다. 영일현(迎日縣)의 최초의 지명으로 알려진 근오기현(斤烏支縣)과 진한(辰韓) 12국 중의 하나인 근기국(勤耆國) 그 가운데로 흐르던 오천(烏川)에 '오'(烏)자가 있는 것으로 보아, '오(烏)'자는 연오랑과 세오녀 이야기를 이해하는데 놓쳐서는 안 되는 글자다.

동북아시아의 역사에서 까마귀(烏)는 진수(陳壽)가 쓴 『삼국지(三國志)』「오환선비동이전(烏丸鮮卑東夷傳)」에 나오는 '오환'(烏丸)처럼 부족의 이름으로 나타나기도 하고, 부여(夫餘)에서 대소(帶素) 왕자에게 쫓겨 남하할 때 주몽(朱蒙)을 따라온 '오이'(烏伊)[16]나, 고구려 태자 유리(瑠璃)에게 위협을 느껴 새로운 땅을 찾아나선 온조(溫祚)를 따라온 '오간'(烏干)[17]처럼 건국의 보필자로 등장하기도 한다. 그리고 『삼국유사』「사금갑(射琴匣)」 전설에 나오는 오기일(烏忌日) 고사에 나오는 '까마귀'(烏)[18]나, 일본 신무(神武) 천황이 동정(東征)할 때 하늘의 명을 전해준 『고사기』에 나오는 야타카라스(八咫烏)의 '까마귀(烏)'[19]처럼 샤먼의 예언적 능력을 보이기도, 또 『일본서기』의 천손강림 신화에 등장하는 스사노오노미꼬토(素戔嗚尊)의 이름 속에 나타나는 명(鳴)에서처럼 신으로 등장하기도 한다.

신라왕자 아메노히보코가 왜국(倭國)으로 가져간 것 가운데 하나가 웅신리(熊神籬)인 것으로 봐서, 연오랑(延烏郞)과 세오녀(細烏女)

---

[16] 『三國史記』 卷13, 「高句麗本紀」 第1, '始祖東明聖王' 참조.
[17] 『三國遺事』 卷2, 「奇異篇」 下, '南夫餘·前百濟·北夫餘' 참조.
[18] 『三國遺事』 卷2, 「奇異篇」 상, '射琴匣' 참조.
[19] 노성환 역주, 『고사기 2』, 예전, 1987, 27쪽 참조.

는 부부의 이름이라기보다 이들이 담당했던 제사장 직책일 가능성이 높다. 우리나라 역사에서 까마귀(烏)는 '해 속의 세 발 까마귀'(日中有三足烏)를 의미하며, 해의 정기(陽精)를 상징한다. 그러니까 까마귀는 태양조(太陽鳥)인 것이다. 삼족오(三足烏)는 원래 동이족의 조상인 염제 신농족의 주토템이었다.[20]

우리말 고어(古語) '가마귀'(烏)를 한번 살펴보자. 가마귀(烏)는 '가마'와 '귀'로 구성된 글자다. 여기서 '가마'는 해(日)를, '귀'는 새(鳥)를 뜻한다. '가마(日)'가 사라진 것을 '검다'라고 말하고, 앞을 못 보게 할 때 눈을 '감으라' 하는 것도 그런 이유에서이다. 무엇보다 중요한 것은 이 '가마'가 '쇠(鐵, 本字 銕)'를 뜻한다는 것이다. '가마'를 의미하는 한자 부(釜), 과(鍋), 기(錡), 확(鑊) 같은 글자를 보면 모두 쇠를 뜻하는 '金'자가 들어 있다. '가마'와 '솥'의 합성어인 '가마솥'이라는 단어가 이것을 알려준다. 우리말 '쇠'는 '솓 → 솔 → 소리 → 소이 → 쇠'의 변화과정을 거쳤다. 이때 '솔'은 한 살, 두 살의 '살', 설을 쇠다의 '설'처럼 해를 의미한다. '쇠다'라는 동사도 '해를 맞이하다'라는 뜻이다. 그리고 '가마솥'의 '솥'은 '쇠'가 음운변화를 일으키기 전 최초의 형태를 보여준다.

이제 '감'이 '해'를 뜻한다는 것과 '해'의 메신저가 '까마귀'라는 사실도 명확해졌다. 그렇다면, 이들의 지상의 짝은 무엇일까? 신라왕자 아메노히보코가 왜국(倭國)으로 가져간 것 가운데 '웅신리'가 있다. 웅신리(熊神籬)는 '감'(熊)의 신주단지다. 여기서 웅(熊)은 단군신화에 나오는 환웅(桓雄)의 짝, 웅녀(熊女)를 뜻한다. 신라왕자 아메노히보코가 받들어 모신 신은 바로 웅녀(熊女)였던 것이다. 이로써 보면, '감'이라는 글자 속에 '해(日)-새(鳥)-사람(人)'의 뜻이 모두 들어 있

---

[20] 왕대유 저, 임동석 역, 『용봉문화원류(龍鳳文化原流)』, 동문선, 1994, 110쪽.

다는 것을 알 수 있다.

이 '감'이라는 단어는 제정일치 사회에서 신권과 왕권이 하나로 통일된 모습을 그대로 보여준다. '감' 겨레(熊族)는 자신들이 발견한 '가마'(쇠)를 영험한 '감'(해)에게서 물려받은 신물(神物)로 생각했을 것이다. 감 겨레가 신성한 검은 쇳덩어리로 만든 무기를 '칼과 검' 말고 다른 무엇으로 부를 수 있었을까? '검'은 '곰'의 모음변화에서 생겨났고, '칼'은 털빛이 검은 말을 가리키는 '가라말'의 '가라', 까마귀를 가리키는 일본어 카라스(からす)의 '카라(から)'와 같은 계열의 말이다.21 철 생산지로 유명했던 가야(伽倻, 加耶, 伽耶)라는 명칭에서 'ㄹ'이 탈락하기 전에 대한 표기가 '가라(加羅), 가량(加良), 가락(駕洛)'이었다는 사실을 떠올리면 쉽게 이해가 갈 것이다.

우리는 '연오랑(延烏郞)과 세오녀(細烏女)'의 이름 속에 나오는 '가마귀(烏)'라는 단어를 분석하면서, 제정일치 사회의 샤먼과 대장장이가 어원상 결코 분리되지 않는다는 사실을 확인하였다. 이것에 관해 폴란드 출신의 여류 민속학자 차플리카(M. A. Czaplicka)는 대장장이와 샤먼의 밀접한 관계에 대해 다음과 같이 썼다.

"여성 샤만의 의상에 부착되는 장식물을 만들었던 대장장이는 어떤 샤만적 능력을 얻게 되었다. 대장장이는 주술적으로 중요한 철을 취급하게 되었고, 이러한 철과의 접촉에서 샤만적인 능력이 생긴 것이다. 샤만과 대장장이의 소명 사이에는 밀접한 유사성이 있는데, 특히 대장장이의 소명이 동일가계의 여러 세대를 통하여 전수되는 점이 그렇다. 대장장이는 샤만의 큰 형님으로 간주하게 되었고, 대장장이와 샤만의 차이점은 대장장이가 샤만이 됨으로써 사라지게 되었

---

21 '칼'과 '검'은 해의 뜻을 가지고 있는 '갇(갓)'이라는 낱말에서 파생되었다. 몽골어에서도 불을 '갈'(gal)이라고 한다. (서정범, 『국어어원사전』, 보고사, 2000, '검다'와 '칼' 항목 참조) 인류 최초의 불은 영원히 꺼지지 않는 해라고 할 수 있다.

다."²²

여기서 보는 것처럼 대장장이가 샤먼의 지위를 얻게 되면, 기존의 여자 샤먼은 샤먼으로서의 능력과 역할이 축소되거나 부정될 것이다. 이러한 역사적 추세는 『고사기』「신라왕자 아메노히보코」이야기에서 읽을 수 있다. 『삼국유사』「연오랑과 세오녀」에서는 연오랑이 먼저 왜국(倭國)으로 떠나고, 세오녀가 남편이 '벗어놓은 신'(脫鞋)을 보고 뒤따라갔다고 기록되어 있어 표면적으로는 아무런 문제가 없는 것처럼 보인다. 그러나, 『고사기』「신라왕자 아메노히보코」에서는 남편 아메노히보코가 아내 히메코소(比賣許曾)를 못살게 굴어, 그녀가 남편 몰래 자기 조국인 나니하(難波)로 도망치자, 그 소식을 전해들은 아메노히보코가 뒤쫓아간 것으로 되어 있다.

그런데, 여기서 한 가지 지적하고 넘어갈 사항은 우리나라 역사 기록에는 그 당시 신라 왕자가 왜국(倭國)으로 건너갔다는 내용이 전혀 없다는 것이다. 만약 『고사기』의 내용을 믿는다면, 김부식이나 일연이 의도적으로 이야기를 빼버렸을 수도 있다. 신라 왕족의 후예인 김부식이 『삼국사기』(1145)를 쓰면서, 백제의 후예들이 다스리는 일본으로 신라 왕자가 망명했다는 사실을 어떻게 기록할 수 있었겠는가! 또 『삼국유사』(1276년 전후)를 출간할 당시에는 여몽연합군(麗蒙聯合軍)이 1274년, 1281년 두 차례에 걸쳐 일본정벌을 단행할 시기인데, 도왜(渡倭)한 신라 왕자 이야기를 쓸 수 있었겠는가! 하지만 『삼국유사』의 내용에도 약간의 틈새는 있다. 연오녀가 왜국으로 갔을 때, 연오랑은 이미 그 나라의 왕이 되어 있었던 것으로 보아 두 사람의 행적 사이에는 상당한 시간적 차이가 있다고 보여진다.

---

22 M. A. 차플리카(Czaplicka), 이필영 옮김, 『시베리아의 샤머니즘』, 탐구당, 1994, 86~87쪽.

4. 연오랑과 세오녀는 동해바닷가에 살았던 평범한 부부였을까?

그럼, 신라는 당시 어떤 정치적 상황에 처해 있었을까? 먼저, 그때 삼한(三韓)의 정치적 상황에 대해 잠시 살펴보자.『후한서(後漢書)』, 「동이열전(東夷列傳)」 '한전'(韓傳)에는 한(韓)에 속한 78개국 모두를 진왕(辰王)이 다스렸다고 기록하고 있는데,[23] 『삼국지(三國志)』「오환 선비동이전(烏丸鮮卑東夷傳)」 '한전'(韓傳)에는 한(韓)의 78개국의 나라 이름은 기록하고 있지만 그 가운데 12국만 진왕이 다스렸다[24]고 기록하고 있다.

이 기록을 보면, 중국의 삼국시대(220~280)에 이르러 한(韓)의 78개국 중 66개국이 진왕의 통치에서 벗어났음을 알 수 있다. 그 이유는 BC 2세기에서 BC 1세기에 걸쳐 고조선이 붕괴되면서, 한반도 남쪽에서 신라(BC 57), 백제(BC 18), 가야(AD 42)가 건국되어, 이들 세 나라가 뛰어난 제철기술을 토대로 형성된 막강한 군사력으로 그들을 차례차례 복속시켰기 때문이다. 이러한 과정을 보여주는 신라의 역사적 사례가 파사이사금(婆娑尼師今) 29년(108)에 신라가 비지국(比只國: 창녕), 다벌국(多伐國: 대구?), 초팔국(草八國: 합천군 초계)을 쳐서 병합하였다는 기록이다.[25]

당시 이러한 역사적 상황을 고려하여, 연오랑과 세오녀가 살았던 나라에 대해 다음과 같이 두 가지 경우로 생각해 볼 수 있다. 하나는, 기원전 2세기 초에서 1세기 말경까지 영일만 일대에 소국을 형성하

---

[23] 『後漢書』卷85, 「東夷列傳」 韓傳, "凡七十八國, …… 馬韓最大, 共立其種爲辰王, 都目支國, 盡王三韓之地, 其諸國王先皆是馬韓種人焉"

[24] 『三國志』卷30, 「烏丸鮮卑東夷傳」 韓傳, "弁·辰馬合韓二十四國, 大國四五千家, 小國六七百家 總四萬戶, 其韓十二國韓屬辰王"

[25] 『三國史記』卷1, 「新羅本紀」第1, '婆娑尼師今', "遣兵伐比只國·多伐國·草八國幷之"

고 군림하였던 진한(辰韓) 12국 중의 하나인 근기국(勤耆國)이 아달라이사금(阿達羅尼師今) 5년(157)에 신라에 복속되었다고 가정할 수 있다. 다른 하나는, 제8대 아달라이사금(재위: 154~184)을 끝으로 박씨 왕가가 끝나고, 제9대 벌휴이사금(伐休尼師今: 재위 185~196)에서부터, 제4대 탈해이사금(脫解尼師今: 재위 57~80)를 계승하여 석씨 왕가가 다시 시작되었다는 사실이다. 왕자가 있었다면, 두 경우 모두 왕통이 끊어지는 천추의 한을 씹어 삼켜야 한다. 기록이 남아 있는 쪽을 선택하여 이야기를 계속해보자.

우리는 연오녀가 남편이 '벗어놓은 신'을 보고 그 바위에 올라가니, 바위가 또한 그전처럼 세오녀를 싣고 갔다고 하는 진술에 주목할 필요가 있다. 왜냐하면 여기서 신은 '이승에서 저승으로', '세속에서 신성으로', '현실안주에서 미래개척으로' 나아갈 때 생사를 건 운명의 상징처럼 사용되기 때문이다. 그래서 '벗어놓은 신'은 연오랑과 세오녀 부부가 고국을 등지고 바다를 건너갈 수밖에 없는 어떤 실존적 이유에 대한 상징적 암시라고 여겨진다.

어떤 이유가 있었을까? 아달라이사금 연표를 보면, 좀 이상한 점이 발견된다. 21년(174)에서부터 31년(184)까지 왕의 행적에 대한 기록이 일체 없다. 무려 십년 동안 왕의 행적에 대한 기록이 없다는 것은 왕의 신변에 큰 이상이 생겼다고 보아야 한다. 벌휴이사금 원년(184)의 기록을 보면, "아달라이사금이 세상을 떠나자 아들이 없으므로 나랏사람들이 그를 왕위에 오르게 했다. 왕은 바람과 구름을 점쳤으므로 미리 수재와 가뭄, 그리고 그해의 풍년과 흉년을 알았다. 또 사람의 간사함과 정직함도 알았다. 그래서 사람들이 그를 성인이라 일컬었다."[26]고 적고 있다.

---

[26] 『三國史記』卷2, 「新羅本紀」第2, '伐休尼師今', "阿達羅尼師今薨無子 國人立之 王占風雲

만약 적장자가 왕위를 계승했다면, 이런 표현이 가능했겠는가! 부왕이 아무리 정치를 못했다고 하더라도, 왕위에 오르면서 아들이 자신을 성인(聖人)이라고 부르도록 기록하게 할 수는 없는 것이다. 이것은 박씨 왕가와 석씨 왕가 사이에 발생한 권력투쟁에서 석씨가 승리했기 때문에 가능할 수 있었으리라고 생각한다.

우리는 역사적 사정의 속내를 엿볼 수 있는 근거를 아달라이사금 17년(170)부터 21년(174)까지의 연표에서 발견할 수 있다. "17년(170) 가을 7월에 서울에 지진이 있었고, 서리와 우박이 내려 곡식을 해쳤다. 18년(171) 봄에 곡식이 귀해서 백성들이 굶주렸다. 19년(172) 서울에 역질이 크게 번졌다. 21년(174) 봄 정월에 흙비가 내렸다. 2월에 가물어서 우물과 샘물이 말랐다."27 이 기록들을 보면 5년 동안 서울에서 '지진', '서리와 우박', '역질', '가뭄'과 같은 자연재해가 발생하여 백성들의 삶에 큰 재앙이 닥쳤던 것이다.

그 이유로 아달라이사금은 21년(174)에서부터 31년(184)까지 10년 동안 유폐되어 정사를 돌볼 수 없었던 것 같다. 이러한 정황은 「신라왕자 아메노히보코」가 왜국으로 건너간 연대를 추정하는 데 중요한 시사점을 준다. 『일본서기』에 보면, 「신라왕자 아메노히보코」는 스이꼬 천황 3년 봄 3월에 왜국으로 건너간 것으로 되어 있다. 스이꼬 천황 3년이면, 일본 기록대로라면 AD 71년이다. 그러나 『일본서기』의 기록은 『삼국사기』와 『삼국유사』의 그것과 역년이 너무 큰 차이가 난다. 한국의 고대사학자들은 일본의 고대사 기록에 대해 역년을 120년 정도 올려서 파악해야 한다고 말한다.

"『일본서기』의 應神시대까지의 紀年은 干支 2運 즉 120년이 소

預知水旱及年之豊儉 又知人邪正 人謂之聖"

27 『三國史記』 卷2, 「新羅本紀」 第2, '阿達羅尼師今', "十七年 秋七月 京師地震 霜雹害穀. 十八年春 穀貴民飢. 十九年 京都大疫. 二十一年春正月 雨土 二月 旱 井泉竭."

급 조작되어 있으므로 예를 들어 神功 55년(255)은 375년으로 간주하여야 한다.『일본서기』의 기년이 2運 소급 조작된 것은『일본서기』에 나오는 백제왕의 즉위·승하년을『삼국사기』의 그것과 대비한 데서 알게 된 것이다. 그런데『일본서기』에 나오는 초기의 왕(天皇)들의 즉위·별세에 대한 기년이 모두 한결 같이 120년 소급되어 있는 것이 아니라 어떤 왕의 것은 120년이 소급되어 있지만 또 어떤 왕의 것은 120년 소급되어 있지 않다."[28]

이러한 사실은 스이꼬 천황 3년이 AD 191년임을 가리킨다. 우리는 이 연대를 통해 한국의「연오랑·세오녀」와 일본의「신라왕자 아메노히보코」이야기에 얽혀 있는 시간적 틈새를 어느 정도 바로잡을 수 있다. 여러 역사적 정황을 종합해 볼 때, 아달라이사금이 세상을 떠났을 때 '아들이 없으므로' 나랏사람들이 벌휴(伐休)를 왕위에 오르게 했다는 말은 사실이 아닐 확률이 상당히 높다. 만약 아달라이사금에게 왕자가 있었다면, 왕조가 바뀐 마당에 그가 선택할 수 있는 길은 무엇이었을까? 연오랑과 세오녀 전설은 이렇게 하여 생겨나지 않았을까?

『삼국유사』의 연오랑과 세오녀 이야기는 이렇게 시작된다. "제8대 아달라왕(阿達羅王) 즉위 4년 정유(157)에 동해 바닷가에 연오랑과 세오녀가 부부로서 살고 있었다. 어느 날 연오가 바다에서 해조(海藻)를 따고 있던 중, 갑자기 바위 하나─혹은 고기 한 마리라고도 한다─가 연오를 싣고 일본으로 가버렸다."[29] 그런데 이 기록에는 두 가지 역사적 오류가 발견된다.

하나는 아달라왕의 '왕'에 대한 표기이다.『삼국유사』의 일연은 아

---

[28] 최재석,『고대한일관계와 일본서기』, 일지사, 2001, 44쪽 참조.
[29]『三國類史』卷1, 第2,「延烏郎細烏女」, "第八 阿達羅王卽位四年丁酉 東海濱 有延烏郎細烏女 夫婦而居 一日 延烏歸海探藻 忽有一巖 一云一魚 負歸日本"

달라'왕'이라 표현했지만, 『삼국사기』의 김부식은 아달라'이사금'이라고 적고 있다. 신라에서 '왕'이라는 명칭은 지증왕 4년(504)부터 쓰기 시작했으므로, '이사금'이 당시 임금에 대한 더 정확한 표기이다.[30] 그리고 그때 '일본'(日本)도 없었다. 우리나라 역사 기록에서 일본이라는 명칭은 문무왕 10년(670)에 「왜국이 나라이름을 일본으로 고쳤는데, 스스로 말하기를 "해가 뜨는 곳에 가까우므로 이렇게 이름한다."」[31]는 기록이 제일 빠르다.

이것은 『삼국유사』를 쓴 일연보다 『삼국사기』를 쓴 김부식이 역사 고증에 더 철저했다는 것을 증명한다. 이게 무슨 뜻인가 하면, 연오랑과 세오녀의 이야기가 아달라왕 즉위 4년 정유(157)에 시작된 역사적 사실이 아닐 가능성이 높다는 것이다. 아무튼 연오랑과 세오녀의 이야기는 동해를 사이에 두고 세월이 흐르면서 역사적 상상력을 동원해야만 풀 수 있는 창조적 퍼즐 맞추기 게임의 하나가 되었다.

5. 연오랑과 세오녀는 왜국(倭國) 어디로 갔을까?

그러니까 연오랑과 세오녀가 근오기(近烏支)를 떠나 도착한 곳은 일본이 아니라 여러 왜국(倭國) 중에 하나였다. 이러한 관점에서 일본에 정착한 고대 한국인의 이동경로를 탐색하는 것은 "한국에서 일본으로 들어간 문화의 흔적을 추적하는 일과 같다. 인류학자 오카 마

---

[30] 『三國史記』 卷4, 「新羅本紀」 第4, '智證麻立干', "今群臣一意 謹上號新羅國王 王從之"
[31] 『三國史記』 卷6, 「新羅本紀」 第6, 文武王 十年, "倭國更號日本 自言近日所出以爲名" 그러나 일본이라는 국호가 가장 처음 사용된 것은 『日本書紀』 교토쿠(孝德) 천황 원년(645)에 고구려와 백제의 사신에게 내린 교서에 "明信御宇 日本天皇"이라고 지칭한 데서부터이다.

사오(岡正雄)의 연구결과를 빌리면 한국에서 들어가는 루트에도 동해를 통한 루트와 현해탄을 통한 루트가 있었다."[32]

이 두 루트는 쿠로시오 해류가 북상하다가 대마도에서 갈라져, 한국 동해안을 따라 북상하는 동한해류와 일본 서해안을 따라 북상하는 쓰시마 해류 때문에 가능하다. 동한해류는 대체로 울진 죽변 근해에서 동쪽으로 방향을 바꾸어 울릉도와 독도를 거쳐 야마토 뱅크(大和堆)에서 일본 서해안을 따라 북상하다가 쓰시마 해류와 합쳐 환류한다. 동한해류는 5~8월에 가장 강하고 늦여름과 가을에 약해지며, 1~2월에 또다시 강해지다가 초봄에 다시 약해진다. 이 해류를 계절에 따라 잘 이용하면, 고대에 한반도에서 일본으로 배를 타고 건너가는 것은 그리 어렵지 않았을 것이다.

『고사기』와 『일본서기』에 나오는 아메노히보코의 이동경로를 통해, 연오랑과 세오녀의 행적을 추적해 보자.

"아메노히보코는 아내가 도망쳤다는 소식을 듣고 곧 그 뒤를 따라 건너와 나니하(難波)에 도착하려고 했다. 바로 그때 해협의 신(渡之神)이 그를 가로막고 들여보내 주지 않았다. 그리하여 아메노히보코는 하는 수 없이 다시 돌아서 타지마(多遲摩)라는 곳에 정박하고, 그곳에서 타지마노마타오(多遲摩之俣尾)의 딸, 사키쯔미(前津見)와 혼인하여 타지마 모로스꾸(多遲摩母呂須玖)를 낳았다."[33]

"3년 봄 3월, 신라왕자 아메노히보코(天日槍)가 내귀(來歸)하였다.

---

[32] 노성환, 『일본신화와 고대한국』, 민속원, 2010, 44쪽.
[33] 노성환 역주, 『고사기』 중, 예전, 1990, 223쪽 참조. "天之日矛, 聞其妻遁, 乃追渡來. 將到難波之間, 其渡之神, 塞以不入, 故更還泊多遲摩國. 卽留其國而, 娶多遲摩之俣尾之女, 名前津見, 生子, 多遲摩母呂須玖."

가지고 온 물건은 …. 그것을 타지마노쿠니(但馬國)에 거두고 항상 神의 물건으로 하였다.〔一書에 말하였다. 처음에 아메노히보코가 배를 타고 하리마노쿠니(播磨國)에 정박하여 시소무라(宍粟邑)에 있었다. …. 天皇은 아메노히보코에게 일러, "하리마노쿠니의 시소무라와 아와지노시마(淡路島)의 다사무라(出淺邑) 두 마을을 주며, 네 마음대로 살아라."라고 하였다. …. 다시 오미(近江)에서 와카사노쿠니(若狹國)을 거쳐 타지마노쿠니(但馬國)에 가서 거주지로 정하였다. …. 아메노히보코는 타지마노쿠니의 이즈시마(出嶋) 사람 후도미미(太耳)의 딸 마다오(麻多烏)에 장가들어, 타지마 모로스꾸(但馬諸助)를 낳았다."〕34

두 인용문을 보면, 아메노히보코가 처음 도착한 곳은 『고사기』의 '나니하'와 『일본서기』의 '하리마노쿠니'다. '하리마노쿠니'에는 천황이 아메노히보코에게 살라고 내준 땅 '하리마노쿠니의 시소무라'와 '아와지노시마의 다사무라'가 있다. 이들 세 지역은 코가 닿을 만큼 가까운 동일한 지리적 공간에 속한다. 『고사기』의 나니하는 현재 오오사카의 난파진(難波津)에, 『일본서기』의 하리마노쿠니는 현재 효고(兵庫)현 남서부에 해당한다. 그리고, 아와지노시마는 고베(神戶)와 오오사카(大阪)를 마주보며 오오사카만 입구를 막고 있는 긴 섬을 말한다.

이곳에서 아메노히보코는 두 갈래로 이동하는데, 『고사기』에서는 '해협의 신'(渡之神)으로 표현된 선주집단에 막혀 나니하(難波)로 들

---

34 전용신 역, 『일본서기』, 일지사, 1989, 109쪽 참조. "三年春三月, 新羅王子天日槍來歸焉, 將來物. …. 則藏于但馬國, 常爲神物也.〔一云. 初天日槍. 乘艇泊播磨國. 在於宍粟邑. …. 仍詔天日槍曰. 播磨國宍粟邑, 淡路島出淺邑, 是二邑, 汝任意居之. …. 復更自近江經若狹國. 西到但馬國則定住處也. …. 故天日槍但馬國出嶋人, 太耳女麻多烏, 生但馬諸助.〕"

어가지 못 하고 왔던 항로를 돌아서 서해안을 따라 북상하여 타지마(多遲摩)에 도착하고, 『일본서기』에서는 천황이 아메노히보코에게 하리마노쿠니의 시소무라와 아와지노시마의 다사무라 두 마을을 주었음에도 불구하고, 내륙의 우치가와(莵道河)를 따라 계속 북상하여 오미노쿠니와 와카사노쿠니를 거쳐 타지마노쿠니(但馬國)에 도착하는 것으로 되어 있다.[35]

그리고 아메노히보코가 최종 정착한 『고사기』의 타지마(多遲摩)와 『일본서기』의 단마국(但馬國)은, 현재 효고현(兵庫縣) 북부지방으로 동일한 장소다. 이곳에서 아메노히보코는 『고사기』에서는 타지마노마타오(多遲摩之俣尾)의 딸 사키쯔미(前津見)와 『일본서기』에서는 이즈시마(出嶋) 사람 후도미미(太耳)의 딸 마타오(麻多烏)와 결혼한 것으로 되어 있으나, 사키쯔미(前津見)와 마다오(麻多烏)가 동일인지는 알 수 없다. 사키쯔미(前津見) 엄마의 이름 타지마노마타오(多遲摩之俣尾) 속에, 후도미미(太耳)의 딸 마타오(麻多烏)와 같은 마타오(俣尾)가 들어 있어 정확한 관계를 파악하기 힘들다. 그러나 두 사람이 낳은 아들의 이름이, 타지마 모로스쿠(多遲摩母呂須玖)와 타지마 모로스쿠(但馬諸助)로 표기만 다를 뿐, 같기 때문에 뭐라 단정할 수도 없다.

6. 과거와 현재 그리고 미래의 수많은 연오랑과 세오녀를 위하여

지금까지 기록을 살펴본 것처럼, 한국의 『삼국유사』는 연오랑과 세오녀가 일본으로 갔다고만 적고 있어, 그들이 간 곳이 구체적으로

---

[35] 아메노히보코의 이동경로는 다음의 주에 여러 학자의 주장이 자세히 설명되어 있다.(노성환 역주, 『고사기』, 민속원, 2009, 238쪽 주99 참조)

어디인지 알 수가 없다. 그러나 일본의 『고사기』와 『일본서기』는 아메노히보코와 아카루히메의 행적을 간략하게나마 기록해 놓아 그들의 이동경로를 추적할 수 있는 실마리를 제공해 준다. 연오랑과 세오녀는 포항에서 출발해 대마도를 거쳐 1차로 나니하(難波)와 하리마노쿠니(播磨國)에 도착한 후, 다시 노선을 바꾸어 서해안과 내륙을 따라 2차로 타지마(但馬國)에 도착하여 그곳에 정착하였다.

『고사기』에서는 아메노히보코와 아카루히메가 대립하는 것으로 나와 있지만, 이는 세오녀 집단 중 일부가 나니하(難波)에서 터를 잡고 살았다는 사실을 반증한다. 그리고 아메노히보코가 최종 정착지 타지마(但馬國)에서 결혼한 사키쯔미(前津見) 엄마 타지마노마타오(多遲摩之俣尾)와 후도미미(太耳)의 딸 마타오(麻多烏)의 이름 속에 '烏'(尾)자가 들어 있는 것으로 보아, 어느 집단이 먼저 이주했느냐 하는 것과 상관없이 세오녀 집단의 중심 세력은 연오랑 집단과 함께 공존했다고 보아야 할 것이다. 이렇게 하여 연오랑과 아메노히보코가 동일집단의 인물이라는 사실이 증명된다.

이렇듯 아마 고대에는 수많은 연오랑과 세오녀들이 한반도와 일본열도를 왕래하며 문물을 창조하고 교역했을 것이다. 그들도 그들 나름대로 특수한 역사적 상황 속에서 그렇게 했겠지만, 그들의 행위 속에는 행복한 삶을 꿈꾸며 새로운 삶의 터전을 찾아 떠나는 개척자의 정신이 가득 차 있다. 그 개척자의 정신으로 말미암아 아메노히보코는 타지마(但馬國) 이즈시(出石) 신사에 모셔져 있지 않은가!

이제 한일 양국은 한반도과 일본열도를 오가며 운명을 개척한 고대인들의 문화적 업적에 대해 신화를 넘어서 역사적 사실로 파악해야 한다. 왜냐하면 그렇게 될 때 아직도 근대적 민족국가의 이데올로기 틀 속에 갇혀 살아가는 한일 양국의 젊은이에게, 당대 자신들의 운명을 개척한 그들처럼, 미래의 '연오랑과 세오녀', 미래의 '아메노히보코와 아카루히메'가 되어 동북아 미래의 주역이 되라고 말할 수 있기 때문이다. 이를 위해서 한국과 일본의 역사적 갈등에 대해 그 근본적인 뿌리에서부터 반성해야 한다.

"정밀한 고증을 기본 원칙으로 삼아, 일본 고대사에 큰 공적을 남긴 '반 노부도모(伴信友: 1773~1846)'는 "간무천황 시대에 조선과 관계된 여러 서적을 모조리 불태워 버린 것은 이 천황의 조상이 신라에 멸망당한 백제였기 때문일 것이다."라고 설파하였고, 14세기에 살았던 『신황정통기(神皇正統記)』의 저자이며 황국사상의 절대적 신봉자였던 '기다바다께 찌까후사(北畠親房)'도, 그 저서에서 "옛날 일본과 삼한(三韓)의 조상이 같았다는 서적은 모두 태워버렸다."고 명기하였다."[36] 이처럼 오늘날 일본 사람들의 혐한(嫌韓)사상은 간무천황 때부터 형성된 백제의 후손들에 의한 신라에 대한 증오심에서 시작된 것이 아닐까 하는 의구심을 떨쳐버릴 수 없다. 반대로, 한국 사람들의 혐일(嫌日)사상의 뿌리도 또한 마찬가지다.

그렇기 때문에, 이제 한국과 일본은 서로가 진정 누구인지, 서로가 언제 어떻게 갈라지게 되었는지 그 역사적 근원을 찾아나서야 한다. 이 문제에 대해 어느 미국학자가 한국과 일본 모두에게 아주 사려 깊은 충고를 해주었다. "한국인과 일본인은 수긍하기 힘들겠지만, 그들은 성장기를 함께 보낸 쌍둥이 형제와도 같다. 동아시아의 정치적 미래는 양국이 고대에 쌓았던 유대를 성공적으로 재발견할 수 있는가에 달려 있다 해도 과언이 아니다."[37] 이러한 관점에서 한국과 일본의 젊은 세대들은 대립적 민족주의를 넘어, 지금과는 전혀 다르게, 서로를 위한 역사의 창조적 지평을 한일고대 문화에서 창출해 내야 한다.

---

[36] 박병식, 『도적맞은 우리국호 日本2』, 문학수첩, 1998, 261쪽.
[37] 재레드 다이아몬드(Jared Diamond) 지음, 김진준 역, 『총, 균, 쇠』, 문학사상, 1998, 654쪽.

3 '아름답다'는 어휘로 살펴본 한국인의 미의식

1. 미적 판단형식에 대하여

　우리는 일반적으로 '아름답다'는 말을 들으면 내면적으로 판단하기보다 외면적인 형상에 대한 이미지를 먼저 떠올린다. 이러한 미적 상상력의 저류에는 영상문화시대의 무의식적 욕망이 강하게 자리잡고 있다. 얼굴을 고치고 몸매를 가꾸는 사람들은 자연 위에 문명을 새겨 넣으려는 현대인의 인공적 미의식을 잘 보여준다. 그러나 외형적 미를 중요하게 여기는 현대인들의 욕망은 인류가 아름다움에 대한 미의식을 계발해온 이래, 정신 속에 체현되어 있는 아름다움의 본질을 망각하는 원인으로 작용한다. 그 결과 현대인들은 미적 판단능력의 혼란을 겪고 있다.
　우리는 이런 이유로 미적 판단형식을 생각해볼 필요가 있다. 지금까지 우리에게 영향을 미치고 있는 미적 판단형식에 대한 체계적인 연구는 칸트의 『판단력비판』(1790)이다. 칸트는 여기서 미를 취미판단의 네 가지 계기로 구분하여 이야기하고 있다.
　우리는 어떤 대상을 보고 미적 감흥을 일으킬 수도 있고 그렇지 않을 수도 있다. 칸트는 어떤 대상과의 관계에서 만족 또는 불만족에 의해 발생하는 개인의 미적 태도를 취미라고 부른다. 취미는 대상과 관계 맺는 개인의 주관적 판단을 벗어날 수 없기 때문에 미적 감성에 대한 주관적 편견을 드러낼 수밖에 없다. 그 이유로 취미는 '일체의 관심을 떠나서' 미를 판정하는 능력이 되어야 한다. 이러한 미적 특성이 취미판단의 제1계기(성질)이다.

이 점에서 우리는 누구나 공감할 수 있는 미의 보편성을 고려해야 한다. '일체의 관심을 떠나면' 우리는 미에 대한 주관적 경험의 한계를 넘어설 수 있다. 사실 미에 대한 개인의 특수한 체험은 그 사람에게 아름다움에 대한 개념을 형성시킨다. 이것이 좋다/저것이 좋다는 미에 대한 주관적 판단은 자신의 체험 속에서 형성된 개념 속에서 일어나는 것이다. 그러므로 미란 체험에 의해 형성된 주관적 '개념을 떠나서' 누구에게나 보편적으로 만족을 줄 수 있어야 한다. 취미판단의 제2계기(분량)는 바로 미의 양적인 특성을 일컬음이다.

그러나 취미판단의 제1·2계기는 대상을 고려하지 않은 미적 주체의 입장만을 보여줄 뿐이다. 이러한 입장은 미에 대한 주관적 환원주의의 함정에 빠지고 만다. 따라서 대상 자체의 미적 형식을 생각하지 않을 수 없다. 아름다움을 추구하는 목적의 관계에서 미는, '목적의 표상을 떠나서' 형식의 합목적성만을 그 규정근거로서 가지는 한에 있어서의, 그 대상의 합목적성의 형식이다. 이처럼 목적 없는 합목적성이 취미판단의 제3의 계기를 이룬다.

이렇게 되면 미적 주체는 주관적 환원주의의 한계를 넘어서 누구나 공감할 수 있는 '필연적 만족의 대상으로서 인식되어지는 것', 즉 보편적 아름다움의 세계에 도달할 수 있다. 취미판단의 제4계기는 주관적으로 보편적 동의의 필연성이지만, 객관적으로 누구나 동감할 수 있는 공통감(共通感)으로 표상되는 미적 필연성의 양상을 말한다.

이러한 미적 특성에도 불구하고 필자가 밝히려는 것은 미적 판단 능력에 대한 철학적 분석이 아니다. 이 글의 목적은 우리말 '아름답다'의 어원을 추적하여, 우리가 일반적으로 알고 있는 '아름답다'라는 형용사의 주관성을 넘어설 수 있는 미학적 토대를 마련하는 것이다. 그리고 신화에 나타나는 그것의 기원적 의미를 되살려 한국인의 미의식에 대한 구체적 실체를 제시하는 데 있다. 만약 독자들이 그 구체적 실체에 대해 공감한다면, 필자는 칸트가 말하는 공통감에 기초한 미적 판단형식에 부합하는, 아름다움의 본질에 관한 신화적 언어형식을 독자에게 제공하는데 성공한 것이다.

2. 중세문헌에 표현된 '아름'의 의미

'아름답다'의 사전적 의미는 다음과 같다. 첫째 (빛깔·소리·모양 따위가) 마음에 좋은 느낌을 자아낼 만큼 곱다. 둘째 (하는 일이나 마음씨 따위가) 훌륭하고 갸륵하다. 두 가지 뜻 가운데 미(美)에 부합하는 개념은 첫째 의미이다. 둘째 의미는 사회구성원들이 옳다고 인정하는 객관적 합목적성을 전제하는 선(善)에 가깝다. 우리가 '아름답다'의 어원을 통해 한국적 미의식의 실체에 도달하기 위해서는, '아름답다'의 사전적 의미가 처음부터 지금과 같은 의미로 사용되지 않았다는 사실을 밝혀야 한다.

우리말에서 '-답다'라는 접미사는 '사내답다, 너답다, 그답다, 여자답다, 남자답다, 아비답다, 부인답다'에서처럼 명사일 경우에 한해서 쓰인다. 그렇다면 형용사 '아름답다'의 '아름'도 명사일 가능성이 아주 높다. 만약 '아름'이 명사라는 사실을 밝혀낸다면, 우리는 추상적 형용사로 사용되고 있는 '아름답다'의 실체를 구체적으로 파악할 수 있다. 그 의미를 알기 위해서 중세국어의 표현을 살펴보자.

만물은 제여곰 아름두외도다: 物自私(『初刊本 杜詩諺解』13: 38, 1481)

그 윗門엔 아룬몰 容納 몯거니와: 公門不容私(『金剛經三家解』3: 11, 1482)

집 안해 훈 말 뿔 훈 잣 깁블 아름뎌 아니ᄒ더라: 門內斗粟尺帛無所私(『二倫行實圖』26, 1518)

아름 ᄉ: 私(『新增類合』下4, 1576)

아름방의 가라 命치 아니커시든: 不命適私室(『宣祖版 小學諺解』2: 20, 1586)

훈 낫 돈 한 잣 깁도 아름데로 아니 하더라: 一錢尺帛不敢私(『重刊本 二倫行實圖』31, 1730)

美ᄂᆞᆫ 아름다ᄫᆞᆯ 씨니(『釋譜詳節』13: 9, 1449)

아름다온 일후믈 사르미 밋디 몯ᄒᆞᄂᆞ니: 美名人不及(『初刊本 杜詩諺解』21: 23, 1481)

아름답다: 美(『漢淸門鑑』6: 2, 1770?)

허리 너르기 세 아름이나 ᄒ니 안아 두로디 못ᄒ고: 腰濶三圍抱不匝(『朴通事諺解』下31, 1677)

네 아름: 四摟(『譯語類解補』36, 1775)

우리는 위의 예문을 통해 15세기 문헌에서 '아름'이 '나(私)'라는 명사로, '美'는 '아름답다'라는 형용사로 쓰였음을 알 수 있다. 이 '아름'은 조선 중종 때 조신(曺伸)이 엮은 『二倫行實圖』(1518)에서 '아름'으로 나타난다. 이후부터 '아룸'과 '아름'의 표기는 함께 사용되었다. 그러나 『朴通事諺解』(1677)에 이르러 '아롬'(圍)에는 손을 뻗어 가슴 가득히 끌어안는다는 뜻이 추가되었다. 우리는 김소월의 '진달래꽃'에 나오는 〈아름따다 가실 길에 뿌리오리다〉의 표현에서 그 의미를 읽을 수 있다.

이러한 사실은 한국인의 미의식을 이해하는데 매우 결정적인 개념을 제공해준다. 이를 통해 우리는 명사와 형용사 가운데 어느 것이 먼저 사용되었는지를 알아야 '아롬'의 의미를 정확히 파악할 수 있다. 그러나 그전에 '아롬＝나＝美'가 어떻게 동일한 의미를 가지게 되었는지 역사적 상관관계를 밝혀내지 못한다면, '아롬'의 실체에 대해 중세문헌에서 보여주는 그 이상의 다른 의미를 알 수 없을 것이다.

그럼 '아롬＝나＝美'의 관계가 언어적 의미망 속에서 어떻게 형성되었는지 알아보자. 우리가 분석하려는 최종적인 목표를 위해 먼저 분석해야 할 '아롬'은 마지막으로 미루겠다.

우리말 '나'는 만주어에 그 기원을 두고 있다. 사람을 뜻하는 만주어 nyalma(人)는 nyal+ma의 합성어로, nyal(人)과 ma(人)도 각각 사람을 가리킨다. nyal은 nal로 소급되고, 여기서 l(ㄹ)이 탈락하면 na가 된다. 일본어 인칭대명사 na(나: 일인칭), nare(너: 이인칭)을 보면 이러한 사실을 금방 알 수 있다. 그리고 만주어 muse는 사람의 복수로, 어근은 '뭇mus(mut)'이다. 우리말 모롭(丈夫爲宗), 모솜(宗)〈華方〉은 어근이 '몰, 못'으로 만주어와 어원이 같다.[1] 모롭/모솜을 의미하는 한자 종(宗)은 면(宀)과 시(示)를 합쳐서 만든 회의자이다. 宀은 집을, 示는 돌 제탁(祭卓)의 상형으로, 원래는 丅자 모양이었다. 그 위의 한 획은 '얹어놓은 희생'의 상형이며, 좌우의 두 점은 '희생'이 흘린 핏

---

[1] 서정범 저, 『우리말 어원사전』, 보고사, 2000, 124쪽.

방울을 의미한다.² 그러니까 종(宗)은 사당에서 신에게 희생을 바쳐 제사지내는 것을 형상한 글자다. 제사는 씨족·부족·국가를 대표하는 사람이 주관하는 것이므로, ᄆᆞᆯ/몰이 중세국어에서 宗·首의 의미로 사용된 것은 당연하다. 이것은 또한 신라의 왕명 麻立干의 뜻이 ᄆᆞᆯ/몰(麻立)의 ᄀᆞᆫ(干), 즉 '위대한·으뜸' 왕이라는 것과 통한다. 그러나 만주(滿洲)가 고대에 고조선·부여·고구려·발해의 강역이었음을 생각하면, 이러한 언어적 관계는 당연한 것이다.

美의 갑골문 형태를 보면 머리에 장식용 새 깃을 꽂고 서 있는 사람의 상형이다. 상나라 사람과 동이의 풍속에는 머리에 흔히 깃털 장식을 하거나 혹은 장식을 하여 드리웠다. 동방인은 스스로를 〈인人〉이라 칭했다. 그러나 서방의 주족(周族) 사람들은 그들을 멸시하여 이(夷)라고 불렀다. 중국의 서북부에서 온 주나라 민족은 은상인에 대해서도 이(夷)라고 불렀으니 즉 상이(商夷)·은이(殷夷)이다.³

이러한 역사적 사실을 바탕으로 한국인의 미의식은 은상(殷商)과 주(周)의 교체기(BC 1122) 이후 이(夷)족의 이동과정을 깊이 연구하여야 올바로 밝혀질 수 있다. 상(商)나라 때 동이를 지칭하는 글자로 尸·東尸·人方이 있다. 갑골문 당시 시(尸)의 문자는 동이족을 지칭하는 전문문자였고, 이들이 주로 은상 왕실의 동부와 동남부지역(황하 남부의 회수(淮水) 일대, 지금의 산동(山東), 강소(江蘇), 안휘(安徽)의 일부 지역이 포함되는데 대부분 황해와 가깝다)에 거주했기 때문에 동(東)자가 하나 더 붙게 되는데, 이것이 갑골문에 보이는 동시(東尸)이다. 그러나 시(尸)나 동시(東尸)의 명칭은 후대에 들어서 인방(人方)이라는 명칭으로 통일된다.⁴

---

2 김언종 지음,『한자의 뿌리2』, 문학동네, 2001, 645쪽.
3 何新 著, 洪熹 譯,『神의 起源』, 東文選, 1999, 381쪽 참조.
4 김경일,『갑골문이야기』, 바다출판사, 1999, 253쪽.

尸는 무릎을 구부리고 쭈그리고 앉는 동이의 풍습을 나타낸 글자다. 尸가 주검의 의미로 쓰이기 시작한 것은 주나라 이후이다. 尸의 본 뜻은 다음과 같다.

〈尸는 진(陳)으로 사람이 누워 있는 형상을 상형한 것이다.〉(『說文』)
〈尸는 神像이다. 누워 있는 형상을 상형한 것이다.〉(『說文通訓定聲』)
〈제사의 尸로 본래 神을 대신하는 것이었음을 뜻한다.〉(『說文解字注』)

이는 尸가 神이거나 신을 대신하는 것이었음을 뜻한다. 고대사회가 샤만(saman)에 의해 지배된 제정일치 사회였음을 고려하면, 尸는 고대종교의 기원과 밀접한 관련을 맺고 있는 글자임을 알 수 있다. 동이(東夷)라는 명칭은 시기적으로 천써우(陳壽: 233~297)가 지은 『삼국지(三國志)』의 「오환선비동이전(烏丸鮮卑東夷傳)」에 처음 등장한다. 이렇게 보면 동이를 지칭하는 명칭은 人 → 尸 → 夷 혹은 尸 → 人 → 夷로 발전해 왔음을 알 수 있다. 갑골문을 보면 人은 서 있는 사람의 측면을, 尸는 쭈그리고 앉은 사람의 모습을, 夷는 서 있는 사람이 큰 활을 들고 있는 형상을 보여준다.

상나라 또한 동이족(東夷族)의 일파이므로, 동이가 스스로를 人(사람)이라고 부른 사실을 감안하면 美의 갑골문 형상은 우리민족과 깊은 신화적 친연성을 지닌 글자다. 고구려·백제·신라 사람들은 머리에 새 깃으로 장식한 모자(鳥羽冠)을 쓰고 다녔다. 머리에 꽂은 새 깃은 종족의 토템을 의미한다. 토템(totem)은 인디언 말로 '그들의 친족'이란 뜻으로, 다른 집단과 자기무리를 구별하기 위한 것이다. 동이의 일파인 소호족은 "태양·성체(星體)·구(鳩)를 토템으로 하였기 때문에 소호족은 태양·성체·구를 주체로 하는 백조(百鳥)의 왕국을 조성하였다."⁵ 美는 새를 토템으로 하는 집단의 상징적 기호로 사람을 의미한다.

    신라사람들은 스스로를 소호금천씨(少昊金天氏)의 후예라고 하여 성을 김(金)으로 삼았다. 유신의 비문에도 또한 헌원의 후예요, 소호의 종손이라 했으니 남가야 시조 수로왕도 신라와 성이 같다.(新羅自謂少昊金天氏之後, 故姓金, 庾信碑亦云, 軒轅之裔, 少昊之胤, 則南加耶始祖首露與新羅同姓也)⁶

    소호금천씨는 금덕(金德)으로 왕이 되었다. 소호금천씨가 최초로 금속무기와 농기구를 발명했다는 역사적 사실에 미루어볼 때, 왜 가야에서 금속문명이 발전되었는지 쉽게 수긍이 간다. 가야의 시조 金首露王의 이름을 분석해보면서 그 의미를 추정해보자.

    金은 갑골문에는 없는 글자다. 金은 금문(金文)에서 청동기시대에 갖가지 기명(器皿)을 만들 때 쓰던 거푸집의 모양을 본뜬 형상으로 나타난다. 金은 우리말 '새, 시, 쇠'로 해석된다. '새, 시, 쇠'의 어원적 의미는 "날로 새롭다. 날이 새다. 설을 쇠다."라는 우리말의 관용적 표현을 분석해보면 쉽게 알 수 있다. '날'은 해(日)다. '새롭다·새다'의 '새'도 해(日)다. '새'는 '살→살→살이→사이→새'의 변화과정을 거친 단어다. 설(元旦)과 살(歲)도 여기서 파생된 단어다. '쇠다'의 어근 '쇠'도 솓→솔→솔이→소리→소이→쇠의 변화로 새(日)에 그

---

5 王大有 著, 林東錫 譯,『龍鳳文化原流』, 東文選, 1994, 89쪽.
6 『三國史記』卷41 列傳 第1 金庾信 上.

뿌리를 두고 있다. 아침마다 동쪽하늘 위로 떠오르는 '새(日)'는 항상 신선한 느낌을 준다. '새롭다'는 의미는 이렇게 형성되었다. 청동기 문명의 상징인 金은 이 세상에 없었던 사물이었기 때문에 '새롭다'의 뜻에서 '쇠'로 명명된 것이다. '새·쇠'는 모두 태양에 대한 은유이다.

首露는 새 중의 왕이라 할 수 있는 독수리·솔개의 '수리/솔'이라는 우리말을 표현한 것이다. 그러니까 김수로왕은 청동기·철기문명시대의 '새의 왕'이라는 뜻이다. '새(日)'와 '새(鳥)'가 동일한 신화적 기원에 기초하고 있듯이, 솔(日)과 솔/술(鳥)도 그렇다. 우리가 이러한 사실을 모르고서는 태양과 새의 복합토템을 구성하고 있는 민족신화의 본질을 이해하지 못한다. 중세국어에 나타난 '아름'의 표현은 '나(私)'라는 명사로, '美'가 '아름답다'라는 형용사로 사용되었다는 사실 이외의 다른 정보를 알 수 없다. '아름'의 의미를 정확히 이해하기 위해서 우리는 중세를 넘어 신화의 세계로 접근해야 한다.

3. 신화를 통해본 '아름'의 의미

'아름'의 어근은 '알'이다. '알'은 두 가지 뜻을 가지고 있다. 하나는 지금은 사어가 된 태양의 의미이다. 사ᄋᆞ래 功을 일우니 : 三日成功(杜詩諺解 初刊本15: 36), 나ᄋᆞ리어나 : 四日(月印釋譜7: 71). 예문에서 보는 것처럼 '알'은 태양(日)을 의미한다. 다른 하나는 난(卵)의 의미다. 우리는 앞에서 '새(日)'와 새(鳥), 솔(日)과 술(鳥)가 신화적으로 대응된다는 사실을 살펴보았다. 이에 따라 '알(日)'과 '알(鳥卵)'도 동일한 신화 속에 연관되어 있음을 밝혀야만 지금까지 서술한 이야기가 신빙성을 얻는다.

신라의 시조 박혁거세 신화를 통해 둘의 관계를 알아보자.

이에 높은 곳에 올라 남쪽을 바라보니 양산楊山 밑 나정蘿井 곁에 이상한 기운이 전광처럼 땅에 비치는데 흰말白馬 한 마리가 꿇어 앉아 절하는 형상을 하고 있었다. 그곳을 찾아가 살펴보니 붉은 알 紫卵 한 개—혹은 푸른 큰 알靑大卵이라고도 한다—가 있는데, 말은 사람을 보고는 길게 울다가 하늘로 올라가 버렸다. 그 알을 깨어 보니 사내아이가 나왔는데 모양이 단정하고 아름다웠다. 놀라고 이상히 여겨 그 아이를 동천東泉—동천사東泉寺는 사뇌야詞腦野 북쪽에 있다—에서 목욕시켰다. 몸에서 광채가 나고, 새와 짐승이 따라 춤추며 천지가 진동하고 해와 달이 청명해지므로, 그 일로 인하여 그를 혁거세왕赫居世王이라 이름했다.—아마 우리말일 것이다. 혹은 불구내왕弗矩內王이라고도 하니 밝게 세상을 다스린다는 뜻이다. 해설하는 이는 말한다. "이는 서술성모西述聖母가 낳은 바니, 그러므로 중국사람들이 선도성모仙桃聖母를 찬양한 말에 현인을 낳아 건국했다는 말이 있음은 이것이다." 계룡雞龍이 상서祥瑞를 나타내어 알영閼英을 낳았다는 이야기도 또한 서술성모의 현신을 말한 것이 아닐까?

위호位號는 거슬한居瑟邯이라고 했다. – 혹은 거서간居西干이라고도 하니 이것은 그가 처음 말할 때에 스스로 알지거서간閼智居西干이 한번 일어났다고 했으므로 그 말로 인해서 부른 것인데 이로부터 왕자의 존칭이 되었다.

於是乘高南望, 楊山下蘿井傍, 異氣如電光垂地, 有一白馬跪拜之狀, 尋檢之, 有一紫卵(一云靑大卵). 馬見人長嘶上天, 剖其卵得童男, 形儀端美, 驚異之, 浴於東泉(東泉寺在詞腦野北), 身生光彩, 鳥獸率舞, 天地振動, 日月淸明, 因名赫居世王.(蓋鄕言也, 或作弗矩內王, 言光明理世也. 說者云: 是西述聖母之所誕也, 故中華人, 讚仙桃聖母, 有娠賢肇邦之語是也. 乃至雞龍現瑞産閼英, 又焉知非西述聖母之所現耶.) 位號曰居瑟邯(或作居西干, 初開口之時, 自稱云, 閼智居西干一起, 因其言稱之, 自後爲王者之尊稱.)**7**

赫居世 신화는 赫居世가 세상에 나타나기 전에 6부의 조상이 하늘에서 내려온 것으로부터 시작된다. 또 위에서 보는 것처럼 알을 지키던 흰말(白馬)이 하늘로 올라간 사실로 보아 이들은 모두 해를 숭배하던 족속이었음을 알 수 있다. 그러나 『삼국사기』 「시조 혁거세거서간」 조에 "이보다 앞서 조선의 유민들이 여러 산골짜기에 흩어져 살면서 여섯 마을을 이루고 있었다."(先是 朝鮮遺民 分居山谷之間)라는 표현을 보면, 이들은 고조선의 붕괴로 여기저기 흩어져 살던 유민들이다.

朴赫居世 신화에서 특이한 점은 '알'의 수호자가 白馬라는 사실이다. 상주(商周)시대에 "말이 여덟 자이면 용이다."(馬八尺曰龍)라는 표현에서처럼 龍과 馬은 함께 龍馬로 불린다. 龍의 초기 형태를 보여주는, 1971년 봄 내몽고 옹우특기(翁牛特旗) 삼성타랍촌(三星他拉村)에서 발견된 〈碧玉龍〉은 말(馬)의 형상을 하고 있다.**8** 그렇다면 赫居世는 龍토템일 가능성이 높다. 少昊金天氏가 본을 받았다는 太昊伏羲氏는 부계가 龍토템이고, 모계는 鳳토템이다. 실제로 복희씨가 만들었다는 팔괘를 龍馬가 등에 업고 나왔다고 하는 전설이 있다.

홍산문화 삼성타랍옥마
(三星他拉玉馬)

태호(太昊)·소호(少昊)는 모두 풍이(風夷)에서 나왔으며, 소호(少

---

7 『三國遺事』卷2 新羅始祖 赫居世王
8 王大有, 앞의 책, 221쪽.

昊)는 봉조씨(鳳鳥氏)라고도 칭하여 지(鷙)로 주토템을 삼았는데, 이는 극히 자연스러운 일이라 하겠다. 고신씨(高辛氏)·제곡(帝嚳)·백예(佰鷖)·고요(皐陶)·상선(商先) 등은 모두 동이인(東夷人)이다.[9] 풍이(風夷)는 부여(夫餘)를 말한다. 동이족의 대표적인 성씨는 영(嬴)·기(己)·풍(風)이다. 이들의 성은 산동성에서 발굴된 상주(商周)시대의 동기(銅器)와 도기(陶器)의 명문(銘文)에 적지 않게 나타난다.

풍이(風夷)는 풍(風)을 성씨(姓氏)로 한다. 『通志』의 「氏族略」에 "풍씨(風氏)는 성이다. 복희씨(伏羲氏)의 성, 임(任)·숙(宿)·수구(須句)·전유(顓臾)의 네 나라가 모두 풍(風)을 성씨(姓氏)로 했다." 임(任)은 산동성(山東省)의 제녕현(濟寧縣), 숙(宿)은 산동성(山東省)의 동평현(東平縣)의 동쪽에 있던 무염고성(無鹽故城), 수구(須句)는 산동성(山東省)의 동평현(東平縣)의 동남쪽, 전유(顓臾)는 산동성(山東省)의 황현(黃縣)에 있던 종족이다. 이들은 주로 산동성(山東省)을 거점으로 하고 있었다는 특징을 가지고 있다.

중국사람들은 伏羲를 위대한 태양(偉日)으로 훈독한다. 중국의 신화학자 하신(何新)은 복(伏)을 청대의 학자 전대흔(錢大昕)의 설명에 따라 fú 또는 buó로, 희(羲)는 xie로 재구하고 있다. 그리고 이 글자들은 실질적인 의미가 없는 순수한 표음문자라고 한다. 그러나 그는 복(伏)이 중고음(中古音)에서는 bĭuk으로, 상고음(上古音)에서는 bĭwak로 발음된다는 사실을 몰랐던 것 같다.[10] 伏의 중고음·상고음은 우리말의 붉에 가깝다. 또 羲의 x음은 후대에 k와 h로 변화한다. xie음을 빨리 발음하면 '기에 또는 히에'로 우리말의 현대음 '개 또는 해'에 가깝다. 우리말에 태양을 의미하는 글자로 '개와 해'가 있다.

---

9 王大有, 앞의 책, 144쪽.
10 李珍華, 周長楫 編撰, 『漢字古今音表』, 中華書局, 1998, 22쪽.

'개'는 '날이 개다'의 '개'로 태양이다. 그리고 '해' 또한 태양이다. 이러한 분화는 중국 중고음 xie의 변화과정에서 분화된 것으로 본다. 이러한 음가에 비추어 보면 伏羲는 우리말로 '밝은 해'를 의미한다.

赫居世/弗矩內는 우리말로 '밝은 세상'이라는 뜻이다. 어원적으로 보면, 伏羲와 赫居世는 동일한 기원에 근거한다. 赫居世는 처음 입을 열면서 閼智居西干이라고 하였다. 閼智에서 閼은 우리말의 알(日), 智는 사람으로 알 사람, 즉 태양의 후예를 의미한다. 金閼智 신화에서 閼智를 어린 아이(小兒)라고 한 것은 알의 본래의 의미가 점점 사라져간 증거이다. 居西干은 것(居西)+왕(干)이다. 중세국어에 귓것(鬼神), 항것(주인, 상전)이 있다. 여기서 '것'은 '귀신, 존장자'이다. 그러나 '것'은 말로 사물을 다스리는 샤먼을 뜻하는 말이다. 고조선 시대에 제후국을 渠帥國이라 하였다. 渠帥國의 渠帥가 바로 '것'이다. 朴赫居世의 朴은 우리말 붉의 표기로 복서(木)로 점(卜)을 치는 글자이다. 이것은 서라벌(徐羅伐)/서벌(徐伐)/사라(斯羅)/사로(斯盧)가 고조선의 渠帥國이었음을 말해준다.

4. '아름'에 숨어 있는 민족적 정서의 제고

민요 가운데 '알' 신화의 흔적을 가장 잘 나타내주는 노래로 아리랑이 있다. "아리랑 아리랑 아라리요"에서 각 어절의 어근은 '알'이다. '알(卵)'이 등장하는 우리나라 신화에는 부여의 동명왕 신화, 고구려 주몽 신화, 가야의 김수로왕 신화, 신라의 박혁거세 신화와 김알지 신화가 있다. 이중에서 김알지 신화 외에는 모두 알에서 태어났다. 따라서 '알'은 민족의 시조요 뿌리라 할 수 있다. "아리랑 아리랑 아라리요"의 노래가사에서 '알'은 조상과 민족 그리고 나라에 대한 민중들의 회한과 희망에 대한 상징이다.

우리는 일반적으로 아리랑을 슬픈 노래로 알고 있다. 그러나 아리랑은 처음부터 그렇게 불렸던 것은 아니다. 최초의 아리랑은 2002년 한일월드컵 때 '오-필승코리아 오-필승코리아 오 필승코리아 오-올레 올레 올레'하고, 전국민이 함께 불렀던 〈붉은 악마〉의 대표적인 응원가처럼 개인과 사회, 민족과 우주가 하나가 되는 카오스모스(chaosmos)의 세계를 향해 열려 있었다고 본다. 새(日)와 새(鳥), 솔(日)과 솔(鳥), 알(日)과 알(卵)의 관계는 시대가 흐르면서 전자의 의미는 점점 사라지고, 오늘날은 후자의 의미만 남았다.

지금까지 살펴본 것처럼 신화 속의 '알'은 태양과 새를 공동토템으로 하는 민족의 웅대한 우주적 비전을 보여준다. 이처럼 민족신화 속의 '알'은 '아름답다'의 어원을 설명하는 데 매우 중요한 역할을 한다. '아름=나=美'는 태양과 새를 공동의 토템으로 숭배하는 우리민족의 언어이다. '아름답다'는 바로 '나답다'이다. 그러나 이때의 '나답다'는 분열되고 고립된 인간이 아니라, 스스로를 '나'라고 부르는 '사람답다'의 의미이다.

이렇게 볼 때 아름다움이란 하늘과 땅 그리고 사람이 우주적 비전 속에서 서로 만나는 방식을 말한다.

4 신라 '제48대 경문대왕(景文大王) 설화'와 이를 바탕으로 창작된 현대소설의 서사적 의미

1. 서론

본 연구는 『삼국유사』 권2 기이(紀異)편에 수록된 「제48대 경문대왕 설화」를 모티프로 창작된 현대소설을 분석하여, 각각의 작품 속에서 서사적 공간의 의미가 어떻게 작용하는지 등장인물의 내면변화를 통해 살펴보려고 한다. 이들 작품의 서사적 공간은 '안 공간'과 '밖 공간'으로 구분되는데, 안 공간은 억압과 증상의 공간으로, 밖 공간은 욕망지향의 해방과 치유의 공간으로 드러난다.

'제48대 경문대왕 설화'는 '경문왕의 귀 설화', '경문대왕의 귀', '여이설화(驢耳說話)'라고도 한다.[1] 이 설화는 이미 기원전 희랍의 문헌에 나타나 있을 뿐만 아니라, 기원 이래로 세계 수십 처로부터 전승 자료의 사례가 보고됨에 따라, 설화 연구가들의 비상한 관심을 끌게 되었다. 동일 설화권에 속하는 한·중·일 3국 중에서 유일하게 채록된 것으로서, 그 채록 연대가 적어도 『삼국유사』가 편찬된 13세기 말

---

[1] 김기창, 「임금님 귀는 당나귀 귀 설화 고」, 『진리논단』 2, 1998, 55쪽.

까지는 소급될 수 있고, 역사상의 특정 인물과 결부되어 있다는 점에서 매우 주목할 가치가 있다.[2]

우리나라에서 이 설화를 모티프로 창작된 현대소설로는 박태원의 「귀의 비극」(1948), 방귀환의 「귀」(1957), 이청준의 「소문의 벽」(1971), 현길언의 「대숲에 바람이 불면」(2000) 등이 있다. '제48대 경문대왕 설화'와 현대소설의 주인공들은 '안'과 '밖'의 상징적 공간에 위치하는데, 이때 주인공의 공간적 움직임은 두 서사적 공간을 대비시킴으로써 이야기가 겨냥하는 본래의 목적을 달성한다. 서사적 공간을 '안'과 '밖'으로 구분한 것은 이야기의 상징적 의미를 생성하기 위한 장치이다.

이러한 문학작품의 공간연구는 대체로 작품의 서사과정을 중심으로 이루어지면서 특정한 장소의 모티프가 어떻게 생성되고 변형되는가 하는 문제에 집중된다. 작품 속 공간은 독자로 하여금 실재성을 갖게 하며, 나아가 전체적 공간 속에서 서로 다른 장소들이 비교되면서 친화력과 긴장, 혹은 혐오 등의 관계를 맺는다.[3] 또한 인물의 갈등과 인물과 공간과의 관계, 작가의 현실인식의 변모는 불가분의 관계를 갖고 있다는 점을 기반으로 소설 공간의 구조 속에서 인물의 행동과 행동이 변화하고 구체화되는 특성이 있다.[4] 이처럼 소설에서의 공간구조와 그 의미를 고찰하는 일은 등장인물의 성격과 특징 그리고

---

[2] 스티스 톰슨의 『설화의 유형』에 의하면, 이 설화는 782번 '마이다스와 당나귀 귀(Midas and Ass's Ears)로 등재되어 있다. 이 연구 자료에 의하면 비슷한 유형의 설화가 고대 그리스, 고대 아일랜드, 독일, 프랑스, 포르투칼, 이탈리아, 유고슬라비아, 세르비아, 아르메니아, 터키, 루마니아, 모코코, 인도, 몽고 등에 분포되어 있다.(조희웅, 『한국설화의 유형』, 일조각, 1989, 328~353쪽 참조)

[3] 한원균, 「문학과 공간 : 그 이론적 모색」, 『한국문예창작학회』 6권, 2004, 34~35쪽 참조.

[4] 한혜연, 『박경리 소설의 공간 연구』, 이화여자대학원 석사학위논문, 1998, 3쪽.

그 행위를 이해하는 데 필요한 작업이며, 작품 전체의 주제를 파악하는 데 도움이 된다.[5]

따라서 본 연구는 '제48대 경문대왕 설화'의 서사구조와 이를 바탕으로 창작된 현대소설의 서사구조를 비교·분석함으로써 설화의 공간이 작품의 서사 구조에 어떻게 수용되었는지, 그리고 현대소설들의 서사공간을 비교·분석함으로써 '제48대 경문대왕 설화'가 각 작품들 속에서 어떻게 그 현대적 의의를 획득해 내는지 살펴보고자 한다.

2. 억압과 증상의 내적 공간

이야기와 구성의 관점에서 볼 때, 공간은 어떤 만남이 이루어지는 곳이다. 공간은 대화를 통해 상호 공존하는 무대로써 중요하며, 역사적·사회적·공적 사건이 사적인 삶의 측면 및 내실(內室)의 비밀들과 함께 엮어진다. 또한 사소하고 사적인 음모들과 정치적·경제적 책략이 결합되고, 국가의 비밀과 내실의 비밀이 상호 침투하는 곳이다.[6] '제48대 경문대왕 설화'에서는 대궐 공간에서 임금의 귀가 커지는 사건이 발생하여 임금과 복두장이 간에 비밀한 계약이 성립된다. 사건은 복두장이의 삶과 엮이면서 '제48대 경문대왕 설화'에서 중요하게 부각되는데, 이를 모티프로 한 현대소설에서도 복두장이의 입장과 같은 주인공들이 등장한다.

프로이트는 〈억압된 것〉이라는 말 속에는 모든 정신적 움직임들은

---

[5] 안남일, 『기억과 공간의 소설현상학』, 나남, 2004, 171쪽.
[6] 미하일 바흐찐, 진승희 외 옮김, 『장편소설과 민중언어』, 창비, 2009, 454~455쪽 참조.

표출되려는 경향이 있다는 뜻이 들어 있다[7]고 했다. 권력은 부드러운 자연의 힘처럼 자신의 모습을 드러나지 않은 채 작용[8]하는 것이어서, 신체에 외상을 주지 않고 서서히 내면에 빈틈없이 작용하여 증상을 일으킨다고 할 수 있다. 권력의 공간에서 부과되는 힘은 주체성을 상실할 수 있기 때문에 억압의 공간에서는 자연스러운 상호교감이 둔화되며 순조로운 대화의 기능을 발휘할 수 없는 지경에 이르기도 한다. 비밀한 계약에 의해 사실을 발설하지 못하는 답답함이 심화되고 그 고통은 각기 다른 증상[9]으로 나타난다. '제48대 경문대왕 설화'와 이를 모티프로 한 현대소설에서 안 공간은 진실을 금기시하는 주체의 억압으로 인해 억압당하는 주체가 신경증적 증상을 앓는 곳이다.

A) 왕이 임금의 자리에 오르자 왕의 귀가 갑자기 길어져서 나귀의 귀처럼 되었다. 왕후와 나인들은 모두 알아보지 못했으나 오직 복두장(幞頭匠) 한 사람만이 그것을 알아보았다. 그러나 평생에 남에게 말하지 않았다. 그는 죽으려 할 때 …… (하략)
— '제48대 경문대왕', 『삼국유사』[10]

B) 그러나 그는 아무에게도 자기가 궁중에 들어가서 무엇을 보았나, 왕에 관하여 어떠한 것을 알고 있나, 하는 것을 감히 말하지는 못

---

[7] 지그문트 프로이트, 정장진 옮김, 「빌헬름 옌젠의 『그라디바』에 나타난 망상과 꿈」, 『창조적인 작가와 몽상』, 열린책들, 1996, 235쪽.
[8] 미셸 푸코, 오생근 옮김, 『감시와 처벌』, 나남, 2013, 172쪽.
[9] 여기서 '증상'은 신경증적 증상을 가리키는데, 신경증적 증상은 무의식의 형성물이며 갈등하는 두 욕망 사이의 타협이다. "증상은 마치 언어처럼 구조화되어 있기 때문에, 증상은 전적으로 언어의 분석 안에서 맴돌고 있다."(딜런 에반스 지음, 김종주 외 역, 『라깡 정신분석 사전』, 378쪽 참조)
[10] 일연, 이재호 옮김, 『삼국유사1』, 솔, 1997, 262~263쪽.

하였다. 자기가 섣불리 입을 놀릴 때 자기는 영낙없이 그 한 마디 말과 자기의 목숨을 서로 바꾸지 않으면 안 된다는 것을, 그는 잘 알고 있었기 때문이다. (중략) 감히 입 밖에 내어 말하지 못하는 대신에, 그는 툭하면 배를 쥐고 웃었다. 그는 실로 빈번하게 웃었다. (중략) 임금님 귀를—하고 한 마디 할 수 있다면 얼마나 속 시원한 일이랴? 그러나 그는 감히 못 한다. (중략) 그러면 웃음복이 터진 복두장이는?—그도 행복되지는 못하였다. 아니 불행하였다.

— 「귀의 비극」, 『신천지』[11]

C) 이제껏 들어온 말은 모두 찬사에 속하는 것이었는데, 징그럽다느니, 말귀 같다느니, 확실히 욕에 속하는 말이다. (중략) 「임금님 귀는 말귀요」하고 이상한 소리를 낸 것은 바로 중 자신이었다. (중략) 이제는 그 징그러운 뱀들과 어울리는 것이 습성이 되어버린 임금은 스스로 그 뱀들처럼 몸을 꿈틀거리며 희희낙락하는 것이었다. (중략) 임금은 그 괴기한 생활로 말미암아 머리와 잇발은 거의 다 빠지고, 두 볼은 핼쓱하게 여위었으며, 이마에는 주름이 자욱자욱 가 있다. 그 유달리 큰 귀만이 수척한 얼굴에 더욱 커 보일 뿐이었다.

— 「귀」, 『문학예술』[12]

D) 「오늘 밤 일은 절대로 아는 척하지 말게. 보는 것도 못 본 체 들은 것도 못 들은 체 잊어버리란 말이야. 오늘 밤 우리가 여길 왔던 사실조차 없었던 걸로 하구.(중략) 주인공은 비로소 올 것이 왔구나 싶어 찔끔 사장의 눈치를 살피며 순종을 맹세한다.(중략) 운전수는 이

---

[11] 박태원, 「귀의 비극」, 『신천지』 28호, 1948, 193–194쪽.
[12] 방귀환, 「귀」, 『문학예술』 11월호, 1957, 32~42쪽.

상한 창고 같은 방안으로 들어서자 이상한 광경을 목도한다. (중략) 주인공은 끝끝내 입을 다물려고 한다. 회사를 쫓겨나지 않기 위해서다. 하지만 너무나도 하고 싶은 말을 참다 보니 종당엔 신경과민 증세가 생기고 만다. (중략) 언제나 감시를 받고 있는 심경이다.

—「소문의 벽」,『문학과 지성』13

E) 사방 벽들이 점점 좁혀지면서 나를 압살하려고 한다. 벽들 사이에 짓눌려 있는 내가 소리를 지르려는데 입이 열려지지 않는다.「안녕하십니까? 잘 주무셨습니까?」(중략) 아내의 걱정어린 표정이 눈앞에 선하다.「난 잠을 잘 잤어. 환자는 따로 있는데, 당신이 노이로제군. 이제 곧 식사가 들어올 거요. 걱정 말아요. 난 아무것도 염려하지 않아요. 좀 피곤할 뿐이니까, 회장님 말대로 조용한 이 병원에서 좀 쉬면 될거요.」나는 아내의 근심을 덜어 주기 위해서 거짓말을 하였다. 그러면서도 아내와 내가 동시에 잠을 깨고 불면에 시달렸다는 것은 참 이상하다.

—「대숲에 바람이 불면」,『현대문학』14

인용문 A)에서 안 공간은 대궐이다. 대궐은 인간의 존재론적 상황을 권력과 규율, 질서와 감시로 다스리는 공간이다. 경문왕은 안 공간에 존재하는 인물로 신체의 비밀을 가지고 있다. 즉, 응렴(膺廉)이 왕으로 즉위하자마자 '귀가 갑자기 길어져서 나귀의 귀처럼' 된 것이다. 이것은 서사적 사건의 발생과 그 전개과정의 갈등을 암시한다. 복두장이가 임금의 신체 비밀을 알게 된 후 '평생에 남에게 말하지' 못한

---

13 이청준,「소문의 벽」,『문학과 지성』4호, 1971, 442쪽.
14 현길언,「대숲에 바람이 불면」,『현대문학』12월호, 2000, 32~33쪽.

사실을 보면, 대궐 안은 개인의 신체의 자유를 감시하는 권력의 이데올로기적 공간으로 표상된다.

어떤 사회에서나 신체는 매우 치밀한 권력의 그물 안에 포착되는 것이고, 그 권력에 신체의 구속이나 금기 혹은 의무를 부과해 왔다. 그렇게 하여 사회의 공간에서 순종하는 신체가 탄생한다. 이때 형성되는 것은 신체에 대한 작업과 신체의 요소, 몸짓, 행위에 대한 계획된 조작이라는 강제권의 정치학이다. 인간의 신체는 그 신체를 파헤치고 분해하며 재구성하는 권력장치 속으로 들어가게 된다.[15]

작품의 서사적 과정에서 임금의 신체 비밀에 대한 침묵으로 인해 겪게 되는 복두장이의 복잡한 심리구조가 나타나는 점으로 보아, 작품에는 언급되지 않지만 그는 신경증을 앓았을 것으로 추정해 볼 수 있다. 신경증이란 실제로 자아가 이러한 종합에 성공하지 못 했고 종합을 시도하면서 자신의 전일성(全一性)을 상실했다는 신호[16]이기 때문이다.

인용문 B)에서 복두장이는 궁중에 들어가 임금의 귀가 커진 사실을 목도하게 된다. 복두장이는 "섣불리 입을 놀릴 때 자기는 영락없이 그 한 마디 말과 자기 목숨을 서로 바꾸지 않으면 안 된다는 것"을 알고 있었다. 그러나 복두장이는 임금의 비밀을 말하지 못 하는 대신에 '툭하면 배를 쥐고 웃'는 버릇이 생겼다. 그런데 웃음은 권력에 관한 진실을 아무런 두려움 없이 폭로하는 기제로 거짓과 칭찬, 아첨과 위선에 대립한다. 이러한 웃음의 진실은 욕설과 상소리와 결합되면서, 권력을 격하시킨다.[17]

---

[15] 미셸 푸코(Michel Foucault), 앞의 책, 215~217쪽 참조.
[16] 지그문트 프로이트, 「도스또예프스끼와 아버지 살해」, 앞의 책, 158쪽.
[17] 미하일 바흐찐, 이덕형·최건형 역, 『프랑수아 라블레의 작품과 중세 및 르네상스의 민중문화』, 아카넷, 2001, 153쪽.

복두장이의 웃음 속에는 진실을 억압하는 왕에 대한 비웃음이 내포되어 있다. 만약에 진실을 전수하는 복두장이의 입장이었다면, 웃는 버릇이 생긴 것에 대해 '행복하지 못하였다.'는 자신의 심정을 토로하지 않았을 것이다. 복두장이의 불행은 하고 싶은 말을 할 수 없었기 때문인데, 그것은 임금님의 귀에 대해서 '한 마디 할 수 있다면 얼마나 속 시원한 일'인가 표현에서 그 억압된 심리적 증상을 찾을 수 있다.

인용문 C)에서 대궐은 진실을 은폐하는 '아첨의 공간'으로 나타난다. 또한 자신의 슬기로 임금을 조정하여 출세하려는 중의 책략이 드러나면서 밖 공간이 안 공간을 압도하는 형국으로 그려져 있다. 사람들은 남과 다른 임금의 귀를 보고도 진실을 말하기보다 "귀두 잘 생겼다. 귀가 크면 복이 많다더라."하며 아첨을 하는데, 아첨은 권력자의 권위에 순종적으로 충족을 주기 위한 행위이다.

집단은 진실과 허위를 구별하지 않는 경향이 뚜렷하다.[18] 차비가 임금의 침전에서 "징그러워요. 말귀같이······."라며 무심결에 임금의 비밀을 폭로했을 때, 비밀을 폭로한 차비를 목졸라 죽이는 임금의 행동에서, 안 공간 대궐은 감시와 처벌의 폐쇄적인 공간이라는 사실을 알 수 있다.

그 후 중은 왕의 마음을 교란시켜 뱀과 함께 지내기를 권유한다. 왕은 뱀과 함께 '희희락락'하지만, 그것은 임금을 해치기 위한 중의 술책이었다. "잇발은 거의 다 빠지고, 두 볼은 핼쑥하게 여위었으며, 이마에는 주름이 자욱자욱 가 있다." 이처럼 변해가는 임금의 모습에는 스스로를 권력의 노예로 만들어가는 한 인간의 추악한 본질이 스

---

[18] 지그문트 프로이트, 김석희 역, 「집단심리학과 자아분석」, 『문명 속의 불만』, 열린책들, 1997, 91쪽.

며 있다. 중의 계략에 말려 점점 폐쇄적으로 몰락하는 임금의 모습은 "징그러운 뱀들과 어울리는 것이 습성이 되어버린" 삶에서 더 잘 나타나며, 이러한 생활 속에서 들여다볼 수 있는 두려움, 슬픔, 당혹감, 분노, 죄책감 등의 부정적 정서[19]는 신경증의 특성이라 할 수 있다.

인용문 D)의 주된 공간은 차안과 회사이다. 운전수는 회사 사장차를 운전하면 한 달 안에 회사에서 쫓겨나게 된다는 관례를 알고 있다. 그래서 그는 위기감을 느끼며 사장에게 '순종'[20]을 맹세한다. 여기서 차안은 밖에서 안으로 향하고, 다시 안에서 밖으로 향하는 안과 밖의 경계에 놓인 공간이다. 이 폐쇄적 작은 공간에서 운전수는 사장이라는 절대권력의 위력 앞에 주체성을 상실하고 기계적으로 순종하는 신체가 되고 만다.

이 순종하는 신체는 '창문 하나 없는' 창고 같은 방에 감금된다. 폐쇄적 사장차 안과 감금된 방은 순종하는 신체를 억압하는 동일한 공간이다. 운전수는 사장의 향락을 목도했으나 회사를 계속 다니기 위해서 그 비밀을 발설하지 않겠다고 맹세하지만, '너무도 그렇게 하고 싶은 말을 참다보니' 신경증을 앓게 된다. 숨기고 있는 진실을 토로하고 싶은 욕망하는 주체가 연출하는 심연의 깊이는 감시의 두려움 때문에 순종하는 신체의 마음속에 각인된다.

인용문 E)는 성 상무가 아침에 병실에서 눈을 떴을 때 내면의 상황이다. 정치자금 로비기사가 신문에 폭로되었을 때, 그 비밀을 지키

---

[19] 이은경, 『신경증과 외향성이 주관적 안녕감에 미치는 영향: 우울증과 긍정적 정서의 중요성』, 연세대학교대학원 석사논문, 2005, 6쪽.

[20] 라 메트리(La Mettrie)의 『인간기계』는 정신의 유물론적 환원인 동시에, 훈육에 관한 일반 이론이기도 한데, 그 중심에 자리하고 있는 것은 분석 가능한 신체에 조작 가능한 신체를 결부시키는, '순종'이라는 개념이다. 복종시킬 수 있고, 쓰임새가 있으며, 전환시킬 수 있고, 나아가서는 완전하게 만들 수 있는 신체가 바로 순종하는 신체이다.(미셸 푸코, 앞의 책, 215쪽)

기 위해 세웅그룹 명 회장은 성 상무를 병원에 강제 입원시킨다. 성 상무는 83구락부 멤버였던 주철수 국회의원을 통해 지금의 여야정치 지도부에 정치자금을 전달했었다. 성 상무가 과거의 숨은 행적 때문에 마음의 갈등을 겪자, 이 사실을 눈치 채고 정치자금 비리가 폭로될 것을 우려해 명 회장이 성 상무를 병원에 감금시킨 것이다. 병원은 환자가 의존할 수밖에 없는 더 없이 중요하고 절실한 공간이지만, 성 상무의 입장에서는 자신을 정신병으로 몰아가려고 하는 죽음의 공간으로 나타난다. 성 상무에게 병원은 안 공간으로 주체적인 삶이 멈춘 공간이며, 비일상적 공간이다.

이 공간에서 성 상무는 어쩔 수 없이 순종하는 신체로 전락한다. 보이지 않는 은밀한 권력체계가 작동하는 공간에서는 진정한 주체로서의 삶은 약화되며, 판옵티콘[21]과 함께 작동하는 메커니즘으로서의 규율에 지배받는 억압적 주체만 존재한다. 성 상무는 격리된 공간에서 비서실 김 대리와 서 간호사의 감시를 받는다. 성 상무에게 병원은 폐쇄된 안 공간으로 권력과 감시와 처벌이라는 삼각구도가 지배하는 억압의 공간이라 할 수 있다. 성 상무의 아내는 명 회장의 권유로 병원에 입원하게 된 남편의 상황에 대해서 의구심을 갖고 예민해져 있다. 두 사람은 휴식을 빙자한 감금의 의도가 어디에 있을까 고민하며 불면증에 시달린다. 이 불면증은 내면세계와 외부세계의 불일치, 혹은 존재와 인식 사이의 괴리가 예상되거나 자각될 때 야기되는 불안[22]한 심리이다.

---

[21] 이 말은 Panoptisme을 번역한 것으로, 벤담(J. Bentham)이 1791년에 죄수를 교화할 목적으로 고안했던 원형감옥을 말한다. 판옵티콘(panopticon)은 판(pan: 한눈에)과 옵티콘(opticon: 본다)의 합성어이다.
[22] 한국문학평론가협회, 「불안」, 『문학비평용어사전』상, 국학자료원, 2006, 861쪽.

〈표 1〉 내적 억압과 중압성의 공간 분석표

작품	인물		배경		사건	발단	전개(증상)
	억압자	피억압자 (목적자)	안 공간				
경문왕 설화	경문왕	복두장이	대궐		왕이 즉위하자 귀가 갑자기 노새처럼 길어짐	왕후와 나인들은 모두 모르나 오직 복두장이만 앎	평생 남에게 말하지 않다가, 죽기 직전, 아무도 없는 도림사 대숲 속에서 대나무를 보고 외침
귀의 비극	경문왕	복두장이	대궐		왕이 된 후 교만해지면서 귀가 커짐	복두장이는 왕이 크고 추악한 귀를 본 유일한 인물임	모습을 잉큼까봐 진실을 말하지 못하자 빈번하게 '웃음'이 나옴
귀	중	경문왕	대궐의 침전		중은 자신의 슬기를 뽐내고자 말 귀를 가진 응큼 임금으로 만듦	중은 자신의 임금을 얼마나 불행하게 만들 수 있는가를 시험하기 위해, 임금에게 "임금님 귀는 말귀"라는 한 말에 시달리게 함	임금은 환청에서 벗어나고자 중이 시키는 대로 징그러운 뱀들과 함께 지내다가 몸이 쇠약해짐
소문의 벽	사장	운전수	화사 안		사장은 운전수에게 차를 타고 가면서 본 것도 못 본 체, 들은 것도 못 들은 체 잇어버리라고 당부를 함	운전수를 이상한 방에 감금하고, 사장은 글짜기의 집 안으로 사라짐. 운전수는 그곳에서 먼저 감금돼 있던 운전수들로부터 사장이 여간 비밀이 집에 관한 이야기를 들음	화사에서 쫓겨나지 않으려 고 하고 싶은 말을 참다가 신경과민으로 '주의력 결핍' 증세가 생김
매술에 바탕이 물만	화장	나 (성 상무)	병실		정치자금 로비 사건이 연일 신문에 크게 보도됨	화장은 정치자금 전달을 말 아온 성 상무를 병원에서 쉬다가 감금시킴	병실을 창살 없는 감옥처럼 느끼며 불면에 시달림

3. 해방과 치유의 외적 공간

'안'이라는 닫힌 공간에 갇혀 있는 주인공은 밖의 열린 공간으로 향하려고 한다. 밖으로 향하는 주인공의 욕망은 자유를 갈망한다. 자유에 대한 욕망의 갈망은 한결같다. 그렇기 때문에 욕망의 실현은 채워지는 것이 아니라 욕망을 재생해 내는 데에 있다.[23]

'제48대 경문대왕 설화'와 이를 모티프로 창작된 현대소설의 밖 공간은 억압의 현실을 극복하기 위한 욕망의 공간으로 나타난다. '제48대 경문대왕 설화'에서 복두장이는 안 공간의 폐쇄성을 넘어서 밖 공간의 자유의 세계로 나아감으로써, 현실의 문제에서 벗어나려고 노력한다. 그 결과, 복두장이는 대궐의 억압적 안 공간에서 밖 공간인 대숲으로 이동한다. 이를 모티프로 창작된 현대소설에서도 주인공들이 각각 다른 밖 공간으로 이동하며, 그 서사적 의미를 생산한다.

그 주인공들은 욕망하는 주체로서 자유를 갈망한다. 그러한 이유로 안 공간에서 밖 공간으로 탈출하려는 주체는 욕망을 억압하는 실존적 상황에 따라 신경증적 증상을 앓게 되고, 이를 극복하기 위해 억눌러 있던 욕망의 진실을 아무도 없는 곳으로 가서 폭로하는 것이다.

G) 그는 죽으려 할 때 도림사의 대숲 속의 사람이 없는 곳으로 들어가서 대나무를 보고 외쳤다. "우리 임금 귀는 나귀 귀처럼 생겼다." 그 후 바람이 불면 댓소리가 났다. "우리 임금님 귀는 나귀 귀처럼 생겼다." 왕은 이 소리를 싫어하여 이에 대나무를 베어버리고 산수유 나무를 심었더니 바람이 불면 다만 그 소리는 "우리 임금님 귀

---

[23] 딜런 에반스, 앞의 책, 282쪽.

는 기다랗다."고만 했다.
　　— '제48대 경문대왕', 『삼국유사』**24**

　H) 찾아간 곳은 도림사(道琳寺) 뒤에 우거진 대숲이었다. (중략) 그는 그제야 입을 열어 한 마디 하였다. "임금님 귀가 나귀 귀야!" 그리고 그 자리에 쓸어져 한바탕 웃고 인하여 목숨을 다하였다.(중략) 쏴-하고 또 한 차례 바람이 지난다. 숲은 또 소리를 낸다. "임금님 귀가 나귀 귀야!"(중략) 왕은 즉시 영을 내려 그 자리에 산수유를 심게 했다. 그러나 산수유가 자라자 바람이 불면 그것들도 곧잘 소리를 내었다. 다만 말이 좀 전과 달랐다. "우리 임금 귀도 크이!" "우리 임금 귀도 크이!" 이렇게—.
　　—「귀의 비극」, 『신천지』**25**

　I) "수백, 수천마리의 말들이 대궐 문전에서 안을 향해 〈내 귀를 돌려다오. 내 귀를 돌려다오.〉라 하더군." "또 있지. 밤만 이슥하면, 대궐 뒷산에는 간드러진 계집의 음성으로 〈임금의 귀는 말귀요, 임금의 귀는 말귀요.〉하고 외치는 게 들린다는데……"(중략) (23쪽) "그러면 내 귀를 핥으라지. 내 귀가 적어만 진다면……" (중략) 어느 새 뽑아 들었던지 임금의 비수(匕首)가 그의 가슴을 찌른 것이었다.(중략) 새 임금을 맞자 백성들은 오랜만에 이맛살을 폈다. 그 괴이한 가지가지 풍설도 그 후로는 자취를 감추었음은 물론이다.(43쪽)
　　—「귀」, 『문학예술』**26**

---

24 일연, 앞의 책, 263쪽.
25 박태원, 앞의 책, 195쪽.
26 방귀환, 앞의 책, 23~43쪽.

J) 문제는 바로 그 운전수의 본능이었다.(중략) 누구에겐가 그 이야기를 털어놓지 않고는 배겨낼 수가 없어진 것이다. 이젠 사장님의 비밀을 알게 되었노라 (중략) 회사 안에서는 벌써부터 자기가 곧 쫓겨나게 되리라는 소문이 나돌기 시작하고 있다. 아무도 믿을 수가 없다. 소문에 묻혀 보이지도 않는 눈들이, 귀들이 사방에서 의심스러워진다. 그는 이따금 넋이 나간 사람처럼 멍해 있기도 하고 때로는 딴생각을 하다가 종종 주의력을 잃어버릴 때가 생기기 시작한다. 드디어 그는 그 주의력 결핍 때문에 운전수의 자격을 상실하고 회사에서 쫓겨나고 만다. ……

—「소문의 벽」,『문학과 지성』[27]

K) 대형 거울에 나타난 환자복이 전혀 낯설었다. 이 옷을 벗고 거리로 나가고 싶다.(중략)(39쪽) 나는 내 처지를 강경원에게 말하였던 일과 주 의원의 태도를 모두 말했다. 같은 88구락부 회원이니까 서로 알아야 한다고 생각되었다. (중략)(51쪽) 나는 간단하게 사직서를 제출하는 심정을 써서는 사직서와 함께 서랍 속에 있는 봉투에 넣고 봉함을 했다. 그리고는 서 간호사가 주고 간 알약을 먹었다. 편안하게 잠이 찾아올 것 같았다. 서 간호사와 김 대리가 병실로 들어왔다. 서 간호사가 잠자고 있는 성병렬의 얼굴을 내려다보는 동안 김 대리는 대형 스크린 뒤로 돌아가서 도청 장치 해놓은 테이프를 꺼내었다.(55쪽)

—「대숲에 바람이 불면」,『현대문학』[28]

---

[27] 이청준, 앞의 책, 443~444쪽.
[28] 현길언, 앞의 책, 39~55쪽.

인용문 G)에서 복두장이가 죽기 직전 가슴속에 숨겨온 임금의 비밀을 누설하기 위해 찾아간 곳은 도림사(道琳寺)의 대숲[29]이었다. 이 곳은 사람들이 전혀 다니지 않는 열린 밖 공간이다. 사실 이런 곳에서 임금의 비밀을 이야기하는 것은 비밀의 폭로라고 할 수 없다. 왜냐하면 아무도 듣지 않은 비밀이란 무의미하기 때문이다. 그러나 '제48대 경문대왕 설화'의 작자는 복두장이가 누설한 "우리 임금 귀는 나귀처럼 생겼다."라는 말을, 대숲에 바람이 불 때마다 임금이 듣게 함으로써 그것이 비밀이었을 알려준다.

이렇게 대숲에 부는 바람은 자연의 바람이 아니라 강압 정치에 불만을 가진 백성들의 저항의 소리라고 할 수 있다. 바람은 그 자체로 보이지 않기 때문에 그 역동성은 다른 대상물에 의탁해 자신을 표현[30]하는 것이다. 이처럼 바람은 본질적으로 역동적 참여 속에서만 상상력에게 제 모든 권능을 발휘하게 한다.[31] 임금이 그 소리를 싫어해 대나무를 베고 거기에 산수유를 심었지만, 그 소리는 사라지지 않고 바람이 불면 "우리 임금님 귀는 기다랗다."는 소리로 변형되어 들리는 것도 그러한 이유이다. 이것은 비밀은 결코 감춰질 수 없다는 것을 역설적으로 말해준다. 그리고 억압된 내면의 목소리는 세상 밖으로 표출되고 나서야 비로소 치유된다는 사실을 증거한다.

인용문 H)는 '제48대 경문대왕 설화'의 내용과 유사하다. 복두장이는 삶의 끝에 다다른 바로 그 순간에 비밀을 참은 채 죽을 수 없어

---

[29] 경문왕 설화 모티프와 같은 해외 이야기를 살펴보면 비밀을 누설하는 장소가 모두 다르지만 공간적 의미는 같게 드러난다. 그리스의 마이다스 설화에서는 초원의 지면에 구멍을 팠으며, 몽골의 여이한 설화에서는 바위와 바람쥐 구멍에 비밀을 털어 놓았고, 유고슬라비아 설화에서는 땅바닥에 구멍을 파고 비밀을 말하였다.(김기창, 앞의 논문, 69쪽)
[30] 김진아, 「기형도 시의 바람 이미지 연구」, 『한국언어문학』 60, 2007, 262쪽.
[31] 가스통 바슐라르, 정영란 역, 『공기와 꿈』, 민음사, 1993, 448쪽.

서 대숲으로 향한다. 거기서 복두장이는 숲 주변에 사람이 없는 것을 확인한 후, "임금님 귀가 나귀 귀야!"하고 왕의 비밀을 발설한다. 후에 바람이 불 때마다 복두장이가 한 말은 계속 되살아나 끝내는 임금이 듣게 되고, 대숲은 산수유로 교체된다. 그러나 산수유가 자라나고 바람이 불 때면, "우리 임금 귀도 크이!"라는 바뀐 목소리로 계속해서 울려퍼진다.

여기서도 궁궐과 대숲은 이항대립적인 공간이다. 궁궐이 권력에 속한 감시체계가 있는 억압적 공간이라면, 대숲은 복두장이의 욕망을 실현하는 내면의 공간이다. 임금의 비밀을 누설하고 한바탕 웃는 복두장이의 모습은 대숲이 자연의 공간이 아니라 해방의 공간이라는 것을 암시한다.

인용문 I)는 임금이 중의 가슴에 비수를 찌르고 함께 죽는 대목으로, '욕망을 충족시키는 유일한 대상은 죽음뿐'[32]이라고 한 프로이트의 말을 떠오르게 한다. 이 장면은 억압적 현실 세계에서 벗어나 초월적 해방 공간에 도달하는 방법이 비극적일 수밖에 없음을 보여준다. 중이 임금에게 뱀의 혀가 살에 닿으면 귀가 작아진다고 말하고, 임금은 "내 귀가 적어만 진다면……"하는 자신의 욕망에 휩쓸려 중에게 속아 넘어간다. 자신이 중에게 속았다는 사실을 알게 된 임금은 끝내 그의 가슴을 비수로 찌르고 만다. 이 장면은 임금을 위기로 몰아넣으며 위협하던 중의 욕망이 거세되는 순간을 포착한 것이다.

모든 인간행위는 어느 특정한 상황에 의미 있는 반응을 부여하려는 시도이며, 인간 행위가 그 세계를 변화시키고, 이 변화는 균형상태를 부적절하게 만들기도 한다.[33] 왕이 죽자, 대낮 서울하늘에 까마귀

---

[32] 지그문트 프로이트, 박찬부 옮김, 『쾌락원칙을 넘어서』, 열린책들, 1997, 60~89쪽 참조.
[33] 루시앙 골드만, 조경숙 역, 『소설사회학을 위하여』, 청하, 1982, 239쪽.

떼가 날아오르며 '말귀'를 짖어대고, 저녁에는 수백·수천 마리의 말들이 대궐 문전에 나타나 "내 귀를 돌려다오."를 외치고, 밤에는 대궐 뒷산에서 간드러진 계집의 음성으로 "임금님 귀는 말귀요."라는 소리가 들린다. 이 소리들은 도림사 대숲에서 들리는 소리와 동일한 것으로 삶의 현실에서 들리는 백성들의 저항의 소리이다. 죽은 왕을 대신하여 '새 임금을 맞자 백성들이 이맛살'을 펴는 것에서 그 이유를 찾을 수 있다.

인용문 J)에서 사장의 비밀을 알게 된 운전수는 "누구에겐가 그 이야기를 털어놓지 않고는 배겨낼 수가 없어"졌다. 그 이야기는 회사 사람들에게 퍼져나갔고, 곧 운전수가 쫓겨나리라는 소문이 나돌았다. 운전수는 이제 아무도 믿을 수가 없게 되었으며 "소문에 묻혀 보이지도 않는 눈들이, 귀들이 사방에서 의심스러워"지는 상황에까지 이르렀다. 이때 행동의 동기는 자신도 잘 알지 못하는 심층에서 결정된다. 또한 이 은밀한 동기들 뒤에는 우리 자신도 모르는 더욱 은밀한 동기들이 수없이 숨어 있으며, 우리의 일상적인 행동들은 대부분 우리가 관찰할 수 없는 이 숨어 있는 동기들에서 나온다.[34]

회사를 쫓겨나지 않기 위해서 운전수는 사장의 비밀을 지킬 수밖에 없다. 그러나 운전수는 이미 본능적으로 사장의 비밀을 누설한 상황에서 신경증적 불안을 겪는다. 이러한 운전수가 생활하는 공간은 억압과 해방이 양립하는 욕망의 공간이다. 곧, 회사는 출사(黜社)의 공포감으로 운전수의 욕망을 길들이는 억압의 공간이기도 하지만, 운전수의 이야기 본능이 작동하는 해방의 공간이기도 하다.

인용문 K)에서 성 상무는 병실에서 벗어나 거리로 나가고 싶어 한

---

[34] 지그문트 프로이트, 김석희 옮김, 「집단심리학과 자아분석」, 앞의 책, 1997, 82쪽.

다. 거리는, 억압된 병실의 안 공간과는 달리, 성 상무가 꿈꾸는 해방의 상징적 밖 공간이다. 병실과 거리는 탈출하려는 성 상무의 욕망을 감시와 해방이라는 이중적 대립구도 속에서 잘 보여준다. 여기서 성 상무의 욕망은 자유의 출구이다. 그러나 이 출구는 공동체적 노동의 중간 휴식시간이 아니라, 자유로의 출구이자 인간 문화의 본원적인 형식을 향한 통로[35]이다. 성 상무는 병원에서 잠시 쉬고 있으라는 회장의 말에 처음에는 대접을 받는다고 생각했으나, 시간이 지날수록 자신이 감시의 눈 아래 놓여 있다는 사실을 깨달으면서 긴장과 갈등에서 벗어날 수 없게 된다.

이때 아내는 젊은 시절 성 상무의 순수와 용기, 그리고 투쟁경력 때문에 결혼했다며 모든 일을 세상에 털어놓고 굴레에서 벗어나라고 촉구한다. 제갈궁이 병문안을 오자, 성 상무는 같은 88구락부 회원이니까 서로 알아야 한다며 자신의 처지를 모두 말한다. 성 상무는 아들이 보낸 책 『신라이야기』를 읽은 후 사직서를 쓴다. 그리고 간호사가 주고 간 알약을 먹고 편안하게 잠이 든다. 성 상무는 그동안 있었던 모든 부조리를 친구에게 말함으로써 긴장과 갈등으로부터 해방되어 편안한 잠 속으로 빠져든 것이다.

이 모든 일은 김 대리가 대형 스크린 뒤에 설치해 놓은 도청 장치 테이프에 담겼다. 성 상무는 명 회장의 하수인인 김 대리와 서 간호사가 자신의 감시인인 줄도 모르고, 잠든 채로 새로운 억압공간인 세웅 정신병원으로 가는 앰블런스 속에 갇히고 만다.

---

[35] 미하일 바흐찐, 앞의 책, 731쪽.

〈표 2〉 외적 해방과 치유의 공간 분석표

작품	밖 공간	욕망	소문	탄압	해방·치유
경문왕 설화	대숲	죽기 전 도림사 대숲에 들어가 비밀을 폭로함	바람이 불면, 대숲에서 "우리 임금님 귀는 나귀처럼 생겼다."는 소리가 남	임금이 대나무를 베어 버리고 산수유를 심음	바람이 불면, "우리 임금님 귀는 기다랗다."는 소리가 남
귀의 비극	대숲	도림사 대숲에 들어가 비밀을 폭로 후 한바탕 웃고 목숨을 다함	바람이 불 때마다, 대숲에서 "임금님 귀가 나귀야!"하는 소리가 남	임금은 즉시 대나무를 말끔히 베어버리고 '산수유'를 심게 함	바람이 불면, "우리 임금님 귀도 크이!" 하는 소리가 남
귀	죽음의 거리	임금은 자기 귀가 '말' 귀라는 소리가 듣기 싫어 북도로 귀를 숨김	까마귀 떼가 '말귀'다고, 수천마리의 말들이 '내 귀를 돌려다오.'하고, 간드러진 계집의 음성이 "임금의 귀는 말귀요."라는 소리를 냄	임금의 침전에는 '가지각색의 뱀'이 우글거리며 임금의 목을 감고, 입술을 핥고, 기어듦	뱀에 물려 죽음을 앞둔 왕이 자신을 가엾게 여긴 중을 비추어 제물, 세 임금을 맞자 백성들이 이맛살을 찡그리며 풍성했은 자취를 감춤
소문의 벽	회사 밖	운전수는 본능적으로 비밀을 털어 놓지 않고는 배겨날 수가 없었음	회사 안에서 자기가 퍼뜨렸던 것이라는 소문이 나돌기 시작	'주의력 결핍' 때문에 운전수로서의 자격을 상실하고 회사에서 쫓겨남	이야기의 본능으로 사장에 대한 진실을 폭로하고 사회적 양심을 회복함
대숲에 바람이 불면	거리	환자복을 벗고 거리로 나가고 싶음	내 저지른 88구타부 회원이 서로 알아야 한다며 진구에게 말함	대평 스크린 뒤 도청장치 해놓은 테이프	사직서를 쓰고 간호사가 주고 간 알약을 먹고 편안하게 잠

4 신라 '제48대 경문대왕(景文大王) 설화'와 이를 바탕으로 창작된 현대소설의 서사적 의미 101

4. 권력욕망과 그 시대의 그림자

먼저 '제48대 경문대왕 설화'에서 경문왕의 귀가 나귀 귀처럼 길게 묘사되어 있는 것은 당대 역사적 상황과 결부지어 해석할 수 있다.[36] 경문왕은 희강왕의 손자로 진골귀족이긴 했지만, 이 같은 진골귀족들 간의 정치투쟁에 휘말린 피해자로서 진골들의 세력에 반감을 가졌을 가능성이 높았고, 실제로도 경문왕은 진골귀족들의 세력을 억제하려는 시도를 계속했다.[37]

복두장이에게 자신의 귀 이야기를 세상에 발설하지 못하게 한 '제48대 경문대왕 설화'는 이러한 계기로 만들어졌을지 모른다. 오늘날 독재자들이 독재의 실상을 은폐하기 위해 언론을 통제하고 탄압하는 것과 같다. 언론은 통제하고 탄압한다고 차단되는 것이 아니다. 어느 사회든 양심적 제보자가 있기 때문이다. 경문왕이 강압적인 언론 통제를 가하자 대궐 안에서는 왕에 대한 불만이 고조되고, 복두장이는 내부 고발자가 되어 대숲으로 가서 왕의 비밀을 폭로한다. 이렇듯 인간의 이야기 본성은 아무리 억압하려고 해도 결코 사라지지 않는다.

박태원의 「귀의 비극」은 그 내용이 '제48대 경문대왕 설화'와 거의 비슷하다. 그런데 박태원은 1948년 8월에 왜 이 작품을 썼을까? 1948년 8월 15일은 남한만의 단독정부가 수립된 날이고, 1948년 9월 9일은 북한에서 조선민주주의인민공화국이 수립된 날이다. 박태원은 당시 대다수 조선백성들의 뜻과는 달리 민족이 남북으로 고착되어 가던 한반도 상황을 못내 불안한 심정으로 바라보았을 것이다. 이렇게 보면, 이 작품에서 경문왕은 민족의 염원을 저버린 남·북한

---

[36] 심치열, 「『삼국유사』 소재 설화의 서사적 계승 연구」, 『국어국문학』139, 2005, 313쪽.
[37] 조범환·문왕 공저, 『임금님 귀는 당나귀 귀』, 푸른역사, 2005, 89쪽.

권력집단 혹은 이승만과 김일성에 대한 비유일 수 있다. 이때 무엇이 억압되었을까? 아마도 통일을 바라던 조선백성의 염원일 것이다. 이처럼 억압은 "'진실에 관한 진실'을 말하기 불가능한 것, 필연적으로 불완전한 것"[38]이다.

방귀환의 「귀」는 1957년 11월에 발표된 작품이다. 작품의 서사는 박태원의 「귀의 비극」처럼 '제48대 경문대왕 설화'를 그대로 차용했다. 차이가 있다면, 신하인 중에게 조종되는 임금의 모습이다. 이러한 구도는 다른 작품에서는 찾아볼 수 없다. 이것은 작가가 어떤 의도를 가지고 작품을 썼다고 보아야 한다. 당시는 자유당 정권시절로 이기붕이 권력 2인자로 군림하던 때다. 이기붕은 자식이 없는 노령의 이승만 대통령에게 장남인 이강석을 그의 83세 생일에 맞추어 양자로 보낸다. 이후 이기붕과 이강석은 절대 권력을 누리는데, 1957년 8월에 있었던 가짜 이강석 사건은 당시 2인자의 권력이 어느 정도인지를 짐작케 한다. 이기붕은 1954년 이승만의 종신집권을 위하여 사사오입개헌[39]을 주도하였고, 자신의 정치권력을 유지하기 위해 이정재로 상징되는 정치깡패를 동원하기도 하였다.

작품에서 중이 임금에게 뱀을 권하여 함께 지내도록 한 것이나, 현실에서 이기붕이 이강석을 이승만의 양자로 보낸 것은 이 작품이 '제48대 경문대왕 설화'를 패러디했다는 사실을 말한다. 소설에서 '임금-중-백성'의 구도는 역사적 현실에서 '대통령-이기붕-국민'의 구

---

[38] 딜런 에반스, 앞의 책, 239~240쪽 참조.
[39] 당시 이승만 정권은 종신집권을 위해 대통령이 3선을 할 수 없다는 제한을 철폐하는 헌법 개정안을 제출하였다. 재적의원 203명 중 찬성이 135표 나와 개헌 가능 의결정족수인 2/3(135.333…)에 못 미쳐 부결되었다. 그러자 자유당은 수학의 4사5입론을 적용하여 의결정족수 2/3는 136명이 아니고 135명이라며 개헌안을 통과시켰다.

도로 펼쳐진다. 소설에서 뱀은 당시 경문왕을 주위에서 보위하던 측근(화랑, 육두품)들이라 할 수 있고, 역사적 현실에서 정치깡패는 이기붕의 측근들이다. 결국 뱀에 물려 죽음을 앞둔 임금은 속은 것을 알고 비수로 중의 가슴을 찌름으로써 복수한다. 임금이 세상을 떠나고 새 임금을 맞자, 백성들은 오랜만에 이맛살을 펴고, 그 괴이한 풍설은 자취를 감추게 된다. 이러한 서사적 진실은 1960년 3·15 정·부통령 선거에서 부정과 개표조작으로 당선되었으나, 이에 저항하는 국민들의 분노로 4·19혁명이 일어나 끝내 하야로 끝나는 이승만 정권의 몰락을 암시한다.

이청준의 「소문의 벽」은 1972년에 발표되었다. 이 작품에는 '제48대 경문대왕 설화'를 풍자로 그린 〈벌거벗은 사장님〉이라는 삽화가 나온다. 내용은 이렇다. 회사 사장이 그 회사 운송부 소속 운전수에게 자기 차를 운전하도록 명령한다. 그런데 사장 차를 몰던 운전수들은 한 달이 지나면 그 자리는 물론이고 회사에서까지 쫓겨났다. 이번 운전수도 그랬다. 그 이유는 "본 것도 못 본 체 들은 것도 못 들은 체 잊어버리"라는 사장의 명령을 지키지 못 했기 때문이다.

어느 날 운전수는 사장을 태우고 어떤 산골짜기 별장으로 가게 된다. 사장은 그곳에 도착하여 운전수를 이상한 창고 같은 방 속에 감금하고는 별장으로 들어간다. 운전수는 그 방에서 자기와 같은 운전수 차림의 사내들을 만나, 그 사람들로부터 별장의 비밀에 대해 듣게 된다. "그 집에는 넓은 목욕풀이 있고, 호화로운 침실이 있고, 술과 춤과 여자를 즐길 수 있는 밴드와 홀이 있고, 도박장이 있고, 비밀 영화관이 있고, 하여튼 사람이 세상에 태어나서 해보고 싶은 것을 하룻밤 사이에 모두 한꺼번에 즐길 수 있는 것이 모조리 갖추어져" 있다는 것이다. 그런데 문제는 이 사실을 알게 된 '운전수의 본능'이었다. 운전수는 그 비밀을 참다가 끝내 이야기하고 만다. 그로 인해 신경과민 증세를 앓게 되고, 주의력 결핍이라는 병까지 얻어 종당에는 회사를 그만두게 된다.

작가는 이 운전수의 삶에 대해 "어떤 진실을 목도하고도 그것을 어떤 다른 이해관계나 간섭 때문에 말하지 않으려고 한다면, 그것은 곧 보다 큰 파국을 초래하는 자기부정의 비극을 낳게 한다."는 시대의 요구에 응한 것이라고 평가한다. 작가의 평가대로, 이 삽화는 국민의 표현과 창작의 자유에 대한 우화이다. 박정희 정권은 1971년 〈국가보위에 관한 특별조치법〉으로 집회와 시위는 물론 방송과 출판의 자유조차 심하게 규제하였다. 작가는 '제48대 경문대왕 설화'의 '왕-복두장이'의 관계를 '사장-운전수'의 관계로 재생산함으로써, 박정희 군사독재의 횡포를 여실히 보여주었다. 운전수가 사장의 비밀을 폭로한 것은 억압당한 주체의 회복을 겨냥한 행동이다. 운전수가 회사에서 쫓겨나는 불안한 현실은 권력이 지배하는 회사를 닫힌 공간으로써, 독재정권 사회가 지닌 폐쇄적인 현실을 상징적으로 나타낸 것이다.

현길언의 「대숲에 바람이 불면」은 2000년 12월에 발표된 작품으로 대학시절 순수와 열정으로 사회를 개혁하려던 80년대 초반 학번(83학번)들이 졸업 후 정치에 참여하면서 겪게 되는 다양한 삶의 모습을 보여준다. 성 상무를 중심으로 전개되는 소설의 서사는 한국사회가 얼마나 정경유착의 권모술수에 빠져 있는지를 적나라하게 폭로한다. 헌정사상 첫 여야정권 교체를 실현한 김대중의 국민의 정부(1998.2~2003.1)는 박정희과 전두환의 군사독재정권에 맞서 민주화운동을 이끌었던 김영삼의 문민정부(1993.2~1998.1)에 이어 1998년 2월 정식 출범하였다. 그러나 민주화를 이끈 세력들은 문민정부 시절부터 기득권층이 되어 과거의 정권들이 그랬던 것처럼 권력의 맛에 취해 간다.

작품에서 80년대 민주화 운동의 기수였던 83구락부의 회원들은 문민정부가 들어서며 사정이 풀려서 쟁쟁한 자리에 오르게 된다. 그 중 주철수는 YS가 임기를 마칠 동안 전국구를 거쳐 지역구 국회의원을 두 번이나 했고, 그후 DJ에게로 옮겨갔다. 당시 성 상무는 주철수를 통해 지금의 여야 지도부에 정치자금을 전달하는 하는 일을 맡았다. 그 때문에 성병렬은 초고속 승진하여 지금의 성 상무가 된 것이다.

어느 날 정치자금 로비 사건이 터지자, 명 회장은 회사 정치자금 비리가 폭로될 것을 우려해 성 상무를 병원에 감금시키고, 그것도 모자라 정신병자로 몰아가려고 한다. 이를 눈치챈 성 상무는 병문안 온, 아직도 순수성을 잃지 않고 있는 제갈궁에게 그동안 있었던 모든 일을 털어놓는다. 때마침, 그의 아내는 성상무에게 정치자금 비리는 누구의 잘못도 아닌 세상의 관행이라며, 그만 그 굴레에서 벗어날 것을 요구한다. 그 영향으로 성 상무는 아내가 두고 간 책 『신라이야기』 속 「대숲에 바람이 불면」를 읽고, 때가 이르렀다고 생각하며 사직서를 쓴 후, 서 간호사가 주고 간 알약을 먹고 잠이 든다.

그러나 그의 사회적 양심과 행동은 김 대리가 설치해 놓은 도청 테이프에 의해 명회장에게 보고되고, 성 상무는 잠이 든 채로 앰블런스에 실려 세웅 정신병원으로 보내진다. 작가는 현대소설 「대숲에 바람이 불면」 내용 중에 『신라이야기』 「대숲에 바람이 불면」을 삽입해 놓았다. 이것은 작가가 '명 회장-성 상무'의 관계를 '경문왕-복두장이'의 관계로 설정함으로써, 당대 사회의 정치적 비리와 부조리를 적나라하게 폭로한 것이다.

5. 결론

　지금까지 '제48대 경문대왕 설화'와 이를 모티프로 창작된 현대소설에 대해 안과 밖의 공간적 서사, 그리고 권력욕망과 그 시대적 그림자에 대해 살펴보았다. '제48대 경문대왕 설화'의 안 공간에서는 임금이 귀의 비밀에 대해 말하지 못 하게 함으로써 복두장이가 신경증적 증상을 앓게 되고, 밖 공간에서는 복두장이가 도림사 대숲으로 들어가 그 진실을 폭로함으로써 신경증적 증상은 치유되고 억압으로부터도 해방된다.

　이러한 '억압-폭로'의 모티프로 창작된 현대소설에서도 정도의 차이는 있지만, 그 서사적 진실은 비슷하다. 박태원의 「귀의 비극」은 '제48대 경문대왕 설화'를 역사소설로 재구성하였다. 그런데 문제는 발표된 시기다. 박태원은 이 작품을 1948년 8월에 발표함으로써 그 역사적 의미를 부각시켰다.

　독자는 당시 한반도에서 어떤 일이 전개되고 있었는지 알 필요가 있다. 1948년 8월과 9월은 남·북한이 각각 단독정부를 수립하기 위해 극단적으로 대립하던 시기였다. 그러니까 이 작품은 해방공간의 민족적 위기 속에서 조선의 대다수 민중들이 꿈꾸던 민족통일에 대한 염원을 역설적으로 보여준다.

　1957년에 발표된 방귀환의 「귀」는 '제48대 경문대왕설화'의 내용을 변형시켜 작가의 의도를 분명하게 암시한다. 이 작품에서는 임금이 복두장이를 억압하는 것이 아니라, 중이 임금을 자기의 술책에 따라 농락한다. 작품에서 억압자인 중은 현실에서 자유당 정권의 2인자였던 이기붕을 가리키고, 작품에서 피억압자인 임금은 현실에서 이승만 대통령을 가리킨다. 그때는 자유당 정권을 장악한 이기붕이 늙고 힘없는 이승만을 대통령으로 내세워 정치를 좌지우지하였다. 작품에서 임금이 세상을 떠나자 백성들의 이맛살이 펴졌다고 묘사한 것은, 현실에서 4·19혁명의 발발로 이승만 대통령이 하야하고 자유당 정권이 몰락한 것을 풍자한 것이다.

이청준의 「소문의 벽」은 1972년 발표된 작품으로, 1971년 〈국가보위에 관한 특별조치법〉으로 집회와 시위는 물론 방송과 출판의 자유조차 심하게 규제하던 박정희 정권을 패러디한 작품이다. 작가는 '제48대 경문대왕 설화'의 '왕-복두장이'의 관계를 '사장-운전수'의 관계로 재생산함으로써, 박정희 군사독재의 횡포를 여실히 보여준다. 군사독재는 현실과 합리적 관계를 맺고 있는 자아를 통해 욕망을 실현[40]하려는 민중들의 삶을 참을 수 없는 수준으로 억압하였다. 작품에서 운전수가 사장의 비밀을 누설한 것은 억압당한 주체의 회복을 겨냥한 행동으로, 독재권력의 공포적 지배를 우회적으로 비판한 것이다.

현길언의 「대숲에 바람이 불면」은 2000년 12월에 발표된 작품으로 그 시대적 배경은 민주화 세력들이 이제 막 권력을 잡기 시작한 김영삼 대통령의 문민정부에서부터 김대중 대통령의 국민의 정부까지이다. 그 기간 동안 민주화를 이끌었던 세력들은 점차 기득권층으로 변모하면서 과거 권력자들이 그랬던 것처럼 타락해갔다. 그 과정에 대해, 작가는 역사적 진실과 사회적 타락 사이에서 갈등하는 성상무를 중심으로 83구락부 회원들의 다양한 삶의 전개과정을 보여줌으로써 민주화 시대 인간 군상들의 욕망을 드러내 보인다.

이상에서 살펴본 것처럼, '제48대 경문대왕 설화'와 그 현대적 버전이 보여주는 '안'과 '밖'의 서사를 통해서, 우리는 다음과 같은 진술을 확보할 수 있다. 자유에 대한 인간의 욕망은 어느 시대에도 결코

---

[40] 이봉일, 『문학과 정신분석』, 새미, 2009, 143쪽.

권력의 억압에 굴복하지 않는다는 것과, 역사적 진실은 풍자와 패러디 같은 문학적 수사로 언제든지 시간의 벽을 넘어온다는 것이다.

5 매와 매사냥의 역사와 어휘 연구

1. 매와 매사냥의 역사

말은 그것이 처해 있는 문화적 환경에 따라 빠르게 혹은 느리게 변화한다. 이러한 문화적 환경의 변화는 어떤 생물체에게 생존의 가능 여부를 결정하기까지 한다. 필자는 매를 통해서 그것을 증명해 볼 것이다. 매는 동서양 모두 태양신으로 숭배하며, 부족을 대표하는 토템이었다. 매는 모든 태양의 신들을 상징하며 하늘, 힘, 왕위, 고귀함을 나타낸다. 독수리와 마찬가지로 매는 태양까지 날아갈 수 있으며, 눈을 깜박거리지 않고서 태양을 직시할 수 있다. 매를 동반하거나 매의 머리를 한 신은 태양신이다. 아스텍에서는 매는 신들의 사자로, 이집트는 왕가의 새로 태양신 라(Ra, Rah)를 뜻한다. 스핑크스도 매의 머리를 하고 있는 경우가 있다. 그리스 로마에서 매는 아폴론/헬리오스 신의 날쌘 사자이며, 마녀 키르케의 부수물이다. 힌두교에서 매는 하늘의 술인 소마를 가져온다. 매는 빛이며, 선한 신 아후라 마즈다의 속성을 가진다. 미트라교에서 매는 태양신인 미트라의 부수물이다.[1]

이와 같이 매는 동·서양에서 태양신을 상징하는데, 이것을 잘 보

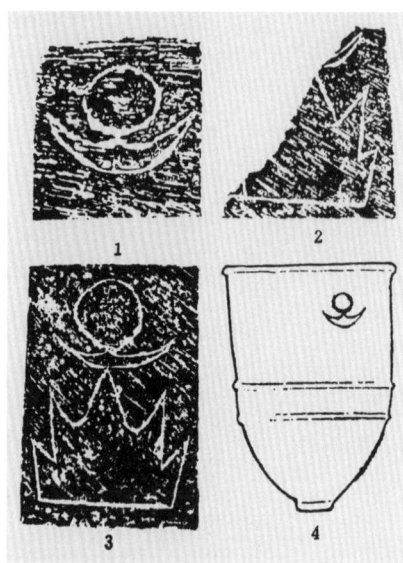

대문구문화 유적지에서 출토된 소호 족휘
1, 3, 4) 산동 거현 능양하(陵陽河) 유적 출토 2) 산동 제성 전채(前蔡) 유적 출토.

여주는 예로 대문구문화(大汶口文化: BC 4100~BC 2600) 유적지에서 출토된 소호(少昊) 족휘(族徽)가 있다. 그림 2에 있는 ○ 등의 세 형태가 수직으로 연결, 배열된 모습을 보라. 의 위쪽에 있는 은 태양 ○과 정면으로 날개를 펼치고 있는 의 복합형이다. 비록 여기에 등장하는 새가 어떤 새인지는 알 수 없지만, 그 새가 태양을 상징하는 것임에는 틀림없다. 우리는 다음의 글에서 그 새가 어떤 새인지 유추할 수 있다. 상구씨(鵜鳩氏)는 곧 내구씨(鵜鳩氏)를 가리키며, 내이(萊夷)·욱이(郁夷) 등 소호의 한 분파로서 임구(臨朐)에 거주하였고, 일부는 다시 요서(遼西) 지역으로 옮겨가 동북으로 진입하여 동북이(東北夷)가 되었다.[3] 여기서 우리는 소호의 한 분파인 상구씨가 산동성 임구에서 살았고, 다른 분파는 요서를 거쳐 동북이가 되었다는 사실을 확인할 수 있다. 이 동북이 중 하나가 숙신족(肅愼族)이다. 이 숙신족의 토템이 숙상鵋鵜(상구鵜鳩, 응鷹, 해

---

[1] 진 쿠퍼(J. C. Cooper)·이윤기 옮김, 『그림으로 보는 세계문화상징사전』, 까치글방, 2014, 160~161쪽 참조.
[2] 왕대유, 임동석 역, 『용봉문화원류』, 동문선, 2002, 109쪽.
[3] 왕대유, 임동석 역, 앞의 책, 107~109쪽.

동청海東靑)인데, 바로 매이다.⁴

매사냥의 기원은 지금부터 약 4,000~5,000년 전 중앙아시아의 평원에 살았던 유목민에 의해 시작되었다. 점차 이란, 이라크 및 인도 등 중동지역으로 퍼져나갔다. 그후 십자군 전쟁에 참전했던 군인들이나 유럽과 영국의 상인, 모험가들이 고국으로 돌아갈 때 동양의 매사냥문화를 유럽의 여러 나라에 전파시켰다.

우리나라 매사냥의 전통은 기록으로만 보면 숙신족으로부터 시작되어 부여, 고구려, 백제, 신라를 거쳐 고려, 조선으로 이어진다. 매사냥이 본격적인 스포츠로 자리잡게 된 때가 원나라의 고려 통치기(1259~1356)⁵라고 주장하는 평자도 있지만,『고려사절요』를 보면 그 이전부터 매사냥을 즐겼음을 알 수 있다.

정해 14년(1227) 12월, 어사대가 동네에서 집비둘기, 비둘기, 매, 새매 기르는 것을 금했는데, 그 이유가 공무에 영향을 미칠 정도로 자주 쟁송을 일으켰기 때문이다.⁶ 그만큼 고려에서는 평민들조차도 관상용과 사냥용 새에 대한 관심이 높았다. 그리고 제1차 몽골 침입 해인 신묘 18년(1231) 12월에 몽골 사자 8명이 와서 매와 새매를 구하였다⁷는 기록 또한 고려 매의 명성이 오래 전부터 몽골에까지 알려져 있었음을 말해준다.

매의 가치가 어느 정도인지 가늠할 수 있는 것은 임술 3년(1262) 9월, 몽골에서 안탈(按脫), 능철아(㚢徹兒)와 예부시랑 유헌(劉憲) 등

---

4 왕대유, 임동석 역, 앞의 책, 283쪽.
5 조삼래·박용순 공저,『하늘의 제왕 맹금과 매사냥』, 공주대학교 출판부, 2008, 51~70쪽 참조.
6 김종서 외,『고려사절요 中』, 신서원, 2004, 291쪽.
 [十二月御史臺禁閭里養鵓鴿鷹鷂以廢公務起事訟故也]
7 김종서 외, 앞의 책, 311쪽.
 [蒙使八人來求鷹鷂]

이 와서 암컷 새매와 좋은 구리 2만 근을 요구하자, 고려에서 예부낭중 고예(高汭)를 보내 암컷 새매 20마리와 구리 6백 12근을 바쳤다[8]는 기록이다. 이런 역사적 사실은 매의 가치가 그 당시 실로 엄청났다는 것을 알려준다.

초원을 달리던 몽골인들에게 매는 중요한 사냥도구였고, 매를 활용한 수렵은 커다란 즐거움이었다.[9] 금나라와 송나라를 정복하고 원나라를 세운 몽골은 고려에 대해 최고의 매로 불리는 해동청을 비롯한 매와 새매의 조공을 지속적으로 요구해 왔다. 이러한 원나라의 요구를 들어주기 위해 고려에서는 '원제국형 응방'[10] 제도를 만든다. 이곳에서 길러진 매는 원나라에 진상되었고, 이러한 매 진상은 1275년, 1276년, 1277년, 1278년을 거쳐 1280년대에도 계속되었다.[11] 조선에 들어서도 매사냥은 왕과 양반의 심신을 단련시켜 주는 중요한 방편으로 자주 이용되었다. 그러나 활발하던 매사냥은 16세기부터 19세기까지 지속된 소빙기 기후변동과 국내외 정세로 인해 쇠퇴하기 시작해, 지금은 그 개체수가 급격히 줄어들어 멸종 위기 1급으로 보호되고 있다. 다행히 매사냥은 2010년 유네스코 인류무형문화

---

[8] 김종서 외, 앞의 책, 447쪽.
  [秋九月蒙古遣按脫麥徹兒禮部侍郎劉憲等來索鷂子及好銅二萬斤. 遣禮部郎中高汭獻鷂子二十銅六百十二斤]
[9] 이강환, 『고려와 원제국의 교역의 역사』, 창비, 2013, 44쪽.
[10] 응방이라는 제도는 충렬왕1년(1275) 5월조에 처음 보인다. 전라도안찰사 안전(安戩)과 장흥부부사 신좌선(申佐宣)을 파직하고, 노경륜(盧景綸)으로 안전을 대신하게 하였다. 이때 응방(鷹坊)의 오숙부 등이 세력을 믿고 횡포한 짓을 멋대로 행하니 안전과 신좌선이 미워하여 대접하지 않았다. 오숙부 등이 돌아와서 왕에게 고하여 아뢰기를 "안찰사와 장흥부사가 새매를 잘 기르지 않아 죽게 하였습니다." 하니 왕이 노하여 이런 명령을 내린 것이다.(김종서 외, 앞의 책, 547쪽)
[11] 이강환, 앞의 책, 36쪽.

유산에 등재가 되었다.[12] 지금은 매를 훈련시키는 것도 허가를 받은 응사(鷹師)만이 가능하다.

현재 매와 매사냥의 문화가 사라져가고 있지만, 그 오래된 자취는 말의 변천 속에서 끊임없이 지속되고 있다. 또한 매와 매사냥과 연관된 어휘들이 역사적 기록을 통해 또는 문학작품에서 어떻게 사용되고 있는지를 알아본다면, 우리의 언어생활 속에서 그 역사적 흔적을 얼마든지 발견할 수 있다.

2. 『조선왕조실록』 속 매사냥

『조선왕조실록』에서는 임금의 심신단련과 이웃나라에게 진상을 위한 매사냥과 합법 혹은 위법으로 하는 매사냥 등을 자세하게 수록하였다. 궁중에서는 친목 도모와 심신 단련 이외에도 명나라에 대한 진상용으로 매를 놓아 길렀다.[13] 양반들 역시 호연지기를 기르기 위

---

[12] 대한민국의 매사냥을 비롯 몽골과 프랑스, 아랍, 영국, 체코 등 11개국이 함께 유네스코 인류무형문화유산에 등재되었다. 중국과 일본이 등재되지 못한 반면, 대한민국이 등재되었다는 것은 한국의 매사냥이 국제적으로 인정받았다는 것을 의미한다.(김연수, 『바람의 눈』, 수류산방, 2011, 40쪽)

[13] 세종 42권, 10년[1428 무신/명 선덕(宣德) 3년] 11월 11일(기미) 3번째 기사. 지신사 정흠지가 명 황제에게 해청 3연을 바쳤으나, 달자가 길을 막아 북경에 이르지 못 하였는데, 또 해청 2연을 바치는 것은 황제의 덕을 돕는 것이 아님을 간언하였다. 세종은 매를 황제께 바치지 않고 궁중에 머물러 두는 것은 황제에게 미안한 일임을 언급하였다. 명나라에 진상하기 위한 매를 효율적으로 관리하기 위해 궁궐에서 잠시 길렀음을 알 수 있다.[知申事鄭欽之啓: "許稠語臣曰: '前已獻海靑三連, 達子塞路, 故未得赴京. 今又送海靑二連, 似爲未可. 且獻海靑, 非所以輔帝德也. 嘗念高麗之(之)季, 始有處女之選, 其弊流至今日, 況海靑捕獲最難, 緣此外方之民, 搖擾莫甚. 又嘗聞大金播遷, 實由鷹子之故.' 臣愚以爲當時路旣未通, 且已獻三連, 今姑不獻二連, 何如?" 上曰: "此言然矣. 然帝諭予捕海靑以進, 予旣得之, 不進於帝, 而留予宮中, 其可乎? 雖

해 매사냥을 즐겼고, 백성들은 높은 상찬을 받으려고 매를 잡는 매사냥을 하였다. 『조선왕조실록』에서 매와 매사냥에 관련된 매목류가 얼마나 등장하는지를 〈표 1〉과 같이 알아본 후, 그 용어들의 어원을 추적해보고자 한다. 또한, 우리 민족이 활발하게 행했던 매사냥이 쇠퇴한 이유를 고찰하고자 한다.

〈표 1〉[14]을 참고하면, 매사냥이라는 단어는 총 354 차례가 언급이 되었고, 보라매를 진상한 내용은 한 차례 확인된다. 매와 관련된 기록은 세종 때 가장 많이 등장한다. 세종 때 매사냥은 총 172회 언급되었다. 초기에는 주로 상왕과 함께 한 매사냥에 관한 것이었으나, 후기에는 양녕대군의 매사냥에 대한 보고와 매사냥을 구경하는 내용이 많았다. 그중 양녕대군에 대한 언급이 두드러진다. 이는 양녕대군이 재상의 첩을 탈취한 사건에 노한 태종이 그에게 매사냥에 집중하기를 권하여 매 두 마리와 말 3필을 하사하여 스스로 살아가도록 훈육하였다.[15] 그러나 양녕대군은 매사냥을 지나치게 즐겼고, 신료들의 원망을 받았다.

또한, 명나라에서 매를 진상해달라는 요구가 잦아졌다. 명에서 원

女孩兒與數萬匹之馬, 尙不得已而獻之, 況已得之海靑, 其可不進乎? 予之宮內使喚宦竪, 亦多入朝侍左右, 我國之事, 何所不知? 予旣爲帝而捕之, 不卽進獻, 予心未安. 且帝若曰: '前諭海靑, 何以不進乎?' 則予將何辭以對? 今帝素好鷹犬, 豈因我國之獻, 然後至於失德乎?"]

[14] 〈표〉는 국역 조선왕조실록 인터넷 서비스(www.db.itkc.or.kr)에서 어휘 찾기를 이용하여 정리하였으며, 명/청의 기후는 유소민의 『기후의 반역』(성균관대학교출판부)을 참고하였다.

[15] 세종 3권, 1년[1419 기해/명 영락(永樂) 17년] 2월 3일(무인) 3번째 기사.
[予之流涕者, 非爲汝也, 爲國家羞耳. 汝若走而不幸, 則後日安知汝狂妄自致乎?" 又曰: "於里之死, 誠可哀憫. 於里非自媒於讓寧也, 乃讓寧奪宰相之妾耳. 且讓寧出走, 豈於里之故哉?" 又曰: "今欲賜讓寧鷹子二連, 馬三匹, 使之放鷹, 以從其欲" 仍使廣州牧使, 判官中一人隨之. 讓寧復請調鷹人張立等三人, 上王顧曰: "夫小人之從貴人者, 以貴人能庇護也. 汝旣不肖, 身且不能保, 況於他人乎? 人誰肯從汝? 且汝雖無他技, 調鷹則汝自能之, 不須他人也]

〈표 1〉 명/청 기후 및 『조선왕조실록』 속 매목 매과 및 수리과의 종류

재위기간		명/청 기후	매사냥	매과(鶻속)		수리과(鷹속)			
				해동청	송골매	백응	퇴곤	응자	보라매
태조	1392~1398	명대 전기 한랭기후	5	2			2	1	
태종	1400~1418		112	4	8	8		34	1
세종	1418~1450		172	20	17	13	14	20	
문종	1450~1452		1	6					
단종	1452~1455		9	1	1	3		3	
세조	1455~1468	명대 중기 소빙하기	32	3	19	2		6	
예종	1468~1469							1	
성종	1469~1495		14	12	26	2		7	
연산군	1495~1506		2	3	1	1		1	
중종	1506~1544		2	7	2			9	
명종	1545~1567							3	
선조	1567~1608	명대 말기(전) 여름 한랭 겨울 온난	2		5	8		18	
광해군	1608~1641	명대 말기(후) 소빙하기	1			2			
인조	1623~1649		1						
현종	1659~1674	청대 전기 소빙하기 계속			1				
숙종	1674~1720		1		1				
영조	1724~1776	청대 중기 온난한 겨울 온난다습					1	2	
순조	1800~1864							1	
계			354	58	81	40	16	106	1

하는 매 그림을 그려 백성들에게 보여준 후, 매사냥에 적극적으로 참여케 하였다. 세종 때 조선은 명나라로부터 3년 동안 말 25,000필을 조공하라는 압박을 받았다. 그 당시 말 25,000필은 조선의 군대를 해

체하라는 말이나 다름없었다. 세종은 명나라의 선종제가 매사냥을 좋아한다는 정보를 입수하고, 말 25,000필 대신 조선의 우수한 매 3마리와 참매 12마리로 조공을 대체하는 외교적 협상 수완을 발휘하였다.[16] 이처럼, 고려시대와 마찬가지로, 조선시대에도 매 위상은 대단했다.

태종에서 세종 때까지 활발했던 매사냥은 세조와 성종을 거쳐 그 횟수가 줄어든다. 매의 개체가 줄어든 것을 걱정하며 매의 진상을 재고할 것을 권유하는 기록들도 눈에 띈다. 중종이 석강에 참여하였을 때, 시독관(侍讀官)[17] 윤현이 "매가 생산되는 곳은 그만이겠으나 생산되지 않는 곳은 진상하는 수량을 줄여 백성들이 조금이라도 은혜를 입게 해야 됩니다. 진상하는 매는 반드시 몸집이 큰 놈만을 고르니 그 값이 매우 높아 백성들이 원망스러워 합니다. 이는 긴요한 일이 아니니 진상하는 수량을 줄이심이 지당합니다." 하니, 왕이 일렀다. "매는 지난날 진공(進貢)하는 숫자가 많았으나 지금은 벌써 그 수량을 줄였고, 조종조에서는 응방(鷹坊)이 있었지만, 지금은 폐지하였다. 그러므로 단지 하패(下牌)만 할 뿐이다. 이는 크게 중요한 일이 아니니 매가 생산되지 않는 곳은 진상하는 숫자를 줄여주도록 하라."[18] 하였다. 이는 진상을 위한 매사냥으로 인해 백성이 얼마나 큰 고통을 겪었는지를 보여준다.

태조 이성계는 고려의 응방제도를 계승하여 궁중에 내응방을 설

---

[16] 조삼래·박용순 공저, 앞의 책, 62쪽.
[17] 시독관(侍讀官)은 조선시대 경연청(經筵廳) 정5품으로 문관직과 홍문관을 겸임했다.
[18] 중종 94권, 36년[1541 신축/명 가정(嘉靖) 20년] 2월 6일(계해) 2번째 기사.
[如産鷹之地則已矣, 不産之處, 量減其數, 使民蒙一分之賜可也. 進上之鷹, 必擇體大, 而其價甚高, 百姓怨咨. 此乃不急之事, 減數至當. 上曰: 鷹子, 前者進貢之數多, 而今已量減矣. 祖宗朝有鷹房, 而今則廢焉, 故只下牌而已. 此非大關之事, 不産之處, 則量減可也]

치하여 매를 길들이고 매사냥을 즐겼다. 1399년 정종 원년에 응패를 만들도록 명하여, 응패가 없는 사람은 마음대로 매사냥을 하지 못하게 하였다. 응패는 왕이 공신들이나 특별한 신분에게 내린 매사냥의 허가증이다. 사헌부에서는 응패 없이 사냥을 하는 것을 규찰하기도 하였다. 태종 32년에는 "응패(鷹牌)를 거두었으니, 방응(放鷹)으로 인하여 전곡을 많이 손상하기 때문이었다."로 기록을 하고 있다.[19] 방응은 음력 10월부터 다음해 해동이 될 때까지 매사냥으로 꿩을 잡는 전통놀이였다.

해동청(海東靑), 송골매(松鶻매), 백응(白鷹), 퇴곤(堆困), 응자(應子)라는 매 분류는 세종 때 가장 많이 등장한다. 눈에 띄는 부분은 송골매의 경우 성종 때 가장 많이 등장한다. 성종은 후원에 송골매를 놓아 입직 군사와 승지까지 구경하자, 정성근은 나라의 체면을 위해 작은 것을 삼가해 달라는 청을 하였다.[20] 연산군은 "응방은 성종께서 모두 폐지한 것이 아니라 해동청만을 없애버렸으니, 지금 응방을 설치하는 것은 나를 위하는 것이 아니라 상전을 위함이다."[21]라고 주장하며 응방 설치를 정당화하였다.

해동청과 송골매는 해안가에 터전을 잡으나 기후의 변화로 인해 먹이가 줄어, 결국 먹이사슬이 원활히 이루어지지 않자 해동청의 사냥이 불가능하게 되었다. 응자는 선조 때까지 적은 횟수이나 꾸준하게 실록에서 전해지고 있는데 송골매, 백응과 함께 진상되었음을 알

---

[19] 태종 32권, 16년[1416 병신/명 영락(永樂) 14년] 7월 5일(갑오) 2번째 기사.
[收鷹牌, 以其因放鷹, 多傷田穀也]
[20] 성종 189권, 17년[1486 병오/명 성화(成化) 22년] 3월 19일(갑자) 2번째 기사.[凡事當謹於微. 若好之不已, 則安知荒淫遊田不作於後日也]
[21] 연산 22권, 3년[1497 정사/명 홍치(弘治) 10년] 3월 12일(갑인) 1번째 기사.
[鷹坊成宗非盡廢之, 只去海東靑耳. 今之設鷹坊, 非爲己, 爲上殿也]

수 있다.

활발했던 매사냥이 조선 중기부터 쇠퇴하기 시작하였다. 〈표 1〉에서는 연산군 때 매목류에 대한 언급은 많지 않으나 매를 잡기 위한 노력을 많이 하였고, 그로 인한 신하들의 간언이 많았다. 특히, 응방은 매 사냥과 사육뿐만 아니라 쌀 수급 및 소, 돼지, 사냥한 동물을 관리하는 일도 맡고 있었다. 이에 응방에 속한 응사들의 세력이 강해짐에 따라 부정부패가 심해 응방을 없애자는 주청이 많았다. 그래서 신하들은 당(唐) 헌종(憲宗)이 즉위하여 오방소아(五坊小兒)[22]에게 봉납(奉納)하는 것을 파한 내용을 들어 이를 간언하였으나, 연산군은 허락하지 않았다.

연산군(1476~1506) 이후부터 급격히 매 언급이 줄어든 것은 다음과 같은 이유로 추정된다. 첫째, 연산군은 취미로 매사냥을 즐겼다. 송골매나 보라매와 같은 직접적인 표현 대신 왕이 직속을 두고 조직적으로 매를 관리하였기 때문에 응군, 응사 등의 표현이 많아졌다. 또한, 백성과 군인들은 굶주리는데 응방을 더 짓고 사치를 일삼아 신하들은 환란을 닥칠 것을 염려하였다. 취미로 즐기는 매사냥에 고완관(考頑官)과 해응관(解鷹官)을 두어 매와 개를 몰아 사냥하는 일을 살피고 응군(鷹軍)까지 두었으니 이에 대한 불만이 컸다. 연산군의 폐정으로 인해 결국 중종이 즉위하게 된다.

둘째, 조선의 기후 변화와도 연관성이 있다. 1500년대 이후, 때 아닌 서리·우박·눈에 관한 기록[23]을 살펴보면 얼마나 기상이변이 심

---

[22] 연산 22권, 3년[1497 정사/명 홍치(弘治) 10년] 4월 7일(무인) 2번째 기사. 오방(五坊)은 당(唐)나라 때 선휘원(宣徽院)에 속하였던 5개의 작은 부서[조방(鵰坊)·골방(鶻坊)·요방(鷂房)·응방(鷹坊)·구방(狗房)]이고, 소아(小兒)는 각 방에 딸린 심부름꾼를 가리킨다. 오방의 임무는 수리·비둘기·새매·매·개 등을 기르고, 때로는 나가 사냥도 하여 임금의 식찬을 공급했다.

했는지 알 수 있다. 골속은 해안가에서 살며, 응속은 숲속에서 터전을 잡는다. 17세기 전후의 조선의 기후는 소빙기[24]로 백성들은 기근에 시달렸으며, 동·식물의 소멸 및 해양 어류에도 변화를 가져왔다. 〈표〉을 통해 알 수 있는 것처럼, 『조선왕조실록』의 매목류 언급 횟수와 중국의 기상이변이 서로 비례한다.

셋째, 조선 백성들은 대기근에 시달렸다. 1) 1454년 대기근 : 1453년 봄에 가뭄이 들고 가을에 장마와 서리가 겹쳐 연이어 기근이 발생했다. 1454년(단종2)이 되자 대기근은 전국적으로 본격화되어 기아자, 아사자, 역질자, 유망자를 낳았다. 3~4년간 맹위를 떨친 이 대기근은 조선 팔도뿐만 아니라 함경도 북쪽의 여진 거주지까지 강타했다. 2) 병정대기근과 경신대기근 그리고 을병대기근: 병정대기근은 전년의 각종 재해로 시작해 1626년(인조4)과 1627(인조5)에 정점에 오른 후 1628년과 1629년까지 무려 4년간 지속되었고, 경신대

[23] 『조선왕조실록』의 기상이변

구분	성종	연산군	중종	명종	선조	인조	효종	현종	숙종	경종	영조
때 아닌 서리·우박·눈	3	9	79	40	21	67	11	61	89	4	44

(부경대학교 해양문화연구소, 『조선시대 해양환경과 명태』, 국학자료원, 2009, 20쪽)

[24] 소빙기는 길게는 14세기부터 19세기까지, 짧게는 17세기에 한정하는 등 그 시각은 다양하다. 기후학자인 램은 대체로 1550~1850년을 소빙기로 잡고 있으며, 그중 1550~1700년의 150년이 소빙기의 절정이었다고 보았다. 그 자신도 1420년 혹은 1190년부터 1850년 혹은 1900년까지의 전 기간을 소빙기로 간주할 수도 있다고 하여 완전한 확정은 유보했다. "소빙기"의 어원이 되었던 빙하활동과 관련하여, 대부분의 빙하학자들은 1300~1850년을 소빙기로 보고 있다. 이 기간은 조선의 전 시기를 포괄하고, 중국은 명청시대를 아우른다. 이런 이유로 중국에서는 소빙기를 "명청소빙기"로 표현하고 있다. 그러나 실제적인 연구에서는 대체로 15세기 중반부터 19세기까지를 소빙기로 보고 있다. 한국사에서도 의견이 일치하지 않는데, 대표적으로 이태진은 1500~1750년을 소빙기로 규정했다.(김문기, 「17세기 中國과 朝鮮의 小氷期 氣候變動」, 『역사와 경계』, 2010, 146~7쪽)

기근은 1670년(현종11)과 1671년(현종12) 2년 동안 계속되었고, 을병대기근은 1695년(숙종21)과 1696년(숙종22) 연이어 닥쳤다.[25] 세 대기근은 함경도에서 제주도까지 전국 곳곳을 강타한 초대형 기근이었다. 이러한 엄청난 자연재해로 채소와 곡물이 자라지를 못했고, 쥐와 닭 등 매의 먹이가 사라져 매의 개체수 또한 현저히 줄어들 수밖에 없었다.

넷째, 조선은 임진왜란(1592~1598), 정묘호란(1627), 병자호란(1636~1637) 때까지 정치와 전쟁의 소용돌이 속에 휘말려 있었다. 그로 인해 전 국토는 피폐할 대로 피폐해져 먹이사슬의 고리가 끊어져 자연의 생태계가 파괴되었다.

따라서 매의 개체수도 줄어들고, 매사냥을 즐길 여유는 더욱 없었으므로 오랜 역사를 가진 매 길들이기와 매사냥이 조선 중기부터 현저히 줄어들었다. 하지만 먹이를 쫓으면 절대로 놓치지 않는 매서운 눈과 날카로운 부리를 가진 하늘의 제왕인 매가 우리의 문화 속에서 사라진 것일까?

---

[25] 특히 1670~1671년 경신대기근과 1695~1696년 을병대기근 때에는 전염병과 식량위기, 가축병, 아사, 자연재해 등 엄청난 고통을 당한다. 굶주림으로 이웃을 잡아먹거나, 자식을 잡아먹기도 하였으며, 부모와 자식을 버리기도 하였다. 또한 추위로 인하여 얼어 죽은 자가 많았다. 두 대기근에 굶어죽은 사람은 무려 경신대기근 시기에 100만명, 을병대기근 시기에 100만명으로 도합 200만명이나 되었다는 상소문 기록이 있다.(김덕진,『대기근, 조선을 뒤덮다』, 도서출판 푸른역사, 2014, 16쪽, 36쪽, 190쪽, 293쪽 참조)

3. 현대문학 속 매 언어

매와 관련된 어휘는 우리 일상 속에서 자주 사용되고 있다. 그런데 문제는 보통 사람들이 그 사실을 잘 모른다는 데 있다. 그 흔적들을 현대문학 작품 속에서 찾아보자.

1) 매부리코, 매만지다, 시치미

김승옥의 단편소설 「염소는 힘이 세다」에는 매부리코 아저씨가 나온다. 집에서 키우던 염소가 생사탕 약단지를 깨뜨리자, 생사탕 집 통통보 영감은 우리집 염소에게 매질을 하여 죽게 한다. 염소가 죽자 할머니는 죽은 염소를 묻기 위해 나에게 이웃집 아저씨를 데려오라고 말한다.

> 아저씨는 우리집에 살고 있지 않았다. 따라서 아저씨는 힘이 세었다. 할머니가 나에게 아저씨를 데려오라고 말씀하셨다. 아저씨는 키는 작지만 턱과 볼에 수염이 많고 매부리코를 가지고 있고 사람과 애기할 때는 조그만 눈으로 상대방을 흘겨보며 애기한다.[26]

그러나 죽은 염소를 묻는다는 말을 들은 '매부리코' 아저씨는 미련하게 염소를 파묻지 말고, 그것을 이용해 장사를 하라고 종용한다. 여기서 매부리코는 조선 영조시대 김홍철(金弘喆)이 쓴 『역어유해보20(譯語類解補20), 1775』에 '매부리코(鷹嘴鼻)'로 처음 나온다. 매의 부리처럼 콧등은 불룩하게 솟고, 코끝은 안으로 휜 코를 말한다.

권비영의 장편소설 『덕혜옹주』에 '매만지다'라는 어휘가 사용되

---

[26] 김승옥, 「염소는 힘이 세다」, 『무진기행』, 문학동네, 2013, 319쪽.

었다. 덕혜옹주가 어머니 양 귀인이 머리에 꽂은 떨잠을 호기심 어린 눈으로 바라보고 있고, 양 귀인은 머리를 매만지고 있는 장면이다.

"어머니, 떨잠이 참 예뻐요."
양 귀인을 물끄러미 바라보고 있던 옹주가 불쑥 입을 열었다. 떨잠을 바라보는 옹주의 눈빛에 어린아이다운 호기심이 차올랐다. 양 귀인은 손을 빼내 자신의 머리를 매만졌다. 나비떨잠이 파르르 떨렸다. 나비 모양 장식판에 산호, 진주, 공작석을 물리고 주위에 가는 은사 용수철로 둘러 그 위에 나비, 벌, 새, 꽃 등의 작은 장식을 올린 장식물. 옹주는 그것을 하염없이 쳐다보고 있었다.[27]

응사(鷹師)는 사냥매에게 먹이를 주고 쓰다듬어 주는 것으로 사냥매를 길들이기 시작한다. 사냥매는 응사와 깊은 교감을 할 때, 응사를 진정한 자기 주인으로 받아들인다. 이러한 관계를 유추해보면, '매만지다'라는 동사는 응사가 사냥매와 일체감을 얻기 위해 살살 어루만져주며 집중하는 행위에서 비롯되었다고 할 수 있다.
아래의 인용문은 이청준의 단편소설 『매잡이』에 나오는 대목이다.

매의 한쪽 발목엔 조그만 방울이 두 개 매달려 있었다. 놈이 몸을 움직일 때마다 달랑달랑 소리를 냈다. 꼬리에는 기다란 다른 깃털을 하나 더 끼워 묶었는데 거기에 무언가 적혀 있었다. 호기심에 살펴보니 서툰 붓글씨로 이렇게 씌어 있었다. '매主○○理 郭乧·번개쇠'
매주(主) 곽돌(郭乧)은 매를 부리는 주인이며, 번개쇠는 매의 이름이라고 소년이 설명했다.[28]

---

[27] 권비영, 『덕혜옹주』, 다산책방, 2009, 39쪽.

인용문에서 매의 꼬리에 '매主 ○○里 郭乭·번개쇠'라 써 묶어두는데, 이것을 '시치미'라고 한다. 그러니까 시치미는 매주인의 주소와 이름, 매 이름을 기록한 일종의 매 명찰을 가리킨다. 이러한 시치미는 패각, 방울, 망우(빽깃, 백깃) 등 세 가지로 구성되어 있다.

'패각'은 소뿔을 직사각형으로 잘라 그 위에 매주인의 이름과 주소를 새기고 방울과 흰털을 달았다. 패각은 방울에 부딪쳤을 때 소리가 잘 울리는 딱딱한 황소 뿔을 많이 이용한다. '방울'은 사냥매가 사냥감을 쫓아 숲속이나 기타 장소로 들어갔을 때 매의 위치를 알기 위한 것으로, 소리가 맑고 멀리 나가는 인청동 방울을 쓴다. 매의 깃털색은 푸른 잿빛 계열의 얼룩무늬로 이루어져 있기 때문에 사람의 눈에 잘 띄지 않는다. 그래서 '방울'과 마찬가지로 사냥매를 쉽게 찾기 위한 표시로 흰색의 깃털을 단다. 이것을 '망우'라 하는데, 고니털이나 거위 털을 이용하며, 크고 길수록 좋다. 망우를 달 때에는 사냥매의 꼬리보다 약 2~3cm 길게 단다.[29]

잘 길들여진 사냥매가 날개를 활짝 펼치고, 시치미에 달린 매방울 소리를 내며 창공을 날아가는 아름다운 자태를 상상해보라. 사냥매는 그 가치가 매우 높았다. 이러한 이유로, 주인이 잃어버린 사냥매를 찾아 '시치미'를 떼고 자기 매로 둔갑시키는 일이 자주 일어났다. '시치미를 뗀다'는 말이 어떤 사실을 알고 있으면서도 모르는 척, 자기가 어떤 일을 하고도 하지 않은 척하는 태도를 가리키게 된 이면에는 사냥매의 사회·경제적 가치가 숨어 있다.

---

[28] 이청준, 『매잡이』, 문학과지성사, 2010, 219쪽.
[29] 조삼래·박용순 공저, 앞의 책, 80쪽.

2) 매몰차다, 매섭다, 매정하다, 맵다

매 주인은 매사냥을 나가기 전에 매를 굶겨서 일부로 사납게 만든다. 그러면 매가 사냥에서 먹이를 발견하면 무섭게 몰아쳐서 순식간에 잡는다. 매가 사냥감을 몰이할 때 한순간에 사냥감을 발톱으로 꿰차는 데서 '매몰차다'는 말이 유래하였다. 그러니까 '매몰차다'는 '매'+'몰(다)'+'차다'의 합성어라 할 수 있다. 김영하의 단편소설 「그림자를 판 사나이」에 나오는 '매몰차다'는 어휘를 살펴보자.

> "그래도 좀 보면 안 될까? 신부 말 안 들으면 벌받아, 인마."
> 그 협박에 굴복한 건 아니었다. 그러나
> "그럼, 우리집으로 와."
> "알았어, 술은 준비하지 마."
> 금방 후회했지만 이미 어쩔 수 없었다. 하루에 두 명이나 <u>매몰차게 돌려세울 수는 없었다</u>.[30]

이 대목은 주인공인 소설가 '나'와 친구 '바오로' 신부의 전화대화 내용이다. '나'는 바로 전에 미경한테서 만나자고 전화가 왔을 때 원고마감을 핑계로 거절하고 난 후라, '바오로'마저 그럴 수 없어 만날 약속을 정한다. 위 인용문에 사용된 것처럼 '매몰차다'라는 단어는 현재 "상대방에 대한 배려 없이 쌀쌀하게 처신하다"는 의미로 사용되고 있다. 또 매가 사냥감을 몰이할 때 인정사정없다 보니, 그 모습을 본떠 '매섭다'는 말이 생겨났다. '매섭다'와 관련된 관습적 표현으로 "눈초리가 매섭다."가 있다. 여기서 '매섭다'는 '매의 눈매처럼 날카롭다'는 의미이다.

---

[30] 김영하, 「그림자를 판 사나이」, 『오빠가 돌아왔다』, 문학동네, 2010, 134쪽.

이정명의 장편소설 『바람의 화원』에 쓰인 '매정하다'는 '매몰차다'와 '매섭다'라는 단어의 뜻이 확장되어 사용된 경우다. 정조는 김홍도에게 십 년 전 수석화원 강수항과 그 수종화원 서징의 영문 모를 죽음, 즉 도화서 화원 피살사건을 다시 비밀리에 조사하라고 명령한다. 아래 인용문은 김홍도가 조사하던 중 스승 강수항의 죽음과 제자 신윤복의 성장 비밀에 대해 무심했던 자신을 자책하는 대목이다.

> 부끄럽고 죄스러웠다. 십 년 전 …… 그때는 어렸고, 모든 일들은 삽시간에 번지는 불길처럼 갑작스러웠고 버거웠다. 하지만 사람이 이렇게 매정하고 무심하고 매몰찬 짐승이던가! 홍도는 어금니를 꾹꾹 씹으며 자책감을 억눌렀다.[31]

사람이 정이 없는 것을 '인정(人情)없다'고 말한다. '매정하다'도 이와 비슷하다. '매정하다'는 매가 먹이를 발톱으로 매몰차게 낚아챌 때처럼 아주 날쌘 모습이 매의 정(情) 같다 하여 생겨난 단어이다.

'매몰차다', '매섭다'와 같이 매의 생태적 특성에서 파생된 단어로 '맵다'가 있다. 김훈의 『남한산성』에 쓰인 '맵다'를 살펴보자. 1636년 12월(인조14) 청나라가 조선을 침략하자, 무방비 상태에 있던 조선은 급히 남한산성으로 피신한다. 아래 인용문은 병자호란 당시 남한산성 수어사인 이시백이 모진 추위에 떠는 군사들에게 가마니를 나누어주며, 그 사용법을 일러주는 대목이다.

> 성첩에서 언 발을 구르며 밤을 새우는 군병들이 밟거나 깔고 앉아서 땅에서 올라오는 냉기를 막고, 눈비가 올 때는 머리 위로 뒤집어

---

[31] 이정명, 『바람의 화원』, 밀리언하우스, 2007, 74쪽.

쓰게 하자는 것이었다. 가마니가 모자라서 성벽 전체에 고루 나누어 주지 못했는데, 바람이 맵고 응달진 서북 성첩에는 총안 세 구멍에 두 장씩, 햇볕이 길게 드는 남동 성첩에는 한 장씩 돌아갔고, 문루가 설치되어 비바람을 막는 자리에는 주지 못했다. 이시백은 성첩을 돌며 군병들에게 가마니 사용 수칙을 일러주었다.[32]

여기서 '맵다'는 "바람이 세차고 모질게 불어온다."는 뜻이다. 그러나 우리는 일상생활 속에서 '맵다'를 '음식의 맛이 얼얼하다.', '날씨가 몹시 춥다.', '솜씨가 좋다.', '일을 야무지게 한다.', '눈이 따갑다.' 등 다양하게 사용하고 있지만, 이런 표현 속에서 '맵다'가 '매'와 직접 관련된 단어라는 사실을 파악하기 어렵다. 우리는 그 연결고리를 찾기 위해 시간을 거슬러 올라가 고려시대 가요인 「청산별곡(靑山別曲)」을 살펴볼 필요가 있다.

　가다니, 비브른 도긔 / 설진 강수를 비조라.
　조롱곳 누로기 미와 / 잡스와니 내 엇디 ᄒ리잇고.(「청산별곡」, 8연)

「청산별곡」 8연에서 주의 깊게 살펴볼 단어는 '강수'와 '미와'이다. '강수'는 '强酒'로 '독한 술'을 이름이고, '미와'는 '누룩의 향이 얼얼할 만큼 진하다'는 뜻이다. 우리는 인용문의 '미와'라는 표현에서 매와 직접적인 관련이 있다는 것을 증명하기 어렵다. 「청산별곡」보다 앞선 '미'와 관련된 기록은 아직까지 발견되지 않았기 때문이다. 그런 「청산별곡」의 역사적 배경이라 할 수 있는 고려중기 무신집권 시대(1170~1270)에 이미 '미와'가 '음식의 맛이 얼얼하다.'의 의미로 쓰였

---

[32] 김훈, 『남한산성』, 학고재, 2007, 85~86쪽.

다는 사실이다. 이로써 추측해보면, 매가 사냥할 때 펼치는 멋진 모습 속에서 음식, 날씨, 솜씨, 성격, 고통 등 의미가 다양하게 확대되지 않았을까 생각한다.

3) 보라, 옹골지다

송골매의 등빛은 거무스름한 주황빛을 띠고 있어서 그 색을 '매 등빛'이라고 불렀다. 그러나 매 등빛보다 갈색, 밤색 등의 어휘가 많이 사용되면서 매 등빛이라는 어휘는 현대어에서는 거의 사라져가고 있다. 색깔과 관련해서 또 다른 어휘 '보라매'를 떠올려보자. 이 어휘는 담홍색(淡紅色)을 뜻하는 몽골어 'boro'에 어원을 둔 '보라'와 '매'(鷹)가 합쳐진 말이다. 보라매의 앞가슴에 난 털이 엷게 붉은데서 붙여진 이름이다. 남빛과 자줏빛이 섞였거나, 파랑과 빨강이 겹쳐진 빛깔인 보라색은 파랑과 빨강의 비율에 따라 여러 가지 색상으로 바뀐다.

송골매 가운데 몸집이 가장 큰 것을 해동청이라 부르고, 앞가슴에 엷게 붉은 털을 가지고 있으며 한 해가 지난 매를 보라매라 부른다. 공지영의 장편소설 『우리들의 행복한 시간』에 사용된 눈보라라는 어휘를 살펴보자.

그러나 막상 목요일이 오자 나는 여느 때와는 다르게 이른 아침에 잠에서 깨어났다. 창밖이 뿌옇게 흐려 있었다. 창가로 다가가니까 눈이 내리고 있었다. 휘황한 눈보라였다. 고모가 잘 가고 있을까, 하는 생각이 났다. 전철을 타고 인덕원 역에 와서 다시 마을버스를 타고 구치소 입구에서 내려 또 걸어 올라가야 하는데 고지식한 고모가 택시라도 탔으면 좋겠다, 라는 생각이 들었다. 이렇게 눈보라가 치는 날 거기까지 찾아갔는데 윤수라는 그 작자가 또 나오지 않으면 어떻게 하지, 하는 생각에 생각이 꼬리를 물고 일어나서 나는 이른 아침이면 갈아마시곤 하는 원두커피도 마시지 못한 채였다.[33]

여기서 눈보라는 눈이 휘몰아치는 모양을 의미한다. 보라매는 낯선 환경에서 잔뜩 긴장을 했을 때는 앞가슴 털을 움츠리고 있으나, 긴장이 풀린 경우에는 앞가슴 털을 잔뜩 부풀리며 털을 털어낸다. 조선 영조 때 역관 이수(李洙)가 엮은 『한청문감(漢淸文鑑), 1799』에 보면, '눈보라치다.風揚雪'로 표기되었다. '눈보라치다'는 바람이 눈을 흩날리는 것을 말한다. 눈보라에서 사용된 접미사 '보라'는 보라매가 긴장을 풀고 앞가슴 털을 활짝 터는 모습과, 사냥할 때 먹이를 낚아챌 때 흩날리는 앞가슴에 대한 형상화이다. 이처럼 보라는 색깔과 보라매의 성격과 털을 가다듬는 모습 등 의미가 다양하게 사용되었다.

신경숙의 장편소설 『외딴방』에서는 '옹골지다'의 표현을 찾아 볼 수 있다. 여기서 '옹골지게도'는 어미 개가 새끼 강아지 일곱 마리를 낳아 실속이 생긴 것에 대한 엄마의 기쁨을 표현한 것이다. 엄마는 그 강아지들을 두 달 동안 키워 시골 장에 내다 판다. 그후 내가 살고 있는 서울로 올라온 엄마는 도시의 시장에 가서 강아지를 판 돈으로 전자밥통과 보온물통을 사서 시골로 내려간다. '옹골지다'는 '옹골차다'와 같은 표현으로, 속이 꽉 차서 실속 있다는 뜻이다. '옹골지다'는 응골(鷹鶻)에 그 기원을 둔 어휘로 매가 야무지게 사냥하는 것에 대한 비유이다.

엄마가 시골에서 올라온다. 엄마의 주머니 속에는 강아지를 판 돈

---

[33] 공지영, 『우리들의 행복한 시간』, 푸른숲, 2005, 144~145쪽.

이 들어 있다.

"옹골지게도 강아지를 일곱 마리나 낳았지 뭐냐. 내가 두 달 동안 잘 먹여갖고 통통하게 맨들어서 장날에 데리구 나가 좋은 값에 팔았다"

엄마는 시골의 장에서 강아지를 판 돈으로 도시의 시장에 가서 전자밥통과 보온물통을 산다.[34]

4. 매와 매사냥 문화의 계승

지금까지 매/매사냥과 관련된 역사적 기록에 대해 소략하게나마 『조선왕조실록』과 문학작품들에 나타난 어휘을 살펴보았다. 매는 동서양 모두 태양신으로 숭배되었다. 이후 매는 길들여져 사냥에 동원되었고, 점차 전쟁과 교역 그리고 스포츠 등 다양한 문화로 자리를 잡으면서 빠르게 발전해 나갔다.

특히 주변국과의 교류를 통해 문화 전달 및 언어 차용도 자연스럽게 이루어졌다. 매의 생김새로부터 출발한 어휘를 보면 매부리코, 매발톱나무, 응시(鷹視)하다 등이 있고, 매의 성격으로부터 생겨난 어휘를 보면 골났다, 매섭다, 매정하다, 맵다 등이 있고, 매의 행동으로부터 발생한 어휘로는 매몰차다, 매치다, 옹골차다 등이 있고, 매의 색깔과 관련된 어휘로는 보라와 매등빛 등이 있다. 사람이 매를 다루는 데서 시작된 어휘로는 매만지다, 시치미 등 다양하다.

16세기까지 중요한 민족 문화로 발전해 오던 매사냥은 주변국과의 관계, 소빙하기의 기후변화로 인한 기근과 전쟁 등으로 쇠퇴하기

---

[34] 신경숙, 『외딴방1』, 문학동네, 1995, 159쪽.

시작한다. 이제 고조선 숙신족으로부터 시작된 매사냥은 환경오염과 기후변화 그리고 도시화 등 다양한 이유로 사라질 위기에 놓여 있다. 현재 대전과 진안에 국내 두 명의 응사가 유일하게 매사냥의 명맥을 유지하고 있을 뿐이다.

그러나 본 연구를 통해, 우리가 흔히 사용하는 많은 어휘의 어원이 우리 선조가 즐기던 매사냥에서 출발하였음을 확인할 수 있게 되었다. 또한 매와 관련된 언어가 우리 문학에 어떤 영향을 주었는지, 그 문학적 상징성은 어떻게 발전되어 왔는지를 좀더 역사적 고증을 거쳐 깊이 있게 천착할 필요가 있다. 그렇게 될 때 매사냥의 종주국인 우리가 매와 매사냥에 얽힌 역사적 성취에 대한 문화적 가치를 논하면서 민족적 자긍심을 가질 수 있을 것이고, 우리 민족의 정서를 올바르게 깊이 이해할 수 있게 될 것이다. 언어는 계속 변화하지만, 뿌리로 전해지는 어원은 결코 사라지지 않기 때문이다.

말의 뿌리를 안다는 것은 우리 선조들이 지켜왔던 문화를 이해한다는 뜻이다. 지금 매와 매사냥이 사라져갈 위기에 처해 있다고는 하지만, 우리가 역사기록물을 확인하고 그것을 문학창작품 속에서 재창조하며, 그리고 일상생활 속에서 사용되는 말을 통해 매와 매사냥에서 출발한 어휘는 앞으로도 계속 사용될 것이다. 그 어원을 찾아 바르게 사용하는 것은 현재를 살아가는 우리의 노력과 후세대의 몫이다.

우리는 통섭적인 사고를 필요로 하는 시대에 살고 있다. 어원학, 역사학, 고고학, 조류학, 생물학, 뇌과학 등 다양한 학문들이 성취하는 학문적 결과물들을 토대로, 우리는 머지않아 아직 밝혀내지 못한 한국인의 문화적 미의식을 새롭게 발견할 수 있을 것이다.

2부

문명과 욕망

1 문명의 성숙을 위한 몇 가지 조건
── 「까토의 자유」론

1. 죽음을 둘러싼 두 개의 축
── 아테네의 '소크라테스'와 로마의 '까토'

한 사회의 문명적 수준을 가늠하는 중요한 잣대 중의 하나는 사회 구성원들이 자신의 죽음을 수용하는 태도와 그 사회가 구성원의 죽음을 애도하는 방식에 있다. 죽음은 한 인간이 지금까지 살아온 생의 과정에 대한 평가의 기준이고, 애도는 살아남은 자들이 앞으로 어떻게 살아갈 것인지를 결정짓는 총체적인 척도이기 때문에 그렇다. 죽은 자의 관점으로 보면 죽음은 자유의 문제이고, 산 자의 관점으로 보면 죽음은 애도의 문제이다.

이 관계를 작품의 서사 속으로 옮겨와 생각해보자! 만약 어떤 작품 속에서 주인공이 죽음을 선택한다면, 그것은 주인공 스스로 자신이 처한 실존적 현실에 대응하는 자유의 방식일 것이다. 그러나 작품 속의 다른 등장인물들은 처음에는 그의 죽음에 놀라거나 슬퍼하거나 하겠지만, 궁극에는 그의 죽음을 애도하는 사회적 관습의 제도를 따른다.

이 둘의 관계는 작가와 독자의 관계에서도 똑같이 작용된다. 작가가 주인공의 운명을 결정하면, 독자는 주인공의 운명에 대한 작가의 선택을 심리적으로 수용하거나 거부한다. 즉, 자신의 관점으로 주인공의 운명을 해석해야 하는 것이다. 그렇게 하지 않으면, 독자는 작가가 요리해 놓은 이야기 밥상의 음식들을 맛있게 먹을 수 없다.

우리가 「까토의 자유」를 잘 이해하기 위해서는 우선 작품 속에 제시된 소크라테스의 죽음과 까토의 죽음에 대한 소설적 화자의 이야기 형식에 주목할 필요가 있다.

"다만 피하면서 맞는 비겁한 죽음과, 죽음을 맞대하면서 죽는 용감한 죽음이 있을 뿐이다. 이 둘 중에서 현자는 후자의 죽음을 택한다. 메레토스의 손에서 빠져 나올 수 있었으면서도 이를 거절한 소크라테스의 죽음도 후자에 속하는 죽음이요, 케사르에게서 목숨을 구할 수 있었으면서도 이를 거부한 자기의 죽음 또한 후자에 속한다."

소설적 화자는 죽음에는 그것을 회피하면서 어쩔 수 없이 겪는 '비겁한 죽음'과 정면으로 대응하면서 맞이하는 '용감한 죽음'이 있다고 말한다. 현자는 늘 후자를 선택한다. 소크라테스와 까토는 각각 자신들을 고발하고 추격해온 메레토스와 카이사르에게 예의 머리를 조금만 숙였으면 죽음의 늪에서 벗어날 수 있었다. 그러나 그들은 자신의 양심을 끝까지 저버리지 않고 품위 있게 죽음을 맞이했다. 이런 이유로, 작가는 두 사람을 모두 현자의 반열에 올려놓았다.

소크라테스의 죽음과 까토의 죽음, 이 둘의 공통점과 차이점은 무엇일까? 공통점은 두 사람 다 죽기 직전 사랑하는 사람들과 대화를 나누었다는 사실이다. 소크라테스는 사형집행일을 하루 앞두고 감옥에 갇혀 있는 자기를 찾아온 제자들과 함께 삶과 죽음에 관해 토론했고, 까토는 카이사르가 우티카에 입성하기 이틀 전 동료들을 저녁식사에 초대한 후 '자유는 무엇인가!' 철학적인 명제를 토론하였다. 그리고 차이점은 소크라테스는 신을 모독하고 아테네의 젊은이들을 타락하게 했다는 누명을 뒤집어쓴 채 원로원의 판결에 따라 독배를 마셨고, 까토는 공화정 아래의 모든 시민은 권리가 동등하기 때문에 한 로마인이 다른 로마인을 용서하고 사면하는 어떠한 행위도 해서는 안 된다는 저항의 논리로 자살을 선택했다.

그렇다면 두 사람의 죽음과 관련된 서사의 내용은 작가가 창작한 소설적 허구일까? 아니다. 소크라테스의 경우는 세상에 너무 많이 알려져 있으니 이야기할 필요가 없겠고, 까토의 경우는 사람들이 잘 모른다. 까토는 실제로 기원전 46년 4월 12일 저녁식사에 초대한 우티카의 동료들이 돌아간 후, 침실로 돌아가 곧바로 자살하지 않고 등불 아래서 플라톤의 『파이돈』을 읽었다. 이 사실을 알아야지만, 우리는 작가가 왜 소설의 서사를 파악하는데 혼란을 야기하는 플라톤의 『파이돈』 구절들을 각각의 이야기 첫머리에 두었는지 논리적으로 납득할 수 있다.

「까토의 자유」 각각의 이야기 첫머리에 삽입된 플라톤의 『파이돈』의 내용은 다음과 같다. 1. 쾌락과 고통, 2. 혼의 독립, 3. 혼과 윤회, 4. 선한 사람들의 혼과 쓸모없는 자들의 혼, 5. 애지(愛智)의 역할, 6. 죽은 자에 대한 신령(神靈)의 판결, 7. 소생(蘇生)에 대한 감사. 이 일곱 이야기의 내용를 이해하고 나면, 작품의 첫 구절 "까토는 잠깐 책을 덮고 생각에 잠겼다"는 문장에 담겨 있는 뜻이 무엇인지 추리가 가능하다. 그때 까토는 책을 덮고 무슨 생각을 했을까?

2. 삼두체제의 출현: 로마 공화정의 붕괴

까토가 무슨 생각을 했는지는 아무도 모른다. 다만, 분명한 것은 침실의 등불 아래서 플라톤의 『파이돈』을 읽은 후 단검을 꺼내 배를 찔렀다는 것이다. 우리의 의문에 대해 이보다 더 명쾌한 해답은 없다. 그러나 우리가 좀더 확실한 해답을 얻으려면, 까토(소小까토)는 왜 자신과 이름이 같은 증조부 까토(대大까토)의 강경한 주장으로 멸망할 수밖에 없었던 카르타고 바로 옆에 위치한 아프리카의 페니키아인 거주지 '우티카'에서 자살을 선택했는지 추적해보는 것이다. 그 이유를 알기 위해서는 역사를 좀더 거슬러 올라가야 한다.

스키피오가 시리아를 정복하고 귀국한 기원전 187년, 두 사람의 호민관은 시리아로부터 받은 배상금 500탈렌트를 착복했다는 이유로 그를 고발한다. 그런데 호민관 배후에서 그들을 조정하고 있던 자가 바로 대大까토였다. 이후, 로마의 정치적 흐름은 민중파와 원로원파의 대립 속에서 전개된다. 민중파인 스키피오의 정신은 그라쿠스 형제를 거쳐 마리우스와 카이사르에게로, 원로원파인 대大까토의 정신은 술라를 거쳐 크라수스와 폼페이우스에게로 이어졌다.

이제 로마의 변방을 정복하고 귀환하는 총독들은 자신들의 신변을 보장받기 위해 점점 더 군대에 의지할 수밖에 없는 정치적 상황에 빠져들었다.

"그런 기우는 로마 시민으로서는 당연한 것이었다. 폼페이우스에 앞서 마리우스와 술라가 개선하고 돌아와서 로마를 칼과 군화로 다스렸고, 폼페이우스 역시 그 술라의 한 부장이었기 때문이다. 만일 이 폼페이우스에게도 어떤 야심이 있다면, 로마 시민은 그로 인하여 또 한바탕의 핍박을 겪지 않을 도리가 없는 운명이었다."

이렇듯 마리우스와 술라 시대에 들어서 로마는 격렬한 내전의 소용돌이에 휘말린다. 기원전 87년 집정관 킨나가 민회를 소집하여 반역자로 몰려 있던 마리우스와 그 일파의 명예회복을 위한 법안을 제출하자마자, 또 다른 집정관 옥타비우스는 이를 거부한다. 둘 사이에 전투가 벌어지고 킨나는 패배하여 로마를 탈출한다. 이때 마리우스가 6,000명의 병사와 함께 아프리카에서 귀국하여 전세를 역전시키고, 로마로 돌아온 킨나는 마리우스와 함께 원한의 복수전을 펼친다. 옥타비우스는 살해되고, 나중에 카이사르와 함께 삼두정치를 이끌었던 폼페이우스와 크라수스의 아버지도 살해된다. 마리우스의 명령에 따라 살해된 사람은 원로원이 50명, 기사는 무려 1천 명에 다다랐다.

이로부터 4년이 지난 기원전 83년, 오리엔트 원정을 성공적으로 수행한 술라는 브린디시에 상륙한 후 군대를 해산하지 않고 마리우스와 킨나의 민중파 세력을 타도하기로 마음먹는다. 그 소식을 듣고, 마리우스에게 아버지를 잃었던 크라수스와 폼페이우스가 술라의 군대에 가담한다.

원로원파와 민중파의 2년에 걸친 치열한 싸움은 기원전 82년 술라의 압승으로 끝났다. 술라는 곧바로 반대파 숙청에 들어갔다. 술라가 작성한 살생부에는 원로원 80여명, 기사 1천 600명을 포함하여 모두 4천 700명의 민중파의 이름이 적혀 있었다. 이 살생부에는 마리우스의 처조카이고, 킨나의 사위인 가이우스 율리우스 카이사르도 들어 있었다. 당시 18세였던 그는 술라의 측근들과 여사제들의 탄원에 의해 구사일생으로 살아남았다.

우리는 여기서 술라가 사망한 해인 기원전 78년 당시 친술라파와 반술라파에는 어떤 사람들이 있었는지 알아볼 필요가 있다. 친술라파에는 루클루스, 크라수스, 폼페이우스가 있고, 반술라파에는 집정관 레피두스, 세르토리우스, 카이사르가 있다.

기원전 70년, 폼페이우스와 크라수스 두 사람은 집정관이 되고 싶었다. 이때는 폼페이우스가 기원전 72년 에스파냐에서 일어났던 세르토리우스 전쟁에 승리한 직후였고, 크라수스가 기원전 71년 스파르타쿠스 반란을 진압한 직후였다. 당시 폼페이우스는 36세로 집정관이 되기에는 6살이 모자랐다. 집정관 출마는 42세부터 가능했기 때문이다. 반면, 크라수스는 자신의 사리사욕에만 관심이 있었기 때문에 덕망이 없어 당선에 필요한 표를 얻기가 힘든 상황이었다.

서로의 이해가 맞아 떨어졌던 두 사람 사이에는 비밀협정이 맺어진다. 원로원 의원인 크라수스는 원로원을 움직여 폼페이우스가 집정관에 출마할 수 있도록 해주고, 폼페이우스는 시민권자인 로마 병사들의 표를 크라수스가 받을 수 있도록 해준 것이다. 비밀협정이 체결되자 폼페이우스 군대와 크라수스 군대는 해산되었다. 반술라파가 거의 숙청된 마당에 이제 친술라파를 견제할 외부세력은 거의 사라졌다.

자, 이제 작품으로 돌아와 까토의 입장을 살펴보자! 까토는 자신이 원로원파에 속해 있었지만, 어느 파든지 군대를 동원해 공화정을 위험에 빠뜨리는 세력들에 대해서는 대단히 비판적이었다. 그는 로마의 참다운 정복은 마음의 정복, 즉 평화에 있지 무력에 있지 않음을 역설한다. 그러나 그 이면에는 원로원이 주도하는 공화정이야말로 로마의 정치체제여야 한다는 생각이 깔려 있다.

"로마가 원하는 것은… 그런 장군입니다. 현실적으로 그것이 불가능하다면 로마의 최고기관인 원로원에서 로마시민에게 그런 기풍을 심어주어야 합니다. 마리우스를 필두로 로마는 한낱 장군의 손에 우리의 조상들이 물려준 이 나라의 자유를 송두리째 빼앗기고 있습니다. 자, 여기에 다시 폼페이우스가 뛰어든다면 여러분은 어떻게 이

나라를 지키겠습니까? 여러분 중에 누가 감히 칼을 뽑아 들고 폼페이우스에게 대적하겠습니까?"

의도야 어떻든 까토는 무력이 아닌 마음의 평화를 갈망했다. 그러나 술라의 죽음 이후 새롭게 부상하는 권력의 핵심은 폼페이우스였다. 폼페이우스는 기원전 67년 봄 킬리키아 해적을 소탕하기 위해 출정할 때 '절대지휘권'을 부여받았고, 기원전 66년 여름 오리엔트 원정을 앞두고는 '절대지휘권'을 무기한 휘두를 수 있게 되었다. 이에 원로원은 절대적인 폼페이우스의 권력을 통제할 필요가 있었고, 이런 생각의 대표자가 까토였다.

그런데 폼페이우스에게 '절대지휘권'을 부여하는 문제로 토론이 벌어졌을 때, 원로원의 반대를 무릅쓰고 끝까지 그를 지지한 사람이 다름 아닌 카이사르와 키케로였다. 이 카이사르의 행위로 인해 폼페이우스와 카이사르는 정치적 동지가 되고, 두 사람 사이에 비밀협정이 체결된다. 폼페이우스는 군대를 동원하여 카이사르의 집정관 당선을 돕는 대신, 카이사르는 자신이 당선되면 그의 옛 병사들에게 농지를 분배하고 새롭게 구성한 그의 오리엔트 편성안을 승인한다는 것이다. 이 비밀협정은 대상과 역할만 달랐을 뿐 10년 전 폼페이우스와 크라수스가 맺었던 것과 비슷하다.

그러나 누가 봐도 두 사람 사이의 힘의 균형은 폼페이우스 쪽으로 기울어져 있다는 것을 금방 알 수 있다. 그래서 카이사르는 꾀를 내어 같은 술라파지만 폼페이우스와 사이가 좋지 않은 크라수스를 끌어들였다. 이렇게 하여 기원전 60년 여름 카이사르, 폼페이우스, 크라수스 세 사람은 서로가 서로를 견제하고 협동하는 완벽한 삼두정치를 형성한다. 삼두정치의 출현은 6개월 동안 아무도 몰랐고, 원로원 주도의 로마 공화정은 붕괴되기 시작하였다.

3. 카이사르: 루비콘 강을 건너다

카이사르는 집정관이 된 지 3개월이 지난 기원전 59년 3월, 그라쿠스 형제 때부터 문제가 되어온 '농지법'안을 제출하여 통과시켰다. 이 법안의 통과는 원로원들의 경제력에 엄청난 타격을 주는 것이었기 때문에 원로원파 집정관 비불루스, 키케로, 까토가 완강하게 반대했다. 그러나, 카이사르가 민중의 지지와 크라수스와 폼페이우스의 찬성을 이끌어냄으로써 원안 그대로 통과되었다. 그 과정에서 6개월 동안 비밀에 부쳐졌던 삼두정치가 수면 위로 떠올랐다.

이 삼두정치는 기원전 56년 세 사람의 '루카회담'에서 군사동맹의 성격으로 바뀐다. 여기서 폼페이우스의 임지는 '먼 에스파냐(히스파니아 울테리오르)'와 '가까운 에스파냐'(히스파니아 키테리오르)라는 2개 속주로, 크라수스의 임지는 시리아로, 카이사르의 임지는 갈리아로 결정되었다. 그런데 기원전 53년 6월 12일 크라수스가 파르티아 원정에서 수레나스에게 패배하여 61세로 생을 마감한다. 이로써 삼두정치는 끝이 났다.

이에 따라 기원전 52년 폼페이우스, 카이사르, 원로원 사이에 절묘한 협약이 이루어진다. 원로원파는 폼페이우스와 한 편이 되기 위해, 카이사르는 로마가 안정되어야 갈리아 정복을 마무리할 수 있었기 때문에 '집정관은 폼페이우스 한 사람으로 한다'는 데 동의한 것이다. 그 결과, 폼페이우스는 '단일집정관'으로 취임한다. 이 모종의 정치적 담합은 작품 속에서 까토가 폼페이우스에게 한 말에 그대로 드러난다.

"폼페이우스, 우리가 당신을 단일 집정관으로 민 것은 당신이 그런 자리에 앉아야 한다기보다, 지금의 형편으로 로마에 당신이 필요했기 때문이오. 만일 당신보다 나은 인물이 있다면, 적어도 원로원은 그런 독재자의 직위를 당신에게만 주지 않았을 것이오. 크라수스가 죽은 이 마당에, 우리는 케사르보다는 당신이 양심가라는 판단을 내렸을 뿐이오. 그러나 내가 당신을 지지하거나 비난하거나 하는 것은 오로지 나라를 위한 것이지, 폼페이우스 개인을 위한 것이 아니오."

크라수스가 죽은 후, 원로원을 대표하는 까토는 민중파 카이사르를 견제하기 위해 원로원파와 다소 소원해졌지만 그래도 생각이 비슷한 폼페이우스와 손을 잡는다. 여기에 호응하여 기원전 50년 12월 1일, 원로원파 집정관 마르켈루스는 카이사르가 원로원의 허가도 받지 않고 갈리아 지역에서 마음대로 군대를 움직인 것에 대해, 현 로마의 체제를 전복하고 독재자가 되려는 불순한 의도가 있다고 비난 연설을 하였다. 이것은 카이사르에 대한 견제를 넘어 제거를 위한 수순으로, 기원전 49년 1월 7일 '원로원최종권고안'을 제출하기 위한 원로원의 계략이었다.

'원로원최종권고안'의 내용은 이렇다.
1. 갈리아 총독 카이사르는 원로원의 귀국명령에 복종할 것.
2. 후임자는 기원전 54년도 집정관인 도미티우스 에노발부스로 하고, 그에게는 당장 이탈리아 안에서 4천 명의 지원병을 모집할 권한을 부여한다. 그는 군단이 편성되는 대로 키살피나 속주로 부임한다.
3. 카이사르는 로마로 돌아와 직접 집정관 입후보 등록을 할 것.

이 법안이 통과되면, 원로원과 폼페이우스의 결정을 따르지 않는 자는 국가반역자로 체포되어 사형을 당하게 된다. 만약 카이사르가

이 '원로원최종권고안'을 수용하면, 그는 허울뿐인 총독에 불과하다. 이런 진퇴양난에 빠진 카이사르가 8년간의 갈리아 원정을 끝내고 본국과 접경지역인 갈리아 키살피나 속주 총독의 본영이 있는 라벤나에 도착한 것은 기원전 50년 여름이었다. 라벤나는 루비콘 강에서 30km밖에 떨어져 있지 않았다.

기원전 49년 1월 11일, 카이사르의 제13군단 병사들은 한밤에 라벤나를 출발하여 12일 아침 7시쯤 루비콘 강에 당도하였다. 당시 루비콘 강은 로마와 갈리아 키살리나, 즉 본국과 속주를 가르는 경계의 지표였다. 해외에 파견되었다가 본국으로 귀국하는 로마의 총독은 북쪽의 루비콘 강과 남쪽의 브린디시에 도착하였을 때 반드시 휘하의 군대를 해산해야 한다.

'술라의 개혁' 이후, 로마법은 그렇게 하도록 규정되어 있었다. 기원전 83년, 술라가 브린디시에 상륙한 후 군대를 해산하지 않고 기습적으로 로마로 쳐들어와 민중파를 숙청하고 독재정치를 펼쳤던 경험 때문이다. 그렇기 때문에 루비콘 강을 건넌다는 것은 로마에 대한 반역을 의미했다. 작가는 루비콘 강을 건너기 직전 카이사르의 가슴을 흔들었던 번민에 대해 다음과 같이 묘사했다.

"아! 고요한 대지로다! 산천은 이렇게 적막한데, 내 가슴속은 왜 이리 소란스러우냐. 이 마지막 영지까지 와서… 나 케사르는 어떻게 처신하여야 가장 옳으냐? 아무리 내 개인으로서는 타당한 일이라고 하더라도 이 거사가 의로울 수 있을 것인가? 피해를 입는 무고한 시민은 얼마일 것이며…."

기원전 49년 1월 12일 아침 7시, 고요한 대지와 적막한 산천 사이에서 도강(渡江)의 정당성에 대해 거듭 반문하던 50세의 장년 카이사르는 루비콘 강 앞에서 병사들을 향해 기상이 넘치는 목소리로 이렇게 외쳤다. "나아가자, 신들이 기다리는 곳으로, 우리의 명예를 더럽힌 적이 기다리는 곳으로. 주사위는 던져졌다."

드디어 카이사르는 루비콘 강을 건넜다. 그 소문은 꼬리에 꼬리를 물고 로마는 물론 전 이탈리아로 퍼져나갔다.

4. 까토의 죽음, 까토의 자유

루비콘 강을 건널 때, 카이사르 휘하의 병력은 제13군단 10개 대대뿐이었다. 10개 대대라고 해도 정원 6,000명보다 적은 4,500명에 불과했다. 폼페이우스와 원로원은 이 정도의 병력으로 카이사르가 루비콘 강을 건너리라고는 꿈에도 생각하지 못했다. 이들을 막아낼 소수의 병력도 없었던 폼페이우스는 1월 17일 로마를 버리고 카푸아로 떠났다. 그곳에 시리아에 파견한다는 구실로 카이사르에게서 돌려받은 2개 군단이 있었기 때문이다.

폼페이우스는 1월 22일 카푸아에 도착한 후 반격할 채비도 하지 않고 계속 남쪽으로 내려가 2월 25일 그리스로 건너가는 주요 항구인 브린디시에 당도한다. 그리고 3월 17일 배를 타고 그리스로 후퇴한다. 이 소식을 들은 시칠리아 총독 까토는 자신의 임지를 버리고 폼페이우스와 합류하기 위해 그리스로 향한다.

이후, 카이사르는 폼페이우스를 추격하지 않고 그의 영향력 아래 있던 에스파냐 지역을 정복하는데 6개월의 시간을 보낸다. 기원전 48년 1월 4일, 드디어 카이사르는 폼페이우스와 일전을 치르기 위해 스스로 제1진이 되어 브린디시를 출발한 지 하루 만에 그리스 서해안 오리쿰에 도착한다. 안토니우스가 이끄는 제2진은 3월 27일 폼페이우스의 선단에 쫓겨 원래의 목적지 아폴로니아에서 북쪽으로 130km 떨어진 곳에 상륙한다.

그 결과, 카이사르와 안토니우스 군대는 폼페이우스 진영의 보급기지 디라키움을 사이에 두고 남북에 위치하게 되었다. 카이사르와 안토니우스의 군대는 폼페이우스의 대군으로부터 공격받을 것을 염려해 기원전 48년 4월 3일 디라키움 근처에서 합류, 폼페이우스 군대와 이곳에서 전투를 벌이지만 패배한다. 카이사르는 이곳 싸움에 승산이 없음을 알고, 7월 29일 폼페이우스 군대를 반도 깊숙한 파르살로스 평원으로 유인한다. 파르살로스 전투는 8월 9일 카이사르의 대승으로 끝난다.

이 전투에서 패한 폼페이우스는 이집트 알렉산드리아로 도주한다. 그가 알렉산드리아에 도착했을 때, 이집트 왕 프톨레마이오스 13세와 측근들은 폼페이우스 선단을 항구 밖에서 기다리게 한 뒤, 그리스인 논리학 교사 아킬라스와 로마 병사 셉티무스에게 작은 배를 타고 가 폼페이우스만 모셔오라는 비밀임무를 주었다. 그런데 그 비밀임무는 귀환하는 선상에서 폼페이우스와 그 수행원을 죽이라는 것이었다. 이 사실을 모른 채 폼페이우스는 그들이 타고 온 작은 배에 올랐다.

"그러나 폼페이우스는 페르시움의 해상에다 배를 띄워 놓고, 프톨레미우스 왕이 보내준 보트를 타고 뭍에 올랐다. 그러자 아니나 다를까…, 그의 환영객은 금세 자객으로 돌변하여 무장도 하고 있지 않는 그의 어깨에 칼을 꽂았다."

이 광경을 멀리서 지켜본 폼페이우스의 동료와 병사들은 급히 닻을 올려 알렉산드리아를 벗어났다. 그로부터 나흘 후 카이사르가 알렉산드리아에 도착하자, 그들은 그에게 항아리에 담긴 폼페이우스의 목과 폼페이우스의 금반지를 갖다 바쳤다. 기원전 48년 9월 28일이었다.

이후, 카이사르는 이집트에서 소아시아로 가 그곳을 정복하고 돌아오는 길에 그리스에 들러 폼페이우스 편에 가담했던 그리스 도시들을 용서하고 디라키움에서 배로 브린디시에 도착한 뒤 로마로 들어갔다. 그는 원로원에서 소아시아를 정복한 전과보고에 대해 "왔노라, 보았노라, 이겼노라.(VENI, VIDI, VICI)"라는 말로 연설했다. 그는 임기 5년의 독재관에 임명되었고, 그후 다시 폼페이우스의 잔당들을 추격하기 시작한다.

카이사르 군대는 시칠리아를 거쳐 아프리카 북부 타프수스로 가 진영을 쳤다. 기원전 46년 4월 6일, 숫적 열세에도 불구하고 카이사르 군대는 타프수스 전투에서 폼페이우스 잔당을 궤멸시키고, 마지막 내전을 승리로 장식한다. 전투에서 패한 바로와 라비에누스는 에스파냐로 도망쳤고, 폼페이우스의 맏아들과 둘째아들은 이들보다 먼저 카이사르가 타프수스에 상륙했다는 소식에 카나리아 재도로 도망쳤다. 그러나 우티카를 방어하고 있던 까토는 그냥 그대로 우티카에 남아 있었다. 그는 도망칠 마음도 항복할 마음도 없었다.

까토는 카이사르의 친척 루키우스 카이사르에게 독재자 술라의 아들 파우스투스, 폼페이우스의 딸 폼페이아와 그 아들들, 자신의 아들 마르쿠스와 딸 포르키아를 맡겼다. 카이사르는 타프수스 전투가 끝난 지 엿새 날, 까토가 자결한 지 이틀 지난 4월 12일 우티카에 입성했다. 그때 루키우스 카이사르는 이들을 데리고 그에게로 갔다.

카이사르는 까토가 공화정의 논리와 자유의 정신에 위배된다고 비판했던 '관용'의 정신으로 이들의 안전을 보장하였다. 이 관용정신의 진정성은 카이사르가 키케로에게 보낸 편지에 잘 나타나 있다. "내가 무엇보다도 나 자신에게 요구하는 것은 내 생각에 충실하게 사는 것이오. 따라서 남들도 자기 생각에 충실하게 사는 것이 당연하다고 생각하오." 이렇듯 카이사르가 자신의 반대파들에게 관용을 베풀 수 있었던 것은 승리자의 아량이 아니라 자기의 삶을 진지하게 개척하려는 자의 철저한 자기승인의 결과이다.

작가가 작품의 말미에 카이사르의 목소리를 통해서 까토의 자기결단에 대한 단호함을 보여주는 것도 그것이 관용정신의 다른 이름이라는 것을 말해준다. "까토! 그대가 내게 그대의 생명을 맡기려 하지 않는 이상, 나는 그대의 죽음을 애석히 여기노라!" 나는 자기 행위에 대한 역사적 책임과 자기 생각에 충실하려고 한 모든 진지한 행동에 대한 관용의 정신이야말로 문명을 성숙시키는 몇 가지 조건에 해당한다고 생각한다.

2 그림책 『강아지똥』과 생태사상

I. 서론

우리나라 부모들의 교육에 대한 열정은 아기가 태어나기도 전부터 태교를 위한 동화책이 필요할 정도로 뜨겁다. 그러다 보니 서점에 나가 보면 팔릴 만한 외국의 그림책들이 계속 번역 출판되어 판매되고 있는 실정[1]이다. 물론 좋은 그림책을 선별 번역하여 우리 아동들에게 읽히는 것은 좋은 일이다. 하지만 그림책은 아동에게 책 읽는 습관을 길러주기 위한 방편도, 한글을 깨우치게 하는 방편도, 단순 정보를 주기 위한 방편도 아니다.

한국의 그림책 역사[2]는 그리 길지 않다. 다행히 90년대 이후부터

---

[1] 교보문고의 유아도서 베스트셀러 20위를 2013년 1월부터 11월까지 평균 내어 본 결과 창작그림책 5권, 번역 그림책 13권, 노래 등 정보 그림책 2권으로 조사되었다(http://www.kyobobook.co.kr/).

[2] 한국 그림책 역사는 60년대 후반 외국 책을 그대로 복사한 그림책들로 시작한다. 그리고 70년대 후반까지 삽화가들에 의해 그려진 그림책으로 면면히 그 맥을 이어 오던 아동출판계는 80년대에 동화출판공사에서 《그림동화 100시리즈》를 제작하므로 본격적인 그림책 작업이 시작된다. 그 이후 10년간 젊은 그림

아동문학이 발전하면서 그림책 작가들이 생겨나기 시작했고, 창작 그림책들이 많이 출간되고 있다. 길지 않은 그림책 역사에도 불구하고 많은 그림책들이 계속 출판되고 있는 것은 고무적이다. 그러나 전체 그림책 출판에 비한다면, 창작 그림책은 아직도 매우 부족한 실정이다. 한권의 그림책을 통해 아동들은 그림이 전하는 메시지와 텍스트가 전하는 메시지 그리고 책이 담고 있는 정서와 그림책 속 세상을 만난다. 따라서 우리의 정서를 담은 창작 그림책은 더욱 필요하다.

그림책의 발전을 위해서는 소설과 같이 작가론, 작품론, 의미론 등 다양한 방면의 연구뿐만 아니라 그림[3]에 대한 연구와 그림과 글의 상호작용[4]에 대한 연구 등 다양하고 깊이 있는 연구가 수반되어야 한다. 왜냐하면 "그림책이라고 부르는 책에서는 글이 그림 없이 그 자체로만 존재할 수 없다. 그림이 없다면 이야기의 의미는 불분명해진다. 진정한 그림책에서 그림은 의미를 전달할 뿐 아니라, 글의 의미를 더 명료하게 해 주고 나아가서는 그 자리를 차지하기도 한다."[5] 본 논문은 다양한 연구의 필요 속에서 그림책에 나타난 정서와 사상에 대

책 화가들이 적극적인 창작 활동을 가짐으로 발전해 오고 있다.(손미휘, 「국내외 그림책의 디자인 선호도에 관한 연구」, 숙명여자대학교 디자인 대학원 석사학위논문, 2006, 30~31쪽)

[3] 그림책의 그림은 순수회화와 구별해서 일러스트레이션이라고 부른다. 일러스트레이션(Illustration)은 Illustrate라는 동사에서 나온 것으로 '쉽게 설명 한다'는 뜻이다.(최윤정, 『그림책』, 비룡소, 2011, 84쪽)

[4] 현은자는 『그림책의 그림읽기』에서 "그림책 읽기를 위해서는 글과 그림의 각각의 역할을 알아보는 것뿐만 아니라 글과 그림의 상호작용과 그 관계를 함께 고려해야 한다. 한 권의 그림책 속에서도 다양한 글과 그림의 관계가 존재한다. 작가는 글과 그림의 관계를 적절히 설정함으로써 메시지를 보다 잘 전달할 수 있고, 독자는 이러한 글과 그림이 지닌 관계성을 파악함으로써 메시지를 보다 잘 이해할 수 있다"고 글과 그림의 상호작용을 이야기한다.(현은자 외 3인, 『그림책의 그림읽기』, 마루벌, 2013, 62쪽)

[5] 현은자 외 3인, 위의 글, 15쪽.

한 연구를 위해 그림책 『강아지똥』을 선정하였다.

『강아지똥』은 권정생[6]에 의해 1969년 창작·출판되었으나 이후 출판이 중단되었고, 1999년 작가의 개작을 통해 『먹구렁이 기차』(우리교육)[7]에 다시 실렸다. 그림책 『강아지똥』(길벗어린이)은 1996년 작

---

[6] 권정생의 생애는 『오물덩이처럼 딩굴면서』(종로서적, 1986); 『우리들의 하느님』(녹색평론사, 1996); 『권정생의 삶과 문학』(창비, 2008); 『동화나라에 사는 종지기 아저씨 권정생』(작은씨앗, 2008) 등 4권의 서적에 잘 나와 있으며, 엄혜숙과 양연주의 논문에도 잘 정리되어 있다. 여기서 짧게 소개하면 그(1937~2007)는 1937년 8월 18일 일본 도쿄 시부야 하마가야 빈민가에서 청소부 아버지와 삯바느질을 하는 어머니 사이에서 태어나 권경수라는 이름으로 5남 2여 중 여섯째로 태어났다. 가난한 유년시절 아버지가 쓰레기더미에서 주어온 이솝, 그림형제, 오스카 와일드, 오가와 미메이, 미야자와 겐지의 동화책을 읽으며 자랐다. 해방을 맞아 1946년 3월 조선으로 돌아왔지만 가난으로 가족 모두는 헤어지고, 어머니와 첫째 누나 그리고 남동생과 함께 청송 외가댁으로 가 살았다. 6.25전쟁 때 겪은 둘째 형의 죽음은 그에게 고통과 죽음의 아픔을 경험케 한 큰 사건이었다. 1953년 안동 일직초등학교를 졸업한 후 객지 생활을 시작하여, 열아홉 살인 1956년 늑막염과 폐결핵을 앓게 되면서 어머니에게 끌려 고향으로 돌아온다. 그후 폐결핵에서 방광결핵과 전신결핵으로 병이 점점 번져갔지만 어머니의 간병으로 얼마간 호전된다. 1964년 어머니가 돌아가시고 1965년 집을 떠나 대구, 김천, 상주, 점촌, 문경, 예천 등지를 돌아다니면서 구걸 생활을 한다. 그 동안 결핵이 부고환결핵으로 번져 몸이 더 쇠약해졌으며, 이 과정에서 종교적인 성찰을 체험한다. 아버지마저 세상을 떠나고, 1966년 그는 두 차례에 걸쳐 콩팥과 방광을 들어내는 대수술을 한다. 1968년부터 안동에 있는 일직교회 문간방에서 종지기 일을 하면서 줄곧 혼자 지냈다. 1969년 월간 기독교교육의 제1회 기독교아동문학상 현상 모집에 동화 『강아지똥』이 당선되면서 동화작가로 등단하여 2007년까지 중·장편동화 150여 편을 출판하였다.(엄혜숙, 「권정생 문학 연구」, 인하대학교 박사학위 논문, 2010, 13~20쪽; 양연주, 「권정생 연구」, 단국대학교 박사학위 논문, 2010, 14~34쪽)

[7] 동화 『강아지똥』이 수록된 단행본은 양연주 논문에 의하면 『강아지똥』(세종문화사,1974), 『똘배가 보고 온 달나라』(창작과비평사, 1977), 『할매하고 손잡고』(올바름,1990), 『무명저고리와 엄마』(다리, 1994), 『먹구렁이 기차』(우리교육, 1999) 등 다섯 곳이다. 본고에서 분석대상으로 삼은 동화 『강아지똥』의 텍스트는 『먹구렁이 기차』(우리교육, 1999)의 수록본이다. 그 이유는 『먹구렁이 기차』의 머리글에

가가 직접 독자의 연령을 고려하여 개작·출판하였다. 필자가 이『강아지똥』을 분석하게 된 동기는 첫째, 1996년 그림책으로 출판되고 나서 지금까지 많은 어린이와 어른들의 사랑을 받는 스테디셀러로 교과서에 실리고, 각색되어 애니메이션과 연극 등으로 제작되고 공연되었다는 점이다. 또한 권정생의『강아지똥』은 요즘 창작 출판된 그림책은 아니지만 오늘까지도 꾸준히 서점에서 베스트셀러[8]로 판매되고 있다는 점에 선정하게 되었다. 둘째, 동화가 원작자에 의해 개작되어 그림책으로 출판되었다는 점이다. 즉 기존의 훌륭한 동화책을 개작함으로써 그림책 시장에 좋은 선례가 되었고, 또한 무엇보다 원작자가 자기작품을 개작한 경우로 작가 연구에 소중한 자료가 되기 때문이다. 셋째, 글작가 권정생과 그림작가 정승각[9]이 만나서 한 권

    서 작가가 이 책을 정본으로 삼아 주기를 바라서이며, 또한 앞의 책들의 개작과정에서 작가가 맞춤법이나 지시대명사 등 표현의 강약 정도만 수정했기 때문이다. 그래서 필자는 여기서 동화의 개작이 아닌 그림책으로의 개작에 연구의 초점을 맞추어 작가가 마지막으로 개작한 동화와 비교하고 있는 것이다.(양연주, 위의 글, 36~48쪽)
[8] 교보문고 2013년 베스트셀러 순위 집계를 살펴보면 1월 16위, 3월 10위, 4월 5위, 5월 8위, 6월 10위, 7월 9위, 8월 9위, 9월 11위, 10월 14위, 11월 13위로 꾸준히 20위 안에 들고 있다.(http://www.kyobobook.co.kr/)
[9] 그림작가 정승각의 자료는 글작가 권정생에 비해 자료가 없다. 박남정(「한국 그림책의 자존심, 화가 정승각 씨」,『북페덤01』, 한국출판마케팅연구소, 2002), 권주연(「한국적 그림책 표현을 위한 일러스트레이터의 작가정신에 관한 연구」, 동덕여자대학교 디자인대학원 석사학위논문, 2002) 등의 자료를 요약 정리한 것이다. 정승각은 1961년 충청북도 덕동에서 태어나 중앙대학교 서양화과를 졸업했다. 그는 대학시절부터 현장미술 활동가로 일하며 1980년대 후반, 철거촌이나 빈민촌 지역의 공부방 일을 도왔고 그때 아이들 하고 벽화 그리는 작업을 했다. 그러면서 어린이도서연구회 조월례와 만나 회지에 그림을 그리며 어린이 책과 처음 인연을 맺게 된다. 그후 전집류 일을 하다가 그만두고 국내 창작그림책이 흔치 않았던 1990년대 중반부터 작가정신이 담긴 창작그림책 그림작가를 시작하였다. 정승각은 우리 고유의 그림기법에 대한 애정이 많아 민화나 벽화, 목판화, 금니화 기

의 그림책을 완성했다는 점이다.

　우리나라의 대부분의 그림책은 글작가와 그림작가가 따로 있는 실정이다. 따라서 한 명의 작가가 글과 그림을 같이 창작한 작품보다는 글작가와 그림작가가 따로 있는 작품을 연구하는 것이 필요하다고 생각했다. 그림책은 글작가의 짧은 텍스트를 독자에게 전달하기 위해 그림이라는 요소가 매우 중요하다. 즉 "그림책은 읽는 아이들로 하여금 텍스트를 통해 글과 이미지를 연결시키는 통로를 발견해야 한다."[10] 그러기 위해서는 글과 그림이 어떻게 상호 작용하는지 살펴볼 필요가 있다.

　이 점에서 『강아지똥』은 그림작가가 글작가의 메시지를 이해하고 글작가의 정서를 살려 그림을 그리고자 노력한 작품이다. 이 부분은 동화를 그림책으로 개작한 부분을 통해 함께 살펴보도록 하겠다. 넷째, 강아지똥이 복잡한 플롯의 구성으로 다양한 이야기를 담고 있기 때문이다. 따라서 작품의 분석을 통해 그 안에 숨 쉬는 작가의 정신을 연구하기에 『강아지똥』만큼 좋은 작품은 없다.

　『강아지똥』의 선행연구는 이렇다. 이건화[11]는 동화가 아동에게 미치는 문학적 향취와 효능을 중심으로, 권정생의 『강아지똥』의 개작 양상을 연구하였다. 김상한[12]은 『강아지똥』을 읽고 의미를 파악하는 과정을 통해 독자인 아동이 자신에 대한 성찰과 삶의 변화를 읽는데 긍정적으로 작용할 수 있는지 연구하였고, 송주연와 정명숙과 유수

　　법 등 다양한 기법을 응용하고 있다.
[10] 데이비드 루이스, 이혜란 역, 『현대 그림책 읽기』, 작은 씨앗, 2008, 72쪽.
[11] 이건화, 「동화 강아지똥 개작 양상연구」, 한국교육대학교 교육대학원 석사학위 논문, 2007.
[12] 김상한, 「《강아지똥》의 인물 관계변화와 의미 탐색」, 『새국어교육』 Vol.88, 2011.

경[13]은 그림책『강아지똥』에 나타난 생태주의를 주제, 플롯, 인물, 배경이라는 문학적 요소로 살펴보고 그림책 속에 나타나는 생태주의에 대한 이해와 유아의 생태의식 그리고 생태적 감수성을 불러일으키는 데 있어서 그림책의 가치를 재조명하였다. 또한 박찬옥과 신혜선[14]은 『강아지똥』에 나타난 주인공의 자아형성 과정을 분석하였고, 조은숙[15]은 동화『강아지똥』에 알레고리적 독해의 문제점을 연구하였다. 마지막으로 노제운[16]은 동화『강아지똥』의 그림책으로의 변용에 따른 의미 변화를 고찰하였다.

선행연구들을 살펴볼 때, 동화『강아지똥』에 대한 연구와 그림책으로의 개작연구 그리고 생태주의에 대한 연구가 진행된 것을 볼 수 있다. 본 논문은 그림책『강아지똥』의 개작 내용을 분석함으로써 글과 그림이 두 개가 아니라 하나의 텍스트로, 두 사람의 사상이 아닌 하나의 사상으로 어떻게 상호작용하는지 알아볼 것이다. 그리하여 동화를 그림책으로 개작하려는 동화작가들에게 실질적인 도움을 주고자 한다. 또한 그림책『강아지똥』을 주제, 배경, 플롯, 캐릭터로 구분하여 그 안에 나타나는 미추(美醜), 선악(善惡), 유무상생(有無相生)의 사상을 자연물 스스로가 가지고 있는 절대적 가치가 아니라 우주의 순환원리에 의해 변화하는 과정으로 파악하여,『강아지똥』의 문학사상에 대한 이해의 지평을 넓혀보고자 한다.

---

[13] 송주연 외 2인,「그림책 '강아지똥'에 나타난 생태주의」,『아동교육』제18호, 2009, 143~156쪽.
[14] 박찬옥·신혜선,「유아 그림책『강아지똥』에 나타난 주인공의 자아형성 과정 분석」,『열린유아교육연구』제10호, 2005, 193~213쪽.
[15] 조은숙,「마음을 가르친다는 것」,『문화교육학』제22호, 2005.
[16] 노제운,「동화『강아지똥』의 그림책으로의 변용에 따른 의미 변화 고찰」,『동화와 번역』제23집, 2012, 106~137쪽.

II. 본론

1. 그림책 『강아지똥』으로의 개작 내용 분석

개작이란 작품이나 원고 따위를 고쳐 다시 지은 것을 말한다. 개작의 방법은 배경, 생활, 성정, 도덕적인 것을 알맞게 고쳐 쓰는 내용상의 개작과 이야기의 재구성, 삭제나 압축, 확충으로 설명되는 형식상의 개작으로 나누어 볼 수 있다.[17] 『강아지똥』은 200자 원고지 35매 정도의 동화를 그림책(14장면[18], 28쪽)으로 텍스트를 축소 개작한 형식상의 개작에 속한다. 하지만 "원작과 비교하였을 때, 그림책의 가장 큰 차이점은 그림의 비중이 높다는 것이다. 그런데 그림책의 경우, 그림으로 표현된 것은 글로써 다시 드러내지 않는 것이 원칙이므로 그림책의 그림은 텍스트의 보조적인 기능을 하는 일반 서사문학의 삽화와 달리 그것 자체로 텍스트의 범주에 속한다."[19] 따라서 동화의 내용이 그림책으로 어떻게 축약되었는지, 그 안에 그림이 어떻게 표현되어 하나의 텍스트로 만들어졌는지 살펴보고자 한다.

장면 1 : 강아지똥의 탄생

그림책	동화
	돌이네 흰둥이가 누고 간 똥입니다. … 골목길 담 밑 구석자리…. 바로 앞에 소달구지 바퀴자국…. 추운 겨울, 서리가 하얗게 내린 아침…. 모락모락 오르던 김이 금방 식어…. 강아지똥은 오들오들 추워….

---

[17] 이건화, 앞의 글, 12~16쪽.
[18] 그림책의 용어가 결정된 것은 아니지만 통상적으로 장면은 이야기와 그림이 담긴 면 또는 그 단위를 말한다. 그림책은 대개 16장면(32쪽)으로 이루어진다.(이상희, 『그림책 쓰기』, 랜덤하우스, 2011, 79쪽)

동화의 도입 부분은 사건의 시작과 함께 시·공간적 배경을 텍스트로 소개하고 있다. 즉, 이야기가 펼쳐질 무대의 모습과 계절을 텍스트를 통해 독자가 생각할 수 있도록 자세히 언급한다. 또한 사건의 중심에 등장한 주인공 강아지똥을 의인화하여 계절을 감각으로 느낄 수 있도록 표현하고 있다. 하지만 그림책에서는 주인공 강아지똥의 등장이 중심이 되고 나머지 설명은 축약되었다. 또한 등장한 강아지똥은 아직 의인화되지 않은 상태로 등장한다.

반면 그림책의 텍스트에서는 자세히 언급되지 않은 시·공간적 배경은 그림을 통해 구체적으로 그렸다. 즉, 이야기의 무대가 되는 돌담길에 흰둥이가 눈 똥에서는 김이 모락모락 올라오게 하였고, 돌담 밑 그림자로 표현된 나뭇가지는 앙상하게 그렸으며, 전체적인 색을 차갑게 넣었다.

장면 2: 참새를 만남

그림책	동화
	참새 한 마리가 포로롱 날아와…. 주둥이로 쿡!… 퉤퉤 침…, "똥 똥 똥……. 에그 더러워!"… 멀리 날아가…. 강아지똥은 어리둥절…. "똥이라니? 그리고 더럽다니?" 무척 속상…. 눈을 힘껏 흘겨…. 밉고 밉고…. 세상에 나오자마자 이런 창피가 어디 있겠어요.

동화에서는 참새의 등장을 '참새 한 마리가 포로롱 날아와'라고 움직임을 강조하였다. 하지만 그림책에서는 '날아가던 참새가'로 축약하였고, 그림을 통해 참새의 엉덩이를 위쪽으로 올려놓고 날개를 벌려 '포로롱'한 느낌을 살렸다. 또한 동화에서 참새로부터 더러운 존재

---

[19] 노제운, 앞의 글, 109쪽.

라는 이야기를 들은 강아지똥의 감정을 '속상하고', '눈을 힘껏 흘겨 보고', '밉고', '창피하다'는 단어들로 나열하고 있지만, 그림책 텍스트에서는 '서러워서 눈물이 나왔어요.'라고 간략하게 표현하고, 강아지똥을 인형처럼 의인화하여, 고개를 아래로 떨구고 한쪽 손으로 눈물을 닦는 슬픈 표정으로 그렸다.

또한 동화 속 "세상에 나오자마자 이런 창피가 어디 있겠어요." 같은 작가의 개입은 그림책에서는 삭제되었고, 참새가 등장한 부분에서는 참새의 이야기에만 집중하였으며, 참새가 퇴장한 이후에는 강아지똥에만 집중하였다. 이는 그림책 독자들이 내용에 집중하도록 하여 부모들이 읽어주기에 용이하도록 개작한 것이다.

장면 3: 흙덩이와 만남 1

그림책	동화
	강아지똥이 잔뜩 화가 나서…, 소달구지 바퀴 자국 한가운데 뒹굴고 있던 흙덩이가 바라보고 빙긋…. "뭣 땜에 웃니, 넌?" 강아지똥이 골난 목소리로 대듭니다. "똥을 똥이라 않고, 그럼 뭐라고 부르니?" 흙덩이는 능글맞게 히죽 웃으며…. 강아지똥은 할 말이 없어…. 목 안에 가득 치미는 분통…. "똥이면 어떻니? 어떻니!" 발악이라도 하듯 소리…. 눈물이 글썽…. 흙덩이는 빙글거리며, "똥 중에서도 제일 더러운 개똥이야." …용용 죽겠지 하듯…. 강아지똥은 기어이 울음보를 터뜨…. "그림, 너는 뭐야? 울퉁불퉁하고, 시커멓고, 마치 도둑놈같이……." 이번에는 흙덩이가 말문이….

동화에서 '흙덩이는 능글맞게 히죽 웃으며'로 흙덩이의 모습을 상상하게 만들면서 동시에 강아지똥의 입을 빌려 '울퉁불퉁'하고, '시커

멓고', '마치 도둑놈 같이' 생겼다고 표현한다. 또한 동화는 강아지똥과 흙덩이가 대화를 주고받으며 내용을 전개하면서도 강아지똥과 흙덩이의 감정을 관찰하듯 설명하고 있다. 하지만 그림책의 텍스트에서는 강아지똥을 중심으로 전개되며, 흙덩이의 모습은 그림으로 그리고 흙덩이의 대답만 대화체로 하였다. 이 역시 아동들의 관심이 분산되는 것을 막고, 이야기가 강아지똥을 중심으로 전개되도록 하였다.

또한 동화의 '발악하며 소리 지릅니다.', '용용 죽겠지 하듯이 쳐다봅니다.' 등의 아동들이 사용하기에 강한 표현의 문장들은 그림책에서는 삭제된 반면, 그림책에서는 쳐다보는 흙덩이의 모습을 그림으로 그리고, "강아지똥은 그만 '으앙!' 울음을 터뜨려 버렸어요."라는 아동의 연령에 맞게 내용을 축약한다. 다른 옆면의 그림은 소리 내어 눈물이 줄줄 흐르게 우는 강아지똥의 모습과 당황한 흙덩이의 표정을 청색 배경의 액자 공간에 그림을 분리시켜 놓으므로 강아지똥의 슬픈 감정을 표현한다.

장면 4: 흙덩이와 만남 2

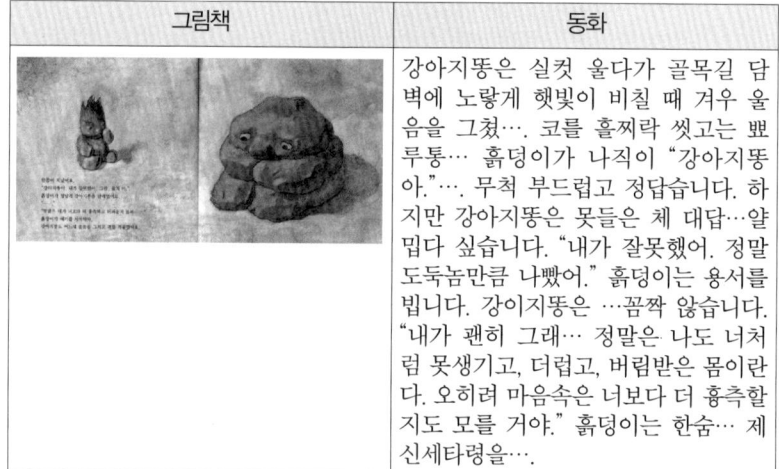

그림책	동화
	강아지똥은 실컷 울다가 골목길 담벽에 노랗게 햇빛이 비칠 때 겨우 울음을 그쳤…. 코를 훌쩍락 씻고는 뾰루퉁… 흙덩이가 나직이 "강아지똥아."…. 무척 부드럽고 정답습니다. 하지만 강아지똥은 못들은 체 대답…얄밉다 싶습니다. "내가 잘못했어. 정말 도둑놈만큼 나빴어." 흙덩이는 용서를 빕니다. 강아지똥은 …꼼짝 않습니다. "내가 괜히 그래… 정말은 나도 너처럼 못생기고, 더럽고, 버림받은 몸이란다. 오히려 마음속은 너보다 더 흉측할지도 모를 거야." 흙덩이는 한숨… 제 신세타령을….

동화에서 흙덩이는 자신을 '도둑놈', '버림받은 몸' 같은 표현을 사용하지만, 그림책에서는 모두 삭제되었다. 또한 동화의 "흙덩이는 한숨을 쉬었습니다. 그러고는 이어, 제 신세타령을 들려주었습니다."라는 부분을, 그림책에서는 "흙덩이가 얘기를 시작하자."라고 간결하게 압축하였다.

동화의 "강아지똥은 못들은 체 대답을 않습니다."라는 설명을, 그림책에서는 "……"(말줄임표)로 표시한다. 이는 책을 읽어주기에 편안하게 표현한 것으로 말줄임표 동안 아동들로 하여금 그림을 관찰하며 상상력을 발휘할 수 있게 하는 시간적 여유를 주는 시간이며, 설명을 생략하므로 문장 전체의 흐름을 생동감 있게 만들었다. 또한 그림책에서는 울음을 멈춘 후 흙덩이를 바라보는 강아지똥이 손을 턱에 괸 채 무언가 곰곰이 생각하고 있는 것처럼 그렸다.

장면 5: 흙덩이와 만남 3

그림책	동화
	"내가 본래 살던 곳…. 거기서 난 아기 감자를…, 기장과 조도…. 여름에는 자줏빛과 하얀 감자꽃을… 즐거웠어. 하느님께서 내게 시키신 일을…." 강아지똥은 이야기에 끌려 어느 틈에 귀를 쫑긋 기울이고….

동화에서는 흙덩이가 살던 곳에 대한 좋은 기억들을 글로 썼다면, 그림책에서는 전체적인 배경을 분홍색으로 평안한 느낌이 들게 그렸다. 동화의 "하느님께서 내게 시키신 일을 그렇게 부지런히 했다."는 내용은 그림책에서는 삭제되었다. 이것은 앞으로 그림책 내용 중에 별과의 대화가 삭제되고, 장면 6에서 하느님께서 쓸모없는 물건은 만들지 않으셨다는 내용을 삭제한 것과 동일한 관점이다. 하지만 동화

와 그림책의 전체 내용면에서는 크게 변화가 없다.

그림책에서는 동화의 "강아지똥은 …… 기울이고 있습니다."라는 해설적 문장은 삭제되었다. 반면 장면 4에서 슬퍼하던 강아지똥은 장면 5에서 손을 모으고 웅크려 앉아 흙덩이를 바라보며 흙덩이의 이야기에 집중하는 모습으로 그렸다. 또한 강아지똥을 화면의 왼쪽에 위치시키고, 그의 시선 끝에 흙덩이를 그리고, 오른쪽 펼친 면에 흙덩이의 이야기 속 감자 꽃을 표현함으로써, 강아지똥이 그 이야기에 집중하고 있는 모습을 그림으로 잘 표현하였다. 그리고 "그런데 왜 여기 와서 뒹굴고 있니?"라는 강아지똥의 질문을 통해, 강아지똥의 모습이 보이지 않는 장면 6에서도 대화가 계속되고 있음을 알려준다.

장면 6: 흙덩이와 만남 4

그림책	동화
	"…어제, 밭 임자가 소달구지…. 집 짓는 데 쓴다지 않니, 나는 무척 기뻤어… 보람 있는… 나는 가슴을 두근거리며… 실려 여기까지…." 흙덩이가 슬픈 얼굴…. 강아지똥이 놀라… 뿔었던 화는 어디론지 사라져…. "여기까지 오다가 나 혼자 달구지에서 떨어져"… "조금 있으면 달구지가… 바퀴에 콱 치이고… 산산이 부서져서 가루…." …"죽는 일은 슬퍼…" "나쁜 짓… 여름… 비는 오지 않고… 내가 가꾸던 아기 고추나무가… 죽고 말았단다…." … 강아지똥은 흙덩이가 잘못 생각… 그래서 이처럼 길바닥에 버려지게 된 것을 그 죄값이라 생각…. 그때, 과연 저 쪽에서 요란한 소달구지 소리가 들려왔습니다. '아, 나는 이제 그만이다.'… "강아지똥아, 난 그만 죽는다. 부디 너는 나쁜 짓 하지 말고 착하게 살아라." "아니야, 하느님은 쓸데없는 물건은 하나도 만들지 않으셨어. 너도

> 꼭 무엇엔가 귀하게 쓰일 거야."… 강아지똥은 그만 자기도 한몫치여 죽고 싶어졌습니다.

동화에서는 흙덩이가 왜 이렇게 땅에 버려졌는지에 대한 내용과 먼지가 되어 사라져버릴 수밖에 없는 자신의 운명에 대한 이야기를 강아지똥과의 대화를 통해 전개하며, "소달구지가 가까이 다가왔습니다. …… 죽고 싶어졌습니다."라는 등의 표현을 통해 죽음에 대한 긴장감을 높이고 있다. 하지만 그림책에서는 모든 설명이 삭제되고 "난 이젠 끝장이야."라는 한 문장으로 만들었다. 삭제로 말미암아 왜 흙덩이가 끝장인지 이해하기가 어려워진 부분이다. 대신 그림과 배경 색을 통해 무섭고 떨리는 긴장된 이미지를 표현하였다. 동화에서 이야기의 큰 주제인 "하느님은 쓸데없는 물건은 …… 귀하게 쓰일 거야."라는 흙덩이의 대사를 삭제했다. 그리고 앞으로 계속되는 그림책의 줄거리에는 누군가에 의해 귀하게 쓰임 받는 것에 대한 내용은 글로 쓰지 않고 착하게 사는 것으로 바꾸어 표현하였다.

이에 대해 노제운[20]은 개작과정에서 착하게 사는 것으로 바꿈으로써 주제의 지향점이 일관성을 잃게 되었다고 말한다. 즉, 동화에서는 쓸모없고 미천한 존재가 귀하게 쓰여 드높은 하늘의 별로 승화되는 과정이 강아지똥의 성격의 발전과 함께 점진적으로 표현되었다면, 그림책에서는 착하게 사는 것을 지나치게 강조하여 작품의 다양한 내용을 축소시켰다. 하지만 그림책의 독자를 고려한다면 '쓸모있는 인간'이라는 정체성을 찾는 단어보다, '착하게 산다.'라는 실천을 강조하는 단어가 아동들의 이해를 보다 쉽게 할 수 있다.

---

[20] 노제운, 위의 글, 127~128쪽.

장면 7: 흙덩이와 만남(흙덩이와 헤어짐)

그림책	동화
	으르릉 쾅!…소달구지가 뚝 멈추…. "이건 우리 밭 흙이 아냐?… 아저씨가… 흙덩이를 조심스레 주워…. "우리 밭에 도루 갖다 놔야겠어. 아주 좋은 흙이거든."… 달구지 한 켠에 얌전히 올라앉자. 방긋 방긋 웃음이… 밭으로 도로 돌아가게 된 것….

　동화에서는 '으르릉 쾅!' 소리와 함께 먼지로 사라지게 될지도 모르는 흙덩이의 상황을 극적으로 표현하였다. 하지만 아저씨의 입을 빌려 좋은 흙덩이를 도루 밭으로 가져가고, '방긋 방긋'이라는 해설적 표현을 통해 따뜻한 분위기로 반전시킨다. 하지만 그림책에서는 흙덩이가 사라질지도 모른다는 긴장감은 나타나 있지 않다. 그림의 전반적인 분위기는 추운 겨울이지만 따뜻하고 온화한 아저씨의 모습을 통해 평안한 분위기로 그렸다. 이는 그림책 장면 6에서 흙덩이가 사라질지도 모른다는 동화의 설명을 삭제했기 때문이다.

　그림책의 텍스트는 그림 속에 등장한 아저씨의 대화를 통해 간략하게 전개되며, 그림 속에서도 강아지똥은 한쪽 구석에 누워 전체화면 속 아저씨와 소달구지를 바라보고 있는 모습으로 묘사되었다. 또한 소의 모습을 역동적으로 그려, 움직이는 소달구지가 잠시 멈춘 것처럼 그렸다.

장면 8: 혼자 남은 강아지똥

그림책	동화
	소달구지가 멀리 가…빙그레 웃던 강아지똥이 혼자서 쓸쓸해졌습니다.… '그럼 난 혼자서 이제부터 어떻게 하

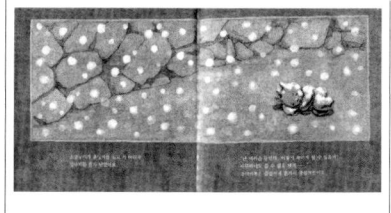
나?'… "아니야. 하느님은 쓸데없는 물건은 하나도 만들지 않으셨어… 귀하게 쓰일 거야."…해가 저물도록 혼자 웅크리고 앉아…어디선가 검은 구름 떼가 몰려와…. 이내 사뿐사뿐 눈이…. 솜이불처럼…강아지똥은 쌕쌕 잠이 들었습니다. 낮에도 자고, 밤에도 자고, 긴긴 겨울….

앞에서와 동일하게 그림책에서는 귀하게 쓰임 받는 것에 대한 동화의 모든 내용을 삭제했다. 동화에서는 흙덩이가 떠난 쓸쓸한 감정과 함께 자신도 흙덩이와 같이 쓰임 받을 것에 대한 기대감을 안고, 겨울눈을 솜이불 삼아 잠자는 강아지똥의 모습으로 표현했다면, 그림책 속에서는 혼자 남은 강아지똥이 한쪽에 웅크리고 누워 쓸쓸하게 눈에 덮여 자는 모습으로 그려진다. 이 느낌을 더욱 살리기 위해 그림은 전체 페이지를 갈색 액자로 만들었고, 강아지똥의 모습을 확대하였다.

장면 9: 병아리 가족과 만남

그림책	동화
	따뜻한 햇빛… 눈이 녹았습니다. 봄노래가… 강아지똥은 몸뚱이가 축 늘어지고 노곤… 예쁜 새…. 꽃고무신… 병아리떼를 데린 엄마 닭… 강아지똥 곁에까지 와서 기웃…. "여덟 마리의 아들과 다섯 마리의 딸을 데린 어엿한 병아리 어머니야."… "우리 아기들의 점심요기라도 될까 싶어서 본 거야."…. 강아지똥은…, "점심으로 나를 먹어 주시겠다는 거죠? 좋아…."… 점심밥이 되기 위해서 세상에 태어났다면 기꺼이 제 몸을 내어 주어야겠다고 생각했기 때문입니다.…. "…모두 찌꺼기뿐인걸."… 가 버립니다.….

동화에서는 "눈이 녹고, 봄노래가 들리며, 얼었던 몸이 노곤하고……" 등 강아지똥의 느낌으로 봄을 표현했다. 하지만 그림책에서는 봄이 찾아온 것을 글로 설명하지 않고, 노란 병아리 가족의 등장을 크게 그림으로써, 봄을 상징화한다. 동화에서는 강아지똥과 어미닭과의 대화로 텍스트를 전개하지만, 그림책에서는 강아지똥은 아무 것도 하지 않고 가만히 누워 있고 병아리 가족을 중심으로 이야기가 전개된다. 그림에서조차 강아지똥은 사물처럼 누워 있고, 주변의 노란병아리 12마리와 어미닭의 모습을 생동감있게 표현했다. 동화에서는 병아리가 13마리이고 성별도 구분하고 있지만, 그림책에서는 이 모든 내용을 삭제하고 12마리의 병아리만 그려놓았다.

장면 10: 민들레와의 만남 1

그림책	동화
	…. 봄을 지칭하는 단비가…. 강아지똥 바로 앞에 파란 민들레 싹이 하나…. "너는 뭐니?"…. "난 예쁜 꽃이 피는 민들레란다." "예쁜 꽃이라니! 하늘에 별만큼 고우니?"… 강아지똥은 가슴을 울렁거렸습니다.… 가슴 속에 심은 별의 씨앗이 싹터 나온 것이 아닌가…. "그건 하느님께서 비를 내리시고 따뜻한 햇빛을 비추시기 때문이다."….

그림책의 장면 1부터 9까지는 동화의 내용을 압축 혹은 삭제하여 간결하게 나타냈다면, 장면 10부터는 동화와 그림책의 분량이 거의 비슷하다. 동화의 "가슴이 울렁거린다.", "민들레는 …… 대답하였습니다.", "금방 …… 일그러졌습니다."와 같은 설명과 "역시 그럴 …… 있을라고" 같은 강아지똥의 생각은 삭제되었다.

반면, 그림책에서는 "그래애……. 그렇구나…… 한숨이 나왔어요."

로 강아지똥의 입을 빌려 내용을 축약하면서도 생동감 있게 표현하고 있다. 그림책에서 "하늘의 별만큼 고우니?"라는 표현은 전체 이야기를 삭제한 별의 이야기가 갑작스럽게 등장함으로 꽃과 별의 연결이 부자연스럽게 느껴지게 만든다.

장면 11: 민들레와의 만남 2

그림책	동화
	…, "그리고 또 한 가지 꼭 필요한 게 있어."… "네가 거름이 되어 줘야 한단다."… "너의 몸뚱이를 고스란히 녹여 내 몸 속으로 들어와야 해. 그래서 예쁜 꽃을 피게 하는 것은 바로 네가 하는 거야."

동화에서는 "그러자 민들레 싹이"라는 설명체 문장은 삭제되고, 모든 내용은 그림책에 그대로 실렸다. 단 문장을 조금 부드럽게 만들어 읽기 편하게 했다. 또한 그림은 비가 오는 파란 빛의 화면 중앙에 초록의 민들레와 비에 젖은 강아지똥의 주변 색을 밝게 하였다.

그리고 전체 화면에 비해 민들레와 강아지똥을 작게 그렸지만, 시선이 둘에게 집중되게 함으로써 대화의 주체를 확실하게 부각시켰다. 또한 작은 그림 속에 강아지똥은 앞 장면의 모습들보다 큰 움직임으로 그림으로써 역동성을 높여, "강아지똥은 화들짝 놀랐습니다."라는 표현을 그림으로 나타내었다.

동화에서는 별을 통해 깨닫게 된 영원히 꺼지지 않는 불빛처럼 자신도 쓸모 있게 될 것이라는 주제 속에 이야기가 전개된다. 하지만 그림책에서는 별에 대한 내용과 "온몸을 녹여 네 살이 될게."라는 내용은 삭제되었다. 그리고 "힘껏 껴안아 버렸어요."라는 텍스트와 그

장면 12: 민들레와의 만남 3

그림책	동화
	강아지똥은 가슴이 울렁거려…. "아, 과연 나는 별이 될 수 있구나!" …벅차오르는 기쁨에 그만 민들레 싹을 꼬옥 껴안아…. "내가 거름이 되어 별처럼 고운 꽃이 피어난다면, 온몸을 녹여 네 살이 될게."

림을 통해 색색의 칼라 조각으로 흘러내려 땅 속으로 녹아들어가는 강아지똥의 모습을 그렸다.

장면 13: 민들레와의 만남 4

그림책	동화
	비는 사흘 동안 계속 내렸습니다. 강아지똥은 온몸이 비에 맞아 잘디잘게 부서졌습니다. 땅 속으로 모두 스며들어가 민들레의 뿌리로 모여들었습니다. 줄기를 타고 올라와 꽃봉오리를 맺었습니다.

그림책에 동화 내용이 문체만이 다를 뿐 그대로 텍스트로 표현된다. 그림을 통해 강아지똥이 민들레로 변화하여 피어나는 모습을 앞 장면 12에서 녹아내린 강아지똥의 색을 통해 표현하였다.

장면 14 역시 거의 모든 문장이 동일하지만, 민들레꽃의 노란색을 그림으로 나타냈으며, 별에 대한 이미지를 강조하는 동화의 '별처럼 반짝이는'이란 표현은 삭제되었다. 그림책에서는 장면 1의 배경과 동일한 배경 속에 흰둥이가 똥을 누고 간 자리에 노란 민들레꽃이 피어난 것을 그려, 강아지똥이 민들레꽃으로 부활하는 광경을 연출하였다. 또한 첫 장과 똑같은 배경이지만, 돌담 곳곳에 초록색을 입혀 계

장면 14: 민들레꽃을 피움

그림책	동화
	봄이 화창인 어느 날, 민들레는 한 송이 아름다운 꽃을 피웠습니다. 샛노랗게 햇빛을 받고 별처럼 반짝이었습니다.··· 방긋방긋 웃는 꽃송이엔 귀여운 강아지똥의 눈물겨운 사랑이 가득 어려 있었습니다.

절의 변화를 그림으로 나타내었다.

그림책 『강아지똥』은 줄거리 면에서 큰 변화없이 개작되었다. 단 중간에 별을 바라보며 미천한 존재가 귀하게 쓰임 받아 드높은 하늘의 별로 승화되는 부분은 삭제되었다. 또한 동화가 곳곳에 표현한 하느님의 존재로부터 희망과 의미를 찾고자 하는 부분도 삭제되었다. 동화에서는 강아지똥과 등장캐릭터들의 대화가 설명과 함께 전개되었다면, 그림책은 장면 속의 등장캐릭터들에 집중함으로써 책을 읽어 주기에 편안하게 개작되었다.

"『강아지똥』은 인물과 사건을 그림으로 표현함으로써 어린 독자에게 쉽게 다가갈 수 있으며, 그림책의 축약된 텍스트와 그림을 통해 전하는 메시지를 함께 읽어내려 간다면, 더욱 풍성하게 상상할 수 있다."[21] 즉, 『강아지똥』은 탄탄한 구성의 동화를 내용의 큰 변화 없이 서술 방법과 단어의 변화 그리고 글의 압축으로 개작하였다. 게다가 삭제와 압축된 많은 내용은 그림으로 잘 살려냄으로써, 글과 그림이 상호작용하며 많은 내용을 담은 탄탄한 내용의 그림책으로, 아동들에게 쉽고 재미있게 주제를 전달하고 있는 작품이다.

---

[21] 이기영, 「『강아지똥』 다시 읽기」, 『권정생-사단법인 어린이도서연구회 25주년 기념자료집』, 역사편찬위원회 엮음, 2005, 43쪽.

2. 그림책 『강아지똥』의 서사적 사상

앞 장에서 동화가 그림책으로 개작된 내용을 살펴보았다. 이제 그림책 『강아지똥』의 구조를 분석하여, 작가 권정생이 작품 속에 표현한 정서와 사상을 함께 살펴보고자 한다. 양연주[22]는 논문에서 권정생의 문학적 세계관을 기독교적 세계관, 국가적 세계관, 생태주의적 세계관, 범신론적 세계관을 구분지어 소개하였다. 하지만 여기서는 권정생의 문학 전체에 나타난 사상과 정서가 아닌, 그림책 『강아지똥』에 나타나는 사상과 정서의 내용이 무엇인지 살펴보고자 한다.

1) 주제와 배경에 나타난 사상

모든 작품에는 주제가 있다. 많은 논문의 저자들은 『강아지똥』의 주제가 세상에서 가장 미움받고 버림당한, 더럽고 냄새나는[23] 강아지똥이 자기희생을 통해 자기존재의 의미를 깨달아가는 것이라고 주장한다. 이 주장은 권정생의 삶 속에 기독교인으로서의 자기희생이 녹아 있다는 것을 강조한 것이다. 하지만 책의 내용을 더 깊이 천착해 보면, 이렇게 단순하게 말할 수는 없을 것 같다.

강아지똥은 장면 1에서 무생물로 존재한다. 무생물이던 강아지똥이 생명력을 얻게 된 것은 참새를 만나고 나서이다. 그후 장면들은 만남과 헤어짐 그리고 다시 만남 속에서 착하게 살아가고자 하는 강아지똥을 보여준다. 바로 자신의 존재만을 깨달아가는 것이 아니라 서로가 함께 살아가는 세상 속에 다른 사람을 도울 수 있는 존재, 즉 공존과 상생[24]을 깨닫게 된다. 높고 낮음이 없고 모두가 하나 되어 서

---

[22] 양연주, 앞의 글, 126~166쪽.
[23] 이오덕, 「학대받는 생명에 대한 사랑」, 『강아지똥』, 세종문화사, 1974, 266쪽.
[24] 여기서 상생(相生)은 음양오행설의 '금(金)-수(水)-목(木)-화(火)-토(土)'의 조화

로에게 영향을 주고받으며 살아가는 세상 이야기를 하고 있다.

   공존과 상생의 사상에 대해 동양과 서양의 관점으로 나눠 생각해 볼 수 있다. 첫째, 동양의 사상은 『노자』에서 그 내용을 찾을 수 있다.

> 세상 사람들이 모든 아름다운 것이 아름다운 줄만 알면 이것은 추악한 것이다. 모든 선한 것이 선한 줄만 알면 이것은 선한 것이 아니다. 그러므로 있음과 없음은 서로를 낳고, 어려움과 쉬움은 서로를 이루어주며, 길고 짧음은 서로 드러내고, 높고 낮음은 서로 기울며, 곡조와 소리는 서로 조화롭고, 앞과 뒤는 서로를 따른다. 이 때문에 성인은 무위의 일에 머무르면서 말없는 가르침을 행한다. 만물이 일어나도 말하지 않으며, 생겨나게 하고서도 소유하지 않으며, 해놓고도 뽐내지 않으며, 공을 이루고도 머물지 않는다. 머물러 있지 않기에 떠나지 않는다.[25]

   해석은 이렇다. "아름다움과 추함, 선과 악 등의 문제에서 상대적인 인식이 중요함을 말하고 있다. 가치 판단은 대상과 떨어진 자가 궁리하고 추리하는 의식 작용이지 사물의 본래성과는 무관하다는 것이다. 바라보는 사람의 세계관이나 지식의 정도에 따라 사물은 다르게 파악되지만 도는 이런 것과는 거리가 멀다. 인식 주관과 인식 대상은 각각 끊임없이 변화하고 있다. 우리가 보는 것은 그러한 변화 속에 존재하는 사물의 어떤 한순간이고, 전체와 단절된 부분적인 모

를 통해 모두가 공존 상생하며 살아가는 것을 의미한다.

[25] 「天下皆知美之爲美, 斯惡矣, 皆知善之爲善, 斯不善已. 故有無相生, 難易相成, 長短相形, 高下相傾, 音聲相和, 前後相隨. 是以成人處無爲之事, 行不言之敎. 萬物作焉而不辭. 生而不有, 爲而不恃, 功成而弗居. 夫唯弗居, 是以不去」 (김원중 역, 『노자(老子)』 「도경(道經)」 2장, 글항아리, 2013, 36~37쪽)

습에 불과하다."²⁶ 이는 노자의 핵심 사상인 유무상생(有無相生)을 의미한다. 즉 유를 말하면 무를 떠올리게 되며, 둘은 서로에게 의존하고, 만물이 늘 변화 속에 존재한다.

이것을 『강아지똥』에서 찾아보면, 『강아지똥』의 모든 등장인물들이 서로 의존하며 서로에게 변화를 주고받으며 함께 공존하고 상생하는 모습에서 찾을 수 있다. 이렇게 본다면, 『강아지똥』의 캐릭터(강아지똥, 흙덩이, 민들레)들을 비천하고 연약한 것으로 보는 시선은 우리의 생각일 뿐이다. 즉, 권정생에게 있어 그들은 삶 속에 함께하는 대상이지 비천하거나 연약한 대상이 아니다. 『노자』의 〈도경〉 36장을 보면, '유약(柔弱)'은 '강강(剛强)'의 반대 개념이 아니라 본질적 유연성을 의미한다. 강강의 상태는 그 부자연성으로 인해 붕괴되고 좌절되지만, 유약의 고요한 상태는 삶의 영속성을 지닌다. 그것은 바로 약소한 위치에 머물고 자신을 낮추는 것을 중시하는 도의 경지다.

그것을 오므라들게 하려면 반드시 잠시 그것을 펴주어야 하고, 그것을 약하게 하려고 하면 반드시 잠시 그것을 강하게 해주어야 하며, 그것을 없애고자 하면 반드시 잠시 그것을 일으켜주어야 하고, 그것을 빼앗으려고 하면 반드시 잠시 그것을 주어야만 하니, 이것을 '미명微明(보이지 않는 총명 혹은 은미한 밝음)'이라고 한다. 부드럽고 약한 것이 굳세고 강한 것을 이긴다. 물고기가 연못을 벗어나서는 안 되듯, 나라의 날카로운 기물은 다른 사람들에게 보여줘서는 안 된다.²⁷

---

26 『노자』, 위의 글, 37~41쪽.
27 「將欲歙地, 必固長之. 將欲弱之, 必固强之. 將欲廢之, 必固興之. 將欲奪之, 必固與之, 是謂微明. 柔弱勝剛强」(『노자』「도경」 36장, 위의 글, 151쪽)

둘째, 강아지똥이 민들레를 만나 거름이 되어 민들레꽃으로 부활하는 장면에서 서양의 기독교 사상을 읽을 수 있다. 보통 이 장면은 기독교적 사상과 연관시켜 예수그리스도의 십자가의 희생으로 이야기된다. 하지만 예수 그리스도의 십자가의 죽음을 어떤 관점으로 보느냐가 중요하다. 즉, 십자가의 죽음을 모든 사람을 위한 희생으로 보느냐, 아니면 십자가의 죽음을 모든 삶의 공존과 상생에 이르는 부활의 영원한 기쁨으로 보느냐 하는 것이다. 예수 그리스도는 십자가의 고난을 받고 죽었으나, 그는 민들레가 꽃을 피운 것과 같이 다시 부활하였다. 그리고 그 부활의 기쁨은 모든 사람을 죽음에서 구해내는 영생의 길인 것이다.

그가 찔림은 우리의 허물 때문이요. 그가 상함은 우리의 죄악 때문이라. 그가 징계를 받으므로 우리는 평화를 누리고 그가 채찍에 맞으므로 우리는 나음을 받았도다.[28]

또한 성경은 '고난으로 말미암아 온전케 하심'[29]이라고 기록하고 있다. 즉 사람은 고난을 견디고 이겨냄으로 더욱 온전케 된다. 예수그리스도의 십자가의 고난은 바로 온전케 하심의 길이었다. 그림책『강아지똥』에서 강아지똥은 흰둥이의 똥으로 탄생도 하지만, 참새와 어미닭에게 자신이 쓸모없는 존재라고 버림받는다. 이러한 상대적 가치체계 속에서 강아지똥은 자신에게 주어진 운명을 겸허히 받아들이며, 또 다른 만남(흙덩이와 민들레)으로 그 고난에 담긴 진리를 깨닫는다. 그 결과 사흘 동안 빗속에 자신을 완전히 녹아내려 민들레꽃으로

---

[28]『성경』(개역개정판),「이사야」 53장 5절.
[29]『성경』(개역개정판),「히브리서」 2장 10절.

부활한다. 이와 비슷한 내용은 『성경』 「마가복음」에서 확인할 수 있다.

> 대제사장이 가운데 일어서서 예수에게 물어 이르되 너는 아무 대답도 없느냐 이 사람들이 너를 치는 증거가 어떠하냐 하되 침묵하시고 아무 대답도 아니하시거늘
> 빌라도가 또 물어 이르되 아무 대답도 없느냐 그들이 얼마나 많은 것으로 너를 고발하는가 보라 하되 예수께서 다시 아무 말씀으로도 대답하지 아니하시니 빌라도가 놀랍게 여기더라[30]

소설의 배경은 인간들이 살아가는 과정을 통해서 인간 전체를 총체적으로 이해하게 할 뿐 아니라, 그 인간이 살아온 시간과 공간, 곧 역사와 사회를 이해할 수 있도록 한다.[31] 『강아지똥』은 "어느 날 우연히 처마 밑에 버려진 강아지똥이 비를 맞아 흐물흐물 그 덩어리가 녹아내리며 땅 속으로 스며드는 모습과 강아지똥이 녹아내리는 그 옆에서 민들레꽃이 피어나는 모습을 보고"[32] 창작하였다. 하지만 권정생은 강아지똥의 배경을 처마 밑이 아니라 동네 어귀 담장 밑으로 옮겼다. 즉, 대문으로 닫혀 있는 공간이 아닌 누구나 오고가는 열려 있는 공간인 골목을 배경으로 만든 것이다.

그림책 『강아지똥』 표지

---

[30] 『성경』(개역개정판), 「마가복음」 14장 60~61절·15장 4~5절.
[31] 이규정, 『현대소설의 이론과 기법』, 박이정, 1998, 102쪽.
[32] 한상수, 「권정생의 『강아지똥』과 『황소아저씨』」, 『새가정』 vol.522, 2011, 53쪽.

『강아지똥』의 배경과 주제는 표지를 통해 잘 표현되고 있다. 표지 그림을 보면, 자연이 살아 있는 돌담 밑에 모두가 오고갈 수 있는 열린 공간—흰둥이가 똥을 누는 앞표지와 똥이 있던 자리에서 민들레꽃이 피어난 뒤표지—에 상징적으로 그려져 있다.

2) 작품 속 캐릭터들에 나타난 사상

작품의 캐릭터는 사람들의 다양한 개성을 매우 집약적으로 보여준다. "그림책을 덮은 후에도 계속 기억에 남아 있는 캐릭터가 매력적인 캐릭터"[33]이다. 하지만 권정생의 책 속의 캐릭터들은 책을 덮은 후에도 기억에 남는 캐릭터들은 아니다. 특히 그림책『강아지똥』에서의 캐릭터들은 모두가 매력이 넘쳐 주위를 끄는 캐릭터가 아닌 삶 속에 그냥 지나치기 쉬운 것들이다. 그 캐릭터들 속에 정서를 찾아보도록 하겠다.

(1) 강아지똥과 흙덩이

장면 1에서 강아지똥은 흰둥이가 눈 똥, 바로 무생물이다. 장면 1의 그림 속에서도 강아지똥은 모습을 갖추고 있지 않다. 하지만 장면 2에서 강아지똥은 모습을 갖추게 된다. 의인화가 시작된 것이다. 의인화는 "아동들로 평범한 인물을 쉽게 판타지로 들어갈 수 있도록 한다."[34] 즉, "아동은 의인화를 통해서 동화의 인물과 자신을 동일시하고 감정이입을 일으킨다. 이와 같은 동일시와 감정이입을 통해 인물의 경험을 자기화하게 되고 그 경험을 바탕으로 자신의 경험도 되돌아볼 수 있게 된다."[35] 『강아지똥』을 읽는 아동들은 장면 1에서 무생

---

[33] 현은자 외 2인, 『즐거운 그림책 쓰기』, 학지사, 2012, 30쪽.
[34] 마리아 니콜라예바, 김서정 역, 『용의 아이들』, 문학과지성사, 1998, 184~186쪽.
[35] 김상한, 앞의 글, 385쪽.

물로 등장한 똥이 장면 2에서 의인화되면서부터 캐릭터와 함께 웃고 울며 강아지똥의 입장이 되어 착한 삶을 살기 위한 여행을 떠나게 된다.

흙덩이는 특별히 강아지똥에게 찾아온 캐릭터가 아니다. 흙덩이는 담장 밑에 뒹굴고 있는 캐릭터이며, 강아지똥과 동일하게 자신의 의지와 상관없이 소달구지가 지나가다 떨어트려서 담장 밑에 있게 된 캐릭터이다. 그런 캐릭터가 곁눈질로 바라보며 빙긋 웃자 강아지똥은 화를 내고 만다. 하지만 강아지똥은 흙덩이와의 대화로 금세 자신을 재발견하게 된다.

흙덩이는 작년 여름 가뭄으로 감자꽃이 죽게 된 것이 자신이 감자꽃을 잘 보호하지 못해서라고 생각한다. 이는 흙덩이가 식물과 함께 공존하며 그들을 배려하는 캐릭터라는 것을 암시한다. 또한 흙덩이의 주인은 가던 길을 멈추고, 자기 밭의 흙을 소중히 여기고, 흙덩이를 밭으로 도로 데리고 간다. 이런 모습 속에서 사람과 자연물이 서로를 배려하면서 함께 살아가는 공존·상생의 길을 발견하는 것이다.

그리하여 의인화된 강아지똥에 동화된 아동들이 강아지똥이 되어 책 속에서 자연물들과 만나 이야기를 주고받으며, 착하게 살고자 하는 강아지똥과 함께 생각이 성장해 가는 모험을 떠나게 되는 것이다.

(2) 참새와 닭

참새와 닭의 공통점은 움직임이 자유롭다. 텍스트의 내용면에서 두 캐릭터는 공통점을 가지고 있다. 참새는 강아지똥이 무생물로 탄생하여 의인화가 시작됨과 동시에 날아와 강아지똥과 만난다. 닭은 강아지똥이 겨울잠에서 막 깨자마자 강아지똥을 찾아와 만난다. 하지만 참새와 닭은 강아지똥과의 만남에서 대화하지 않는다. 그냥 자유롭게 강아지똥을 찾아와서 자신이 하고 싶은 말만을 던지고 가벼린다. 그런데 그들의 말에 강아지똥은 자신이 하찮은 존재라고 여긴다. 참새와 닭은 강아지똥과 함께 서로 의지하며 살아가는 이웃이 아니다. 그들은 『강아지똥』의 긍정적 캐릭터(강아지똥, 흙덩이, 민들레)들을 사랑하지 않는, 상대를 깔보고 놀리는 이기적인 부정적 캐릭터이다.

(3) 민들레

민들레 역시 강아지똥과 흙덩이처럼 자유롭게 움직이지 못하는 캐릭터이다. 동네 어귀 담길 밑, 강아지똥의 옆자리에 뿌리를 박고 살아가는 식물이다. 흰둥이에 의해 담장 밑에 있을 수밖에 없던 강아지똥과 같이, 민들레는 바람에 의해 날아가다 떨어진 홀씨가 자리잡은 그 담장 밑에 있을 수밖에 없는 존재이다. 하지만 민들레가 강아지똥과 다른 점은 꽃을 피우고 홀씨가 되어, 어딘가로 자유롭게 날아가서 다시 생명을 꽃피운다는 점이다.

이처럼 작품에서 강아지똥의 꿈을 이루게 해주는 캐릭터는 화려한 꽃이 아니라 길가에서 가장 흔히 볼 수 있는 민들레이다. 민들레는 강아지똥에게 부활의 기회를 주어 자유롭게 날아오르며 새로운 삶을 살도록 해준다. 『강아지똥』의 긍정적 캐릭터(강아지똥, 흙덩이, 민들레)들은 모두 자연에 순응하며 함께 살아간다. 그들은 자신의 의지와 상관없이 자유롭게 움직일 수 없는 바로 그 자리에서 남을 위해 살아가는 그런 캐릭터들이다. 물론 그렇다고 해서 『강아지똥』의 부정적 캐릭터(참새와 닭)가 자연에 순응하지 않는 동물을 뜻하는 것은 아니다.

『강아지똥』의 긍정적 캐릭터들의 숨은 사상은 16세기부터 18세기까지 조선시대에 논의된 '인물성동이론'(人物性同異論)에 잘 나타난다. "인물성동이론은 인간의 심성의 문제를 인간의 본성(人性)과 사물의 본성(物性) 간의 관계를 규명하려는 학문적 논의이다. 즉 인간은 인간으로서의 내적인 가치를 지니고 다른 자연물의 도움 없이는 살아갈 수 없는 존재이다. 또한 동시에 다른 모든 자연물처럼 공존과 공생을 위해서 다른 모든 자연 중의 일부로서 자신의 소임과 책임을 다해야 하는 도구적 가치를 지닌 존재이다. 그러므로 인간은 스스로 생존을 위해서 주위 자연물의 도움이 반드시 필요한 존재이며, 동시에 모든 자연물과의 조화로운 생존과 자연에 대한 배려를 함께 해야 한다."[36]

강아지똥과 같은 생명체가 있기에 민들레 같은 아름다운 꽃이 피어날 수 있고, 흙덩이와 같은 생명체가 있기에 그 안에서 자연 만물이 자라 참새와 닭이 먹을 수 있는 모이가 생겨날 수 있고, 민들레 같은 생명체가 있기에 꿈을 잃지 않고 살아갈 수 있는 것이다.

3) 플롯에 나타난 사상

플롯은 "현대의 고층 건물을 지탱하는 대들보의 골조와 같은 것이다. 눈에는 보이지 않지만 건축물의 형태와 개성을 좌우한다.[37]" 이야기가 짜여지고 전개되는데 있어서 가장 중요한 뼈대와 같은 것이다. "그림책 『강아지똥』의 플롯은 시간에 따라 전개되는 보편적인 발달, 전개, 절정, 결말의 단선적 형식을 취하고 있다. 이러한 보편적인 플롯은 유아를 위한 그림책의 일반적인 구성이며 어린이들에게 즐거움과 안정감을 준다."[38]

『강아지똥』은 캐릭터들의 만남을 통해 이뤄진다. 총 14장면 속에 흰둥이를 통해 태어나는 강아지똥과 참새, 흙덩이, 어미 닭과 병아리와의 만남을 쓸모없는 존재라는 부정적인 이야기를 들으며 이야기가

---

[36] 한국사상사연구회,『인성물성론』, 한길사, 1994.
[37] 데이비드 로지, 김경수·권은 역,『소설의 기교』, 역락, 2010, 343쪽.
[38] 송주연 외 2인, 앞의 글, 148쪽.

전개되며, 민들레를 만나 절정에 이루고, 봄에 강아지똥은 쓸모없는 존재가 아닌 민들레 꽃송이로 피어남으로 결말에 이른다. "이러한 그림책『강아지똥』의 플롯에는 자연세계의 관계성과 순환성이라는 생명원리가 이야기의 시작부터 전개 마무리까지 유기적이면서 반복적으로 보여지며"[39], 쓸모있음과 쓸모없음은 인식 주체와 인식 대상과의 거리에서 파생되는 상대적인 개념임을 보여준다. 이는『장자』26편에서 장자가 늘 주장하는 이른바 쓸데없는 것의 쓰임(無用之用)에 나타난다.

혜자가 장자에게 말하였다. "자네의 말은 쓸데가 없네." 장자가 말하였다. "쓸데가 없음을 알아야만 비로소 쓸 곳을 얘기할 수가 있는 것일세. 땅은 넓고 크기 짝이 없지만, 사람들이 걸을 때 쓰는 것은 발로 밟는 부분뿐일세. 그렇다고 발을 재어 가지고, 그 밖의 땅은 땅속 황천에 이르기까지 깎아내려 버린다면 사람들이 그대로 땅을 쓸 수가 있겠는가?" 혜자가 말하였다. "쓸 수 없지." 장자가 말하였다. "그렇다면 쓸데없는 것의 쓰임도 잘 알게 되었을 것일세."[40]

또한『강아지똥』이야기를 진행해가는 가장 큰 힘은 만남과 헤어짐이다. 총 네 개의 만남이 연출되고, 이 만남들 중에 흙덩이와 민들레와의 만남이 제일 길게 구성되어 있다. 즉 그림책『강아지똥』을 만남을 중심으로 장면별로 살펴보면, 강아지똥의 탄생이 1장면, 참새와의 만남을 통해 자신 상황을 알게 되는 장면이 1장면, 흙덩이와의 만

---

[39] 송주연 외 2인, 위의 글, 148쪽.
[40] 「惠子謂莊子: 子言無用. 莊子曰: 知無用. 而始可與言用矣. 夫地, 非不廣且大也, 人之所用, 容足耳. 然則厠足而墊 之致黄泉, 人尙有用乎? 惠子曰: 無用 莊子曰: 然則無用之爲用也亦明矣」(김학주 역,『장자』「내편」26, 656~657쪽)

남과 대화를 통해 깨달아가는 부분이 5장면, 눈을 맞으며 쓸쓸히 겨울을 이겨내는 장면이 1장면, 어미닭과 병아리들을 만나 다시 한 번 좌절하고 슬퍼하는 장면이 1장면, 민들레를 만나 민들레꽃으로 자신을 재탄생시키는 5장면으로 구성되어 있다. 장면수로 확인해 본다면 〈1-1-5-1-1-5〉이며, 장면의 내용은 〈쓸쓸한 탄생-슬픔-깨달음-쓸쓸함-슬픔-깨달음의 재탄생〉으로 짜여져 있다.

사상적인 면은 아니지만 단순히 만남이라는 구성면에서 살펴보면 성경 욥기와 닮은 점을 찾을 수 있다. "욥기의 구성은 내러티브적이고, 핵심은 교훈적 운문이다."[41] 욥기의 발단은 사단의 시험으로 큰 부를 누리던 욥이 재물과 가족을 다 잃고 건강이 악화되어 움직일 수 없는 모습으로 한 곳에 앉아 있게 되면서이다. 그리고 그의 친구 엘리바스, 빌닷, 소발, 엘리후와의 만남과 헤어짐으로 이야기가 전개되고 총 네 개의 만남이 연출되고 있다. 또한 이들 친구들과의 만남과 헤어짐이 위로와 도움의 만남이 아닌 강아지똥을 놀리던 참새 등과의 만남처럼 욥을 아프게 한다.

움직임이 자유롭지 못한 욥의 상태나 네 개의 만남 그리고 부정적 만남이라는 구성이 같지만 모든 면에서 욥기와 연관지을 수는 없다. 욥과 강아지똥은 출생과 삶이 상징하는 바가 다르기 때문이다. 강아지똥은 민들레를 만나 민들레꽃으로 재탄생하는 우주순환의 과정을 보여주지만, 욥은 하나님과의 만남 속에서 신앙심으로 삶을 극복하는 과정을 보여준다. 그러나 부정적인 만남이긴 하지만, 이 만남과 헤어짐의 과정 속에서 강아지똥은 자기에게 닥친 시련을 이겨내고 끝내 민들레꽃으로 재탄생하는 것과 같이 욥 역시 친구들과의 부정적인 만남을 통해 하나님의 뜻이 어디에 있는지 깨닫고 시련을 극복한

---

[41] 데이비드 J.A. 콜린스, 한영성 역, 『욥기』, 솔로몬, 2011, 46쪽.

다. 또한 이 모습은 가난 속에서 건강이 좋지 않아 죽을 고비를 신앙심으로 극복한 작가의 삶과도 겹쳐진다.

III. 결론

그림책은 아동들의 정서와 사상에 큰 영향을 미친다. 어린 시절부터 일본의 번역 그림책의 그림과 애니메이션을 통해 욱일승천기 혹은 욱일승천기의 이미지를 많이 접한 우리 아동들은 욱일승천기가 가지고 있는 뜻과 관계없이 욱일승천기에 친근감을 표시한다. 이렇듯 우리 아동들에게 그림책은 단순히 책을 읽게 해주는 수단이 아닌 책 속에서 상상의 공간을 만들고, 그 안에서 꿈을 꾸고 책속의 그림들과 친구처럼 지내며 이미지조차 정서로 받아들이는 대상이다. 그렇기 때문에 아동을 위한 그림책의 중요성은 말로 다 표현할 수가 없다.

이런 시점에서 그림책『강아지똥』은 한국의 시골길이 담고 있는 한국적 정서와 인물성동일론, 노장 사상의 공존과 상생, 기독교 사상의 사랑과 배려를 잘 표현한 책이다. 우리는 그림책『강아지똥』의 연구로 창작 그림책에 필요한 몇 가지를 알게 되었다.

첫째, 단어의 명료함과 구성의 간결함이 필요하다.

2장의 개작과정을 살펴보면, 작가는 동화에서 그림책으로 개작하는 과정에서 대상 연령에 맞게 쉬운 단어를 사용하는 정도의 개작이 아닌, 1-1-5-1-1-5(쓸쓸한 탄생-슬픔-깨달음-쓸쓸함-슬픔-깨달음의 재탄생)의 장면 구성으로 이야기 전체를 아주 간결한 대화체로 만들었다. 또한 그 의미가 부정적이고 어려운 말들은 사용하지 않고, 보다 쉽고 명료한 것들을 사용하였다. 작가들은 그림책을 창작할 때 그 책을 읽는 연령층을 반드시 고려해야 한다. 아동들이 작가의 의도를 이해할 수 있도록 그들의 눈높이에 맞는 단어를 사용하고, 그들이 좋아하는 장면을 구성해야 한다.

둘째, 그림책은 글과 그림이 상호작용하여 하나의 이야기를 만들어야 한다.

하나의 장면 속에는 글로 전하지 못하는 내용을 그림이 전해야 하며, 또한 그림을 설명하지 않아도 그림의 상상적 세계 속에서 내용을 이해할 수 있어야 한다. 그림은 글이 주는 기쁨, 슬픔, 아픔, 행복을 이미지로 전할 수 있는 강점이 있을 뿐만 아니라 역동의 이미지로 독자를 상상적 모험 속으로 빠져들게 할 수도 있다. 상상력이 풍부한 아동으로 하여금 그림책 한권으로 주인공과 함께 웃고 울며 모험을 떠나게 하기 위해서는 그림책의 기획 단계서부터 글작가와 그림작가의 많은 노력이 필요하다. 그래서 점점 한 명의 작가가 글과 그림을 함께 작업하는 일도 늘고 있다.

하지만 모든 글작가가 그림을 그릴 수는 없는 것이기에, 글작가는 탄탄한 구성의 재미있고 유익한 줄거리의 글을 창작함과 동시에, 그림작가에게 더 많은 정보들을 만들어주어야 한다. 그림책 『강아지똥』은 동화로 먼저 출판되어 널리 읽히면서 그림책의 짧은 텍스트가 아닌 동화라는 장르를 통해 그림책의 그림으로 표현되어져야 할 부분까지 글을 통해 많은 정보를 그림 작가에게 전하고 있다. 따라서 그림작가는 동화 속에서 많은 내용을 그림으로 상상하며 그림을 준비할 수 있었고, 축약된 그림책 『강아지똥』의 텍스트에 단지 삽화가 아닌 내용을 더욱 살려주는 그림작업을 할 수 있었다. 그림책의 그림이 단순히 글에 색동옷을 입히는 삽화 정도로 이해되어서는 좋은 그림책이 만들어질 수 없다는 사실을 글작가들은 꼭 기억해야 한다.

셋째, 작가의 사상과 정서가 살아 있는 그림책을 창작해야 한다.

그림책『강아지똥』은 16-18세기 조선의 많은 학자들이 심도있게 논의했던 인물성동이론, 즉 인간과 자연만물이 함께 공존·상생하며 살아가는 이야기를 고스란히 담고 있다. 또한 노장의 유무상생(有無相生) 사상뿐만 아니라 기독교의 사랑과 배려 사상 그리고 생명가치에 대한 깨달음의 메시지를 담고 있다. 이 모든 사상들은 작가가 우리 아동들에게 전하고 싶은 이야기일 것이다. 작가는 짧은 텍스트 속에 이 모든 사상과 정서를 녹여내었다.

그러나 아동들이 그림책『강아지똥』을 읽으며 인물성동이론, 노장(老莊)사상, 기독교 사상 등을 이해하지는 못할 것이다. 하지만 이 책을 읽으며 우리 아동들은 자연의 위대함, 무생물까지도 사랑하는 마음, 공존과 상생, 배려, 자아존중, 생명가치의 소중함을 알게 될 것이다. 아동들의 정서를 풍부하게 하고 생각을 키워나가게 하는 창작 그림책보다 단순한 정보를 전하는 그림책, 한글을 가르치기 위한 방편의 그림책, 인기 있는 애니메이션을 변용한 그림책, 우리 정서와 맞지 않은 번역된 외국의 그림책들이 많이 출판되고 잘 팔리고 있는 현시점에서 제일 중요한 것은, 우리 정서로 아동들의 꿈과 상상력을 향상시켜 나가는 창작 그림책 작가들을 발굴해 내고 그들의 창작을 돕는 일일 것이다.

3 〈산불〉과 성적 욕망의 서사

1. 증상으로서의 〈산불〉

차범석은 1924년에 태어나 2006년에 타계한 우리나라의 대표적인 사실주의 희곡작가이다. 한국희곡사의 관점에서 보면, 1950년대 중반 차범석의 등장은 두 가지 의미를 지닌다. 하나는 유치진의 뒤를 이어 한국 희곡과 연극의 주된 흐름인 리얼리즘 극을 계승하고 있다는 점이며, 또 하나는 전후의 불안한 현실에 대한 사람들의 위기의식을 리얼리즘 양식으로 대응함으로써 한국의 사실주의 극을 성숙하게 했다는 점이다.[1]

그는 1956년에 '제작극회'를 조직하여, 연극의 상업화에 반대하는 소극장 운동을 전개했다. 이는 당시에 성행하던 상업주의 연극에 대한 도전이었다. 이를 기준으로, 그의 활동 시기는 셋으로 나눌 수 있다. 초기는 1956년 '제작극회' 시기부터 1963년 극단 '산하'가 창단

---

[1] 정호순, 「차범석의 리얼리즘 희곡 연구-1950년대 작품을 중심으로」, 『한국극예술연구회집』, 1998, 373쪽.

되기 이전까지이고, 중기는 1963년 '연극의 전문화와 연극의 대중화'를 목표로 창단된 극단 '산하'를 중심으로 한 활동시기이며, 후기는 1983년 극단 '산하'의 해체 이후 연극 행정가로서 활동하던 때이다.

그의 연극관은 처음부터 끝까지 사실주의로 일관되었는데, 연극은 사회의 거울이 되어야 한다는 것이었다. 그는 연극이 궁극적으로 인간의 본질과 시대양상을 분명하게 보여주는 데 있다는 것을 깨닫고 그대로 실천한 작가였다.[2] 이러한 사실을 증명하듯, 차범석에 대한 그간의 연구는 사실주의 관점을 크게 벗어나지 못 했다.

김성희는 차범석의 50년대 작품에서 가정문제에 얽힌 전후 의식과 전후 희곡의 특성을 밝혀, 전쟁으로 인한 부권의 상실과 부재를 전후 희곡의 비극적 요인으로 보았다.[3] 여세주는 차범석이 추구하고 있는 사실주의 정신의 요체를 찾는 데 집중하여, 그것이 희곡에서 어떻게 실현되었는지를 살폈다. 특히 '역사의식에 의한 현실의 객관적 재현'과 '휴머니즘에 입각한 인간의 본질적 전형의 창조'에 대해 깊이 연구하였다.[4]

서연호는 1950년대 희곡과 연극의 발전적 성과로써 사실주의 수정과 절충을 우선적으로 언급하였다. 종래의 보수적인 면에서 벗어나 사실적인 현실감을 높이기 위해 비실제적이고 비논리적인 요소와 방법까지도 과감하게 수용하고 적극 활용하는 진취적인 태도를 보인다고 하면서, 이러한 방법과 태도로 인하여 사실주의 전통계승은 수

---

[2] 정철,「차범석 희곡의 주제 의식」,『드라마논총 5』, 2000, 117쪽.
[3] 김성희,「1950년대 한국 희곡에 나타난 가정」,『한국 현대희곡 연구』, 태학사, 1988.
[4] 여세주,「차범석의 리얼리즘 정신과 50년대 희곡」,『차범석 희곡 연구』, 중문, 1999.

정과 절충이라는 전기를 맞게 되었다고 진단하였다.⁵

명인서도 차범석의 작품이 사실주의 계열에 머무르지 않고, 사실주의에 대해 수정과 절충을 시도하고 있다고 보았다. 그러나 차범석의 조심스러운 형식 실험은 그의 극작술에 있어서 사실주의를 변화시키지 못하였고, 삶의 진실 구현이라는 점에서 주목할 만한 작품 또한 내놓지 못했다고 비판하였다.⁶ 지금까지 살펴본 것처럼, 차범석 연구의 대부분은 사회적인 측면을 강조하는 사실주의 희곡론에 집중되어 왔다. 이는 차범석이 살았던 당대 역사적 현실을 지나치게 반영했기 때문이다.

사실주의 극은 개체의 정신을 묘파하는 극형식이기도 하다. 스테판 코올은 "사실주의 정신은 현실을 단순히 모방하는 데 있지 않고, 현실의 핵심을 통찰하는 데 있으며, 이를 위해 사실주의는 다수에게 관습적으로 인정된 현실 개념을 탈피하여 사회 정치적 인습에 따라 은폐된 것을 드러내야 한다."⁷고 말한다. 차범석 또한 "인간의 행동은 인간 자체의 자연적 존재로서 그치는 것이 아니라, 그를 둘러싼 외적 자연과 항시 적응하려고 하고 반발하려고도 하고 나아가서는 그것에 대해서 작용을 하려는 데 있는 것이다."⁸라고 말하며 인간 개체를 강조한 바 있다.

이런 점에서 〈산불〉은 한국전쟁을 직접 끌어들인 사회비판적인 작품으로 분류될 수 있는데, 유민영은 "〈산불〉은 역사상 최대 비극이었던 분단과 동족상잔을 한 마을에다 몰아넣고 조명한데다가 인간의

---

[5] 서연호, 『한국근대희곡사』, 고려대학교 출판부, 1996.
[6] 명인서, 「차범석 연구」, 『한국희곡작가연구』, 태학사, 1997.
[7] 스테판 코올, 여균동 옮김, 『리얼리즘의 역사와 이론』, 1986, 196쪽.
[8] 차범석, 「리얼리즘 연극 소고」, 『연극학보』 2집, 동국대학교 연극영상학부, 1968, 48쪽.

원색적 애욕을 극히 자연스럽게 가미, 작품을 밀도 있게 구성함으로써 차범석의 대표작일 뿐만 아니라 해방 이후 리얼리즘 희곡의 최고봉"9이라고 극찬하였다.

천승준도 유사하게 평가하였다. 〈산불〉의 키포인트가 되는 이 애정의 정황은 지극히 소박하고 진실한 본능의 바탕 위에서 개화된 성질의 것이기 때문에, 한층 정직하면서 또 슬프고 아름답기까지 하다. 이 같은 본능적인 애정의 카테고리에는 애초부터 사랑의 논리니, 공식이니, 가치니 하는 문제가 무고한 것으로 제외될 수 있기 때문에, 이들의 정사는 한갓 산골짜기에 조각된 자연의 한 현상과도 같이 담백한 초연성을 갖는다."10

〈산불〉이 1962년 12월 국립극장에서 상연되었을 때, 극작가 이근삼은 6·25와 가르시아 로르카의 〈베르나르다 알바의 집〉을 혼합한 듯한 느낌을 준다면서, 또한 그 해의 최고 작품으로 평가한 바 있다.11 〈베르나르다 알바의 집〉은 로르카의 1936년도 작품으로서 폐쇄공간에 갇힌 여자들의 욕망에 대한 억압을 전면에 내세운 강도 높은 욕망극이다.

〈산불〉 또한 욕망극인데, 전쟁의 와중에 남자들이 모두 죽거나 행방불명되는 까닭으로, 과부들만 남아 생활하고 있는 지리산 산골마을 P부락을 배경으로 펼쳐진다. 이곳은 아이러니컬하게도 욕망의 무풍지대다. 욕망은 '억압된 것의 귀환'으로, 하나의 무의식적 증상이다. 이러한 증상 차원의 은유를 '욕망의 사실주의'라 부르자! 사실주의는 욕망이라는 기표를 뚫고 올라오는 사회적 증상이기 때문이다.

---

9 유민영, 「변천하는 사회의 풍속도」, 『한국현대희곡사』, 기린원, 1988, 458쪽.
10 천승준, 『현대한국문학전집-9, 파국의 드라마』, 신구문화사, 1965, 485쪽.
11 이근삼, 「이 해의 가장 큰 수확-국립극단 〈산불〉 공연」, 『한국일보』, 1962. 12. 29.

이것에 관해서 이승희도 비슷한 말을 했다. "사실주의 극은 객관적으로 존재하는 세계를 가능한 한 충실하게 재현하고자 한다는 점에서, 그리고 극적 환영을 통해서 현실을 형상화한다는 점에서 '은유적'이라 할 수 있다. 차범석 작품은 현실에 대한 은유적 접근을 통한 사회적 발언이라 할 수 있다."[12]

이승희의 말을 빌자면, 차범석은 결국 한국전쟁이라는 역사적 사건에 대해 사회적 증상의 방식으로 발언한 것이다. 전쟁 통에 과부가 된 '점례'와 '사월'의 욕망을 통해 이데올로기 그 너머에는 아무 것도 없다는 것을 보여줌으로써, 이데올로기와 인간 욕망의 거리에 대한 객관적 시야를 확보하려고 노력했다. 이처럼 차범석의 사실주의 극은 다양하면서도 은밀한 사회적 욕망을 재현한다.

이에 우리는 차범석 희곡을 사실주의의 관점을 위주로 분석한 기존의 차원을 넘어서, 새로운 시각으로 접근할 필요성을 느낀다. 이런 차원에서 필자는 〈산불〉에 나타나는 욕망의 문제를 다뤄보려 한다. 1장에서는 욕망과 관련지어 〈산불〉이 하나의 증상임을 추적하고, 2장에서는 욕망의 주체를 발생시키는 극의 공간 구조에 대한 이해를 높이고, 3장에서는 욕망의 순환과 그 순환과정에 따라 변해가는 성적 주체의 모습을 파악한 후, 4장에서는 〈산불〉에서는 죽음충동에 얽힌 욕망의 시대적 본질을 밝혀 보려고 한다.

---

[12] 이승희, 「1960년대차범석희곡연구」, 『한국극예술연구제1집』, 한국극예술연구회, 2000, 196쪽.

2. 욕망을 위한 공간 배치

공간은 육체에게 명령한다. 공간은 몸짓, 여정, 경로를 지시하거나 금지한다. 공간은 이렇게 할 목적으로 생산되었다. 이것이 바로 공간의 의미이며, 궁극적인 목적이다.[13] 이러한 공간 읽기는 〈산불〉에 등장하는 사람들의 일상적 공간이 저항할 수 없는 욕망의 공간이라는 사실을 알게 해주며, 그 공간에서 생활하는 주체의 모습을 예상하게 한다.

〈산불〉에서 극이 이뤄지는 공간은 '멀리 소백산맥의 산줄기와 험준한 천왕봉이 보이는', '주위가 온통 산으로 둘러싸인 P부락'이다. P부락은 전쟁 전에는 부락 주민들이 자연의 품에 안겨 생활하는 주체의 공간이었지만, 전쟁 중에는 부락을 둘러싸고 있는 지리산과 남강이 이념의 경계를 자연스럽게 구획지음으로써 타자의 공간으로 바뀐다. 즉, 주체의 공간이었던 P부락은 타자(공비와 국방군)에 의해 지배받는 비주체적 폐쇄 공간이 되었던 것이다.

희곡의 전반부 무대 설명에서 P부락에 대해 '사방이 산이라 보기엔 포근해 보이지만, 사실은 분지가 되어서 눈이 많고 추위가 혹심한 고장'이라고 부가 설명을 하고 있다. 비유적으로 말하면, 아이는 어머니의 따뜻한 품속에 있지만, 그 어머니는 궁극적으로 아이에게 타자라는 것을 떠올리게 한다. 이럴 때 연결되는 개념이 '환상'[14]이다. 주

---

[13] 앙리 르페브르, 양영란 옮김, 『공간의 생산』, 이산, 2011, 228쪽.
[14] 프로이트는 상상으로 보여주는 장면을 가리키기 위해, 즉 무의식적 욕망을 상연하는 무대를 가리키기 위해 '환상'이란 용어를 사용하였다. 이 장면에서 그 즉시 명확하게 드러나지는 않지만, 주체는 변함없이 한 가지 역할을 수행한다. 상상된 장면은 의식적일 수도 무의식적일 수도 있다. 이 환상은 주체가 자신의 욕망을 계속 유지할 수 있게 해주는 것이며, 소멸해 가는 욕망의 수준에서 주체가 자신을 유지할 수 있는 것도 환상에 의해서이다.(딜런 에반스 지음, 김종주 외 옮김,

체는 타자의 욕망의 틈을 메우기 위한 수단으로 환상을 만들어낸다.

전쟁 전 주체의 공간인 P부락도 전쟁 중에는 마을 주민들의 이념적 분열로, P부락 전체가 누구의 지배를 받느냐에 따라 주체의 공간과 타자의 공간으로 양분되기 때문에, 그리 간단하게 설명되지 않는다. P부락의 중심은 거의 모든 극이 이뤄지는 양씨 집이다. 이 집을 주체의 공간으로 보면, 그 외 다른 집들은 타자의 공간이 된다. P부락이 지리산과 남강으로 둘러싸인 비주체적 폐쇄 공간인 것처럼, 양씨 집도 똑 같은 방식으로 설명될 수 있다.

> 뒷간 옆으로 오르막길이 있어 무대 안쪽으로 통하며 이 길은 다시 무대 상하수로 뻗친 길과 교차된다. 그러므로 한길 위에 서 있노라면 이 집 마당이 눈 아래 내려다보임과 동시에 멀리 배경으로 소백산맥의 산줄기와 찬왕봉이 바라보인다.
> ― 〈산불〉, 《한국현대대표희곡선집 2》, 331쪽

양씨 집 사방으로 한길이 배치되어 있다. 이 길은 집보다 높아서, 오가다가 내려다 볼 수 있는 공간에 위치한다. 언뜻 보기에는 넉넉한 개방공간으로 보이지만, 시각에 따라서는 자유롭지 못한 포박 상태에 놓여 있다고도 볼 수 있다. 이러한 공간구조는 등장인물이 펼치는 욕망을 위해 설정해 놓은 사전 포석처럼 보인다.

이 길은 또한 양씨 집을 완전히 둘러싸고 있어, 양씨 집을 옥죄는 역할을 한다. 그러나 양씨 집은 그 자체로 완벽하게 고립되어 있지 않고, 하나의 틈을 가지고 있다. 즉 '대밭'으로 연결되어 있다. 대밭을 오가는 욕망은 규복이 숨어 있는 대밭을 향해 움직이는 점례와 사월의

『라깡 정신분석 사전』, 인간사랑, 1998, 〈환상〉 참조)

발걸음보다, 또 대밭에서 점례와 사월을 기다리는 규복의 마음보다 더 빨리 움직인다. 모든 욕망은 억압과 직접적인 관계를 맺고 있다.

대밭은 극에서 유일하게 양씨 집 이외의 독립공간이다. 규복이 양씨 집에 잠입하여 점례를 만난 후, 둘이 본격적으로 사랑을 나누게 되는 3막 2장에서 그 전경이 드러난다. 그리고 그 시점은 점례가 병영댁과의 대화를 통해 바깥 세상의 사정에 대해 소상히 알게 된 이후다.

대밭은 규복이 P부락으로 잠입하는 순간, 억압된 욕망이 활동하는 은밀한 공간으로 바뀐다. 모든 욕망은 자신의 행동이 아무에게도 발각되지 않기 위해 비밀스럽게 움직이지만, 언젠가는 노출되기 마련이다. 규복과 점례 사이에 사월이 끼어들면서, 그들의 욕망은 죽음충동의 단계로까지 치닫는다. 모든 충동은 죽음충동이라는 것을 증명하듯이, 사월은 비극적 죽음을 선택한다. 이렇듯 대밭은 상처인 동시에 환상이라 할 수 있는 증환을 발생시키는 공간, 즉 욕망 이야기의 중핵으로 작동하는 곳이다. 우리는 극의 무대를 설명하는 최초의 지문에서 "막이 오르면 뒷산에서 까마귀 우는 소리가 요란하다."는 문장을 만난다. 이 문장은 작품의 분위기가 죽음충동으로 휩싸여 있다는 것을 암시한다.

전면에 노출된 양씨 집을 잠시 뒤로 하고, 은밀했던 대밭의 전경을 고스란히 드러내 주는 장면에서, 관객은 관음증까지 경험하게 된다. 비장하면서도 은밀하게 전경을 드러내 보이는 방식은, 작품에 확실한 욕망의 장치를 만들기 위한 차범석의 고도의 전략이다.

여기서 욕망의 공간과 더불어 주체를 새롭게 탄생시키는 또다른 공간 '천왕봉'을 떠올려 보자. 극에서 주민과 공비 그리고 국군은 보로메오 매듭처럼 긴밀하게 엮여 있다. 셋은 모두 지리산이라는 대타자 안에서 대립적 질서를 이룬다. 그 대립적 질서의 한가운데에서 그들이 공유하고 있는 것이 바로 천왕봉이다. 여기서 천왕봉은 이들 모두가 꿈꾸는 욕망의 대상원인, 즉 소타자(a)가 된다. 작품에서 극의 서사를 밀도 있게 전개시키며, 등장인물의 긴장감을 높여주는 것이 바로 천왕봉이기 때문이다. 이 소타자의 존재를 확인함으로써, 우리는 〈산불〉에 나타난 욕망 이야기를 좀더 쉽게 이해할 수 있게 된다.

일반적으로 주체는 나로 통하며, 나 이외는 모두 타자이다. 그러나 정신분석학적 입장에서 보면, 그 진실은 달라진다. 나는 타자가 욕망하는 대상을 욕망하며, 타자가 욕망하는 방식으로 욕망한다. 나(주체)는 곧 타자를 욕망하며, 욕망하는 타자이다.

차범석은 〈산불〉에서 라캉이 말하는 상상계, 상징계, 실재계의 공간을 모두 배치했다. 전쟁이 일어나기 전, P부락 주민들은 천왕봉을 신성(소타자)하게 여기며(상상계) 살았다. 이때 P부락 주민들은 상상계의 거울 앞에 선 아기에 비견될 수도 있다. 그 이자관계의 오인의 구조 속에서 P부락 주민들의 에고가 형성되었기 때문이다. 그러나 그 천왕봉에 공비들이 숨어들고 마을로 내려와 P부락 주민들을 괴롭히자, P부락 주민들은 이제 천왕봉을 타자로 인식하기 시작한다. P부락 주민들은 상상계의 나르시시즘적 환상 속에서 깨어나 상징계의 문명적 세계로 진입하게 된 것이다. 이때 대부분의 P부락 주민들은 욕망의 변증법적 운동이라는 주체화 과정 속에서 새로운 주체가 된다.

그러나 그 주체는 항상 과정 중에 있다. 왜냐하면 모든 주체는 과정 중에 있는 주체이기 때문이다. 예를 들어, 대밭은 욕망이 충족되지 않은 일상생활 속의 남은 차액일지 모른다. 주체는 욕망의 회로를 맴돌며, 분열과 탄생을 반복한다. 극의 마지막 부분에서 대밭이 주민들을 분열시키고, 주민들을 또 다른 주체로 거듭나게 만든다는 사실에서 그것을 읽을 수 있다.

3. 성적 주체와 욕망의 순환

극은 꽁꽁 얼어붙은 겨울에서 시작된다. 계절에 얼어붙은 듯 극 전반도 매우 경직되어 있다. 겨울로 들어서며, P부락 주민들은 지리산의 품이라는 상상계에서 참혹한 현실이라는 상징계로 진입하며 새로운 주체로 태어난다. 이때 P부락 주민들은 전쟁으로 인해 잃은 가족에 대한 슬픔으로 가득하다.

시간이 지남에 따라, 그들은 조금씩 삶에 대한 활력을 되찾는다. 하지만 산골이라는 특수한 공간에서 그 치유 과정은 더딜 수밖에 없다. 그 더딘 과정에서 주목할 만한 심리현상이 나타나는데, 바로 신경증이다. 이 신경증을 지배하는 것은 의심이다. 확신만이 있고 의심이 없던 시기, 천왕봉을 의지하고 살던 시절에는 의심이 없었지만, 이제 마을에 의심이 확산된다.

그 의심의 중심에는 양씨와 최씨가 있었다. 그 의심의 뿌리는 당시 부락의 최대 이슈였던 사상에 있었는데, 당연히 천왕봉에 은거했던 공비들이 마을을 들락거리며 나온 현상이다.

양씨: 아니 그럼 내가 자진해서 맡았단 말이야? (하며 다시 덤빈다)
최씨: 홍! 누가 그 속을 모를 줄 아나? 그렇지만 아무리 요사간사를 다 떨어도 반동이란 딱지는 안 떨어지지 안 떨어져!

이 말에 부락 사람들은 전에 없이 동요하기 시작한다. 그러나 김노인은 아랑곳없다는 듯 담배만 피우고 있다.
— 〈산불〉,《한국현대대표희곡선집 2》, 334쪽

전쟁 통에 잃어버린 아들 때문에 고통스러운 양씨는 도달할 수 없는 것을 욕망하는 강박신경증에 시달리며, 사사건건 걸고넘어지는 최씨는 욕망을 불만족한 상태로 유지하고 있는 히스테리 환자이다. 그러나 두 사람은 대립하는 것처럼 보이지만, 욕망의 만족과 실현을 저지하기 위해 어떤 식으로든 장애물을 설정한다는 점에서 동질적이다. 이들은 상호 의존하는 주체로서, 서로를 비추는 거울 속의 영상과 같다. 여기까지가 1막이다.

마을의 젊은 여인들은 나이 든 양씨와 최씨의 경우와 좀 다르다. 전쟁이 있기 전, 젊은 여자들은 '아내의 정숙'이라는 부권적 권위를 내면화함으로써 문화 속 주체로 살아왔다. 지금은 전쟁 통에 남자들이 모두 사라진 상황, 즉 부권적 권위가 붕괴된 후인 2막부터 욕망이 서서히 표출되는 국면으로 들어선다. 여기서부터 〈산불〉의 실질적 출발점이 시작된다.

차범석의 작품에서 여성의 성적 욕망이 부각되어 있는 예는 〈청기와집〉과 〈장미의 성〉 같은 작품에서도 찾아볼 수 있다. 여기서 여성의 성적 욕망은 공통적으로 남성의 부재로부터 기인한다.[15] 하지만, 이 작품들에서는 동성애가 함께 나타나고 있어, 여성의 성적 욕망은 〈산불〉에 특히 집약되어 있다고 보아야 한다.

쌀레네: 앓긴! 흥……(의미있는 미소로) 새파란 과부의 병이란 속 아는 병이니 무서울 건 없대두! 홋호……
점례: (무슨 뜻인지 비로소 알겠다는 듯 웃으며) 아이 망할 것! 쌀레네는 남의 병 진맥도 잘하니 속 편하겠구먼!
쌀레네: 중이 제 머리 못 깎는다고 낸들 말은 안하지만 (한숨) 그렇지만 과부 속을 과부가 안 알아주면, 누가 알겠어? 홋호……

---

[15] 이승희, 앞의 논문, 216쪽.

점례와 쌀레네가 소리내어 웃다 말고 쓸쓸히 앉아 있는 사월에게 시선을 돌린다.

— 〈산불〉, 《한국현대대표희곡선집 2》, 348쪽

처음부터 욕망의 인물로 설정된 사월은 단연 돋보인다. 점례는 가정과 사회가 포괄하고 있는 문화적 기표로 설정되어, 쉽게 그 기표를 거부하며 욕망을 적극적으로 실현할 수 없었다. 그러나 2막 마지막에 천왕봉으로 숨어들어가 대남 투쟁을 벌이던 공비 집단에서 탈출한 규복이 등장하는 3막에서부터, 그녀의 욕망은 본격적으로 활동하기 시작한다.

이 대목에서 반드시 짚고 넘어가야 할 중요한 사항이 하나 있는데, 바로 3막 첫 부분에 등장하는 병영댁의 기능이다. 병영댁은 산골마을까지 포목을 팔러 다니는 도붓장수이다. 그녀는 점례와의 대화를 주도하며 오랫동안 P부락에 머문다. 주연급이 아님에도 불구하고 너스레를 포함한 많은 분량의 대사를 할당 받고 있는데, 언뜻 보면 병영댁의 기능은 작품 전반부에서 미처 다 설명되지 못한 전쟁 피해상황을 보충 설명해주는 것처럼 보인다. 만약 그것만을 위해 병영댁이 등장한 거라면, 〈산불〉은 예전의 멜로드라마와 같은 것으로 추락하고 말 것이다. 그렇다면 병영댁의 다른 기능은 무엇인가?

병영댁의 대화는 삶의 현실적 운명에 대해 자아가 암소화(暗所化)[16]하는 상황을 보여주는 대목으로, 친족과 이웃의 비극적 죽음을 객관화함으로써, 그 고통으로부터 탈출하려는 것이다. 차범석이 병영

---

[16] 암소화(暗所化)란 환자가 자기의 자아와 상충되는 모든 것의 존재를 부정하려고 하는 정신적 암점(暗點)의 발달을 말한다.(지그문트 프로이트 지음, 김정일 옮김, 「절편음란증」, 『성욕에 관한 세 편의 에세이』, 열린책들, 320쪽)

댁에게 부여한 궁극적인 임무는 바로 전쟁 중에 죽은 비극적 운명에 빠진 애도의 대상들을 객관화하는 '타자화'에 있다. 〈산불〉이 최고의 사실극으로 평가받게 된 데는, 완충역이면서도 극의 전개에 탄력을 준 병영댁의 이러한 역할에 있었다고 해도 과한 표현은 아닐 것이다.

> 병영댁: (위로하며) 그렇지만 또 알우? 죽었던 사람이 살아 나오는 수도 있으니까. 글쎄 이런 일이 있었죠. 우리 먼 일가 되는 분인데 지난 가을 빨갱이들이 후퇴하면서 마을 유지란 유지들을 굴비 두름 엮듯 해서 끌고 가지 않았겠수?……(중략)……전에는 돌보지도 않던 선산을 고치고 다듬고 하며 그런 야단이 있었다우…… 홋호…….
> ─〈산불〉,《한국현대대표희곡선집 2》, 366쪽

병영댁은 남편이 반동으로 몰려 죽었음에도, 그 비극을 삶의 운명으로 받아들였기에 주체적 삶을 살아갈 수 있었다. 이 사실은 대화 안에 죽은 자들의 상세한 이력을 등장시키는 것에서 확인할 수 있으며, 그 이야기에 냉소까지 곁들이는 것에서 더욱 확실해진다. 죽은 자를 타자화하며 고통스런 현실에 편입하는 것, 영혼의 상처를 드러냄으로써 삶의 에너지로 승화하는 것. 이런 것들은 주체가 삶을 살아가기 위한 생존 전략이기도 한 것이다. 이점은 점례도 마찬가지다.

> 점례: 이 마을에도 그런 일이 있었죠. (쓰라린 과거를 더듬으며) 인민군이 처음으로 쳐들어오자 하루는 집안의 남자들은 토끼바위 아래로 모이라지 않겠어요.
> 병영댁: 죽일려고?
> ……(중략)……

점례: 이런 난리가 있을까 무서워요. 제 남편은 그 난리가 일어나기
전에 피해 버렸지만 죽었는지 살았는지 종무소식이고……
— 〈산불〉,《한국현대대표희곡선집 2》, 366쪽

그런데 작품에서 삶의 타자화가 진행된 지점이 3막의 중간 부분이며, 이때 점례는 이미 규복과 관계를 맺은 후였다. 규복은 초등학교 선생으로 있다가 끌려가 빨갱이가 되었다. 그 빨갱이는 점례의 남편을 끌고 가서 죽였을지도 모른다. 점례는 병영댁의 삶의 타자화 과정에 적극 동참함으로써, 생사조차 모르는 자신의 남편은 아랑곳하지 않고 규복과 관계를 맺을 수 있었다. 이처럼, 점례는 즉물적인 사월과 달리, 삶의 타자화 과정을 거친 후에야 다음 단계로 나아갈 수 있었다.

4. 죽음충동과 반성적 주체

규복과 관계를 맺은 후에도, 사회의 성적 규범 때문에 점례는 괴로워하지만, 삶의 타자화 이후부터는 한결 자연스러워진다. 모아 두었다가 장에 내다 팔아 양식을 구해야 할 집안 재산인 계란까지 시어머니 양씨 몰래 규복에게 갖다 바칠 수 있게 된 것이 그 예다.

사월은 양씨 집 옆의 최씨 딸로, 남편이 빨갱이로 몰려 죽자 과부가 되었다. 사월은 관습과 상관없이 자신의 욕망을 거침없이 즉각 실현하는 존재로, 타자가 무엇을 원하는지에 대해 상관하지 않는다. 이는 욕망의 매듭을 풀어가는 그녀의 방식이다. 점례와 규복의 관계를 알게 된 어느 날, 사월은 점례에게 위험한 제안을 한다. 그로 인해 두 사람은 점점 위기 속으로 휘말려 들어간다. 사월의 욕망이 보여주는

모습은 성적 충동을 넘어서는 죽음의 충동이기 때문이다.

사월: 나도 그 남자를 돕고 싶어!
……(중략)……
사월: 우리 둘이서 하루씩 번갈아 가면서 그 분을 돌봐주잔 말이야!
……(중략)……
사월: 염려 말래두! 점례에게 소중한 남자는 내게도 소중하니까!
(불타오르는 욕정을 억제하며) 고이 간직하겠어! 염려 말어!

점례는 미어질 듯한 가슴을 안고 마루 끝에 가서 쓰러져 운다. 사월은 천천히 대밭 있는 쪽으로 걸어간다.
— 〈산불〉, 《한국현대대표희곡선집 2》, 376~377쪽

규복을 욕망의 대상으로 함께 공유하자는 사월의 제안은 전쟁 중에 부권의 사회적 기능이 붕괴되었음을 극단적으로 보여준다. 또한 그 상황에서 규복은 그녀들과 공모한다. 규복 또한 사회적 부권보다 생존하기 위해 자신의 보호자가 더 필요했던 것이다. 규복은 생존하기 위해서, 점례는 사랑을 위해서, 사월은 성적 욕망을 위해서 각각 관계를 맺지만 모두 쾌락을 추구한다는 점에서 동일하다.

그런데 사월의 경우가 특별히 독자에게 극도의 불안감과 이질감을 느끼게 하는 이유는 무엇일까? 여기서 지젝이 말하는 안티고네와 이스메네 차이를 적용해 봐도 좋을 것이다. 작품에서 독자와 동일시할 수 있는 인물은 점례(이스메네)이다. 점례는 너그럽고, 이해심 많고, 정서적이며, 인간적이다. 반면 사월(안티고네)은 자신의 욕망과 관련해서 한 치의 양보도 하지 않으며, 죽음조차 불사한다.

사월은 일상에 파묻혀 있던 다른 사람들에게 "그녀가 정말로 원하

는 것은 무엇이지?"라는 질문을, 그녀와 어떠한 동일시도 불가능하게 만드는 그 질문을 불러일으킴으로써 전쟁으로 인한 삶의 폐허를 고발하고 있는 것이다.¹⁷ 환상은 순수 욕망을 추구하는 데 걸림돌이 된다. P부락 주민들은 욕망의 틈을 메우기 위한 수단으로 이념적 환상 속에 빠져 살아왔다. 하지만 사월은 그런 이념적 환상 대신 순수 욕망을 택했고, 국가와 이념적 윤리로 무장된 공공선에 이의를 제기하며, 진정으로 우리에게 이념이 어떤 의미가 있는지에 대한 질문을 제기했던 것이다.

이러한 사월의 순수 욕망이 추구하는 길은 순탄하지 않다. 급작스럽게 전개되는 도착적 동일시는 욕망이 아닌, 금지를 벗어나는 초법적 충동의 차원의 것이었다. 아닌 게 아니라 그들 앞에 미래에 대한 불안이 엄습한다. 이제 두 여자는 그 불안 앞에서 부권적 기능을 대체할 만한 아이디어를 낸다. 사회적 윤리의 틀이 아닌 "도덕적 윤리를 즐겨라"를 고안했던 것이다.

겨울을 지나, 초봄이 되었다. 여기서 4막이 시작된다. 국군이 들며 부락은 새로운 국면을 맞는다. 마을로 새로 진입한 존재(국방군), 그것은 억압에 대한 해방을 뜻하면서도 한편으로는 질서를 의미한다. 공비는 완전히 소탕될 것이고, 그 안에서 사랑놀이는 의미가 없어진다. 부락 여자들의 관심은 이제 욕망으로부터 멀어진다. 이념은 사라

---

[17] 안티고네의 여동생인 이스메네는 "상냥하고 이해심이 많으며 매사에 민감하고 양보할 자세가 되어 있다. 한마디로 그녀는 정서적이며 '인간적'이다. 반면에 안티고네는 극단적이며 '자신의 욕망과 관련해선 한치의 양보도 없으며'(라캉), 모든 일상적인 감정과 생각, 열정과 공포를 넘어서 죽음충동을, 죽음을-향한-존재를 고집한다. 다시 말해 안티고네는 감정적이고 연민어린 일상에 파묻힌 우리에게 '그녀가 정말로 원하는 것은 무엇이지?'라는 질문을, 그녀와의 어떠한 동일시도 불가능하게 만드는 그 질문을 불러일으킨다."(지젝, 『이데올로기라는 숭고한 대상』, 인간사랑, 2002, 205쪽)

지고, 이념과 전혀 상관없는 소문으로부터 5막이 시작된다.

    최씨: (양씨에게 다시 도전하며) 내 딸에게 물어 봐서 헛소문이면 어떡허지?
    양씨: 내 머리를 땋아 신을 만들지!
    최씨: (다짐을 받으며) 정말이지! 가만히 있어! (하며 가려고 하자 이웃아낙 을이 말린다)
    이웃아낙 을: 꼭 어린애들 같군! 그런 시간 있으면 나물이나 캐요! 과부끼리 사노라면 으례 헛소문이 나는 법이래두!
    — 〈산불〉, 《한국현대대표희곡선집 2》, 391쪽

국군이 대밭에 불을 지르려 등장하자, 마지막 종착점을 예감한 점례는 선택의 기로에 서게 된다. 대밭 안에 규복이 있고, 점례는 주민들 한 가운데 있다. 이 상황에서 점례가 내뱉는 일성은 대단히 위악적이다.

    점례: (빌면서) 그 대밭만은 태우지 말아요! 그걸 잃어버리면 우린 다 죽어요…… 우리 식구를 살리려거든 대밭을 살려 주세요

    점례의 진실한 태도에 모두들 절박감을 느낀다.
    — 〈산불〉, 《한국현대대표희곡선집 2》, 397~398쪽

점례는 형식적으로 가족을 위한 것처럼 외치지만, 사실은 규복을 구하기 위한 것이다. 그 말은 경계자로서의 자신의 모습을 명확히 할 뿐이었다. 점례는 점점 미쳐간다. 혼란스럽기는 P부락 주민들도 마찬가지다. 국군이 대밭에 불을 지르면, 자신들 점령지에 해를 입히는 것

이므로, P부락 주민들은 그들에게 저항해야만 한다. 허나 국군을 처벌하기엔 그들은 너무 나약하다. 게다가 그 불은 그간의 이념적 갈등을 해소하며, 새로운 출발을 알리는 상징이 아닌가?

P부락 주민들은 공비 토벌이라는 이념 앞에 마땅한 대응방법을 찾을 수 없었다. 대밭에 불이 붙기 시작하자, 쌀례네처럼 "총 몇 방을 쏘니까 화악하고 타오르는 게 아주 속이 시원해.", "내 욕심 같아서는 아주 이 산을 불살라 버렸으면 좋겠어!"라며 그동안 억눌렸던 욕망의 흔적을 보여주거나, 남의 집 불구경하듯 넋두리만 할 뿐이었다.

> 잠시 후 총소리가 연달아 일어나자 대나무에 불붙는 소리와 함께 연기가 퍼져 나온다. 점례와 양씨는 넋나간 사람처럼 말없이 뒷걸음쳐 나간다. 거기엔 절망이라기보다 공허감이 더 깊다.
>
> 쌀례네: 정말 아까운 대밭이었는데……
> 이웃 아낙 을: 이게 얼마 있으면 죽순이 한창인데…… 아깝지……
> 이웃 아낙 갑: 어이구…… 우리 살림은 하나씩 하나씩 없어지기만 하지, 느는 것은 나이 뿐이니.
> ― 〈산불〉, 《한국현대대표희곡선집 2》, 398쪽

이 상황에서, 점례는 P부락 주민들과는 확고하게 다른 주체로 서기 위해, 잠시 자신을 추스른다. 그 첫 반성적 기도는 죽음의 공포에서 벗어나기 위한 광기의 표출로, 자신을 규복과 '도착적으로' 동일시하는 것이다.

하늘엔 불꽃이 모란보다 더 곱게 물들어 간다. 여기저기서 사람들

이 모인다. 훨훨 타오르는 불길 앞에서 그저 혀만 차고 있는 허탈한 얼굴들

 점례: (갑자기 일어서며) 선생님! 선생님! 안돼요!

하며 뛰어가려 하자 몇 사람이 붙들고 말린다.

 쌀레네: 참어! 점례! 정신을 차리라니까!
 점례: 나도 같이 타 죽을 테야! 대밭으로 보내줘!
       — 〈산불〉,《한국현대대표희곡선집 2》, 398쪽

점례는 '총에 맞아 의식을 잃은 규복'이 자기집 마당으로 질질 끌려나오자, 이성을 상실한다. 그러나 현실감각이 남다른 점례는 모든 사태를 체념하듯 수용하는 P부락 주민들의 태도를 빨리 파악한다. 여기서 두 번째 반성적 기도가 일어난다. 정신적 충격에서 벗어나 생활의 현실로 복귀하기 위해, 이전과는 반대로 규복과의 관계를 타자화하는 것이다.

 사병B: 대밭에다 움을 파고 오랫동안 살아온 흔적이 있던데 아무도 모른단 말이오?

서로가 고개를 좌우로 젓는다. 점례는 멍하니 내려다 보고만 있다.

 양씨: 우리 대밭에 사내가? (점례에게) 너도 못 봤지?
 점례: (고개만 저을 뿐 대답이 없다.)
       — 〈산불〉,《한국현대대표희곡선집 2》, 400쪽

규복의 존재를 알게 되었던 사월의 욕망은 규복이라는 원인에 고착된 바 있다. 그것은 규복이 죽기라도 한다면, 사월의 욕망이 깊은 수렁에 빠지게 될 것임을 암시한다. 곧 사월의 죽음을 의미한다. 실제로, 규복이 총에 맞아 시체가 되어 나타나자, 사월은 양잿물을 마시고 자살한다. 사월의 욕망을 죽음으로 마무리한 차범석은 이 대목에서 욕망의 리얼리티를 더욱 부각시켰다.

사실 성적 욕망이 죽음의 다른 이름이라는 사실은 제3막에 나오는 토끼바위 사건을 통해 암시되었다. 토끼 바위는 사월과 규복이 남 몰래 사랑을 나누던 곳이기도 하지만, P부락의 남자들이 인민군에게 학살당한 죽음의 장소이기도 하다. 그 죽음의 장소는, 극 중 내내 마을을 선회하던 까마귀가 쌀례네를 그곳으로 유인하여, 그녀가 그토록 그리던 남편의 시체를 발견하게 함으로써 그것을 증명한다.

이제 자신들의 성적 욕망을 즐기던 세 사람 가운데, '규복과 사월'은 죽고 점례만 살아남았다. 그녀가 마지막으로 우리에게 보여준 반성적 주체의 모습은 규복에 대한 인륜적 애도의 모습과, 쾌락원칙의 한계를 넘어서려던 사월의 욕망이 보여준 자유에 대한 증인의 그것이었다.

점례는 말없이 규복의 시체 옆에 다가와서 손발을 반듯이 제자리에 놓는다.
사병B: 손을 대지 말아요!
점례: (거의 무표정하게) 내가 손을 댄다고 시체가 되살아나서 말을 하진 않을 거예요. 모든 것은 재로 돌아가 버렸으니까…… (하며 서서히 일어선다.)

하늘이 피보다 더 붉게 타오르자 규복의 얼굴에도 반영이 되어 한결 처참하게 보인다.

　멀리서 까치 우는 소리

　마루 끝에 앉아 있던 김노인이 또 밥을 재촉한다.

　최씨의 곡성이 높아진다.

　　　　　　　　　— 〈산불〉,《한국현대대표희곡선집 2》, 401쪽

5. 아름다운 영혼의 과정

　차범석은 〈산불〉의 작의에서 "일정한 방향이나 의식도 없이 끌려다니는 무지한 사람들의 애정의 원색은 곧 적나라한 인간의 모습이기도 한 것이다. 나는 여기, 문명도 의욕도 찾아볼 길 없는 깊은 산 속에서 그릇된 사상의 희생과 갈등을 통해 지난 날 우리 민족이 겪었던 상처를 어루만지며 잃어버린 인간성을 찾고자 붓을 들었다."[18]고 말했다.

　이러한 차범석의 말을 신경증적 환상의 차원에서 이야기해보자. 〈산불〉의 서사를 '신경증적 환상'의 시각에서 살펴보면, 전쟁의 참상은 신경증적 환상의 서사를 추동시키는 보완적인 역할밖에 하지 못한다. 신경증적 환상은 항상 욕망의 대상원인, 즉 소타자(a)와 관계를 맺는다. 이 신경증적 환상을 극복하지 못하면, 사람은 계속 히스테리를 앓게 된다. 정신분석 이론의 관점에서 볼 때, 차범석의 〈산불〉은 전쟁 중에 히스테리를 앓고 있는 P부락 주민들의 집단적 욕망에 관한 보고서라 할 수 있다. 그리고 그것은 신경증적 환상에 대한 사회적 증상의 역사적 차원을 증거한다.

---

[18] 차범석,「국립극단 제 29회 공연 팜플렛」, 1962.

히스테리를 앓고 있는 P부락 주민들은 성적 욕망의 문제를 해결함으로써만 신경증적 환상을 횡단할 수 있었다. 하지만 〈산불〉의 종착지에 도착해보면, P부락 주민들은 사회적 부권의 권위로 돌아갔고, 점례는 규복의 시체를 앞에 두고 허무의 늪으로 빠져들고, 사월은 성적 욕망에 대한 죗값으로 비극적 죽음을 선택했다.

이렇게 보면, 차범석은 〈산불〉에서 신경증적 환상을 횡단할 수 있는 방법에 대해서는 전혀 이야기하지 않았다. 우리는 여기서 비극적 죽음을 선택한 사월을 되새겨 볼 필요가 있다. 그녀의 행위가 비록 사회적 규범의 한계를 돌파하는데 실패했으나, 성적 욕망을 억압하지 않고, 그것의 만족을 주체에게 가져다주었다는 점에서 무의미한 것만은 아니다. 〈산불〉이 멜로드라마를 극복한 욕망의 사실주의로 평가할 수 있는 것도 여기에 있다.

성적 욕망의 억압은 사회적 금기를 통해 지속된다. 그 사회적 금기가 억압의 차원에서 반복되면 될수록, 신경증적 환상은 사라지질 않는다. 여기에 〈산불〉의 문학적 핵심이 놓여 있다. 〈산불〉은 전쟁의 참상을 고발하는 휴머니즘 작품이라기보다, 또 한국전쟁에 관한 지식인의 승화 작업이라기보다, 신경증적 주체의 성적 욕망의 해방을 겨냥한 리얼리즘 작품인 것이다.

대나무 꽃은 좀처럼 피지 않는다. 하지만 필 경우에는 온 대나무밭에서 일제히 피고, 그 다음해 모두 고사한다. 대나무에 꽃이 피는 이런 특수한 현상을 개화병(開花病) 혹은 자연고(自然枯)라고도 부른다. 〈산불〉에서 점례와 사월 그리고 규복이 대밭에서 벌이는 성적 욕망의 향연 속에, 향락은 고통(죽음)을 수반한다는 사실에 대한 은유적 의미가 내포되어 있는 것도, 작가가 의도한 것이 아니라면 우연치고는 아주 딱 맞는 우연이라 할 것이다.

우리는 한국전쟁이 우리 자신의 이데올로기적 원인으로 기능하는 바로 그곳에 서 있어야 한다. 즉, 사후적 차원에서 성적 욕망의 본환상과 대면해야 한다. 그 이유는 이데올로기적 원인으로 기능하는 근원을 무시하고 나아갈 경우, 이데올로기의 폭력성을 은폐하면서 민족의 정신적 외상을 반복할 확률이 높기 때문이다.[19] 이런 측면에서 〈산불〉은 성적 욕망에 충실하려고 했던 주인공들이 사회적 규범을 넘어서기 위한 아름다운 영혼의 과정을 보여준다.

---

[19] 이봉일, 『문학과 정신분석』, 새미, 2009. 131쪽 참조.

4 가족 서사와 아버지 콤플렉스

1. 서론

1970·80년대 문학의 거대담론은 민족문학론과 민족·민중으로 대표되는 사회주의 이데올로기가 중심이었으나, 1990년대로 접어들면서 새로운 변화를 요구받게 된다. 1990년대에는 거대 담론이 위축되었으며, 개인의 문제가 부각되어 일상의 미시적인 공간과 개인의 내적 정체성에 대한 탐구가 시도되었다. 탈리얼리즘, 페미니즘, 포스트모더니즘 등의 등장은 새로운 변화를 보여주는 것이다.

이러한 시대의 변화 속에서 김소진은 1970·80년대의 거대담론을 계승하면서, 그 동안 배재되었던 개인의 일상과 내면의 욕망에 관심을 보이면서 1990년대 문학의 새로운 변화를 모색한다. 그러니까 1990년에는 1970·80년대 민족문학론의 거대담론을 넘어서 개인의 일상을 발견해 내는 것이 시대적인 과제였던 것이다. 김소진은 1970·80년대의 거대담론 속에서 일상적 개인이 가지고 있는 내면의 상처를 보듬고, 그것을 치유하는 방법으로 그 과제에 몰두했다.

김소진 소설 연구의 대부분은 '아버지는 테제도 그렇다고 안티테제도 아니었다.', '아비는 개흘레꾼이었다.'라는 표현에서 확인되듯이 미아리에서의 가족사와 소시민의 삶의 애환, 지식인으로서의 갈등과 같은 범주를 크게 벗어나지 않는다. 나은경은 김소진의 소설에는 아버지와의 불화, 아내와의 불화, 그리고 허기와 탐식으로 그려져 있으며, 이러한 부정적 극복수단으로써 육체적, 언어적 배설행위가 이루어진다고 보았다.[1] 박미설은 김소진 소설을 텍스트 언어학적인 관점에서 '어휘적 측면'과 '대화체'로 구분하여 분석하였다. '어휘적 측면'에서는 상징어, 방언, 속담과 관용어구로 나누어서, 그리고 '대화체'에서는 주워섬기기, 퍼붓기, 주고받기, 말더듬기로 구분하여 고찰하였다. 그리고 '텍스트의 형성과 배열의 원리'에 대해서도 검토하였다.[2]

이숙은 정신분석학적인 관점에서 아버지와 어머니는 작품 속 인물인 '나'에게 콤플렉스를 심어준 장본인들이며, 이러한 부모의 모습은 '나'의 주변 인물들에게도 투사되고 있는 것으로 보았다. 자아정체성을 확립하기 위해서는 이러한 콤플렉스의 극복이 불가피하며, 이 극복과정이 김소진 작품세계의 대부분을 차지한다고 여겼다.[3] 박수연은 김소진 소설의 '문제적 개인'인 남성인물들이 가정과 사회에서 패배주의에 사로잡힌 채 정신적 황폐함을 드러내고 있거나 경제적 무능함 등으로 가부장의 권위를 상실하고 있는 것으로 보았다. 이러한 요인들로 인한 그들의 '남성상'은 거세위협을 받고 있음을 지적하고 '아버지다움' 즉 '부권의 기능과 역할'은 무엇인지를 검토하면서 '남

---

[1] 나은경,「김소진 소설연구」, 동국대학교 대학원 석사학위 논문, 2000.
[2] 박미설,「김소진 소설의 텍스트 언어학적 연구」, 카톨릭대학교 대학원 석사학위 논문, 2005.
[3] 이숙,「김소진 소설연구-작중인물의 콤플렉스를 중심으로」, 전남대학교 대학원 석사학위논문, 2003.

성성'의 결여 현상에 주목하였다.[4] 표란희는 김소진 소설에 나타나는 각각의 인물들이 여러 형태로 반복 변조되어 작품 속에서 유기적으로 살아 움직이는 인물들의 특성을 살펴보았다. 작중인물들을 경제적으로나 신체적으로 무능한 아버지, 헌신적이고 자기희생적인 어머니, 현실과 타협점을 찾는 지식인, 닫힌 사회 구조의 부조리함 속에서의 도시빈민층으로 분류하여 그들의 현실인식에 따른 행동양상 및 의식을 고찰하였다.[5]

이러한 고찰들은 달동네 사람들의 삶의 애환을 다룬 연구, 이념적 좌표를 상실한 1990년대 지식인의 고뇌와 갈등에 대한 연구가 중심이었다. 기존의 연구에서는 개인적 내면의 상처를 다룬 것이 다수였지만, 그 상처를 드러내는 치유적 글쓰기의 의미를 제대로 파악하지 못한 감이 있었다. 그래서 이 글에서는 김소진의 소설의 특징이 일상적 개인이 지닌 내면의 상처가 글쓰기를 통해 어떻게 치유되고 있는지 밝혀보려고 한다.

김소진 소설에서 주인공들은 오이디푸스 콤플렉스를 극복하지 못한 결과로 정신적 외상(Trauma)의 흔적을 뚜렷하게 보여주는데, 이런 정신적 외상을 표현하는 글쓰기는 내면에 억압되어 있던 무의식적인 상처를 드러냄으로써 그것을 치유하는 일련의 과정으로 볼 수 있다. 여기서 정신적 외상이라는 용어는 "유아기에 받은 느낌들은 정말로 없어진 것이 아니라 의식의 억압을 통해 의식으로 떠오르는 것을 제지당했을 뿐"[6]이며 "짧은 시간 내에 엄청나게 강한 자극의 증가

---

[4] 박수연, 「김소진 소설의 남성인물 연구」, 고려대학교 인문정보대학원 석사학위논문, 2006.
[5] 표란희, 「김소진 소설의 인물 연구」, 청주대학교 대학원 박사학위논문, 2011.
[6] 지그문트 프로이트, 김정일 옮김, 『성욕에 관한 세 편의 에세이』, 열린책들, 2002, 69쪽.

를 가져오는 체험"이자, "사고 순간에 대한 고착"[7]이다. 이러한 정신적 외상을 드러내는 김소진의 글쓰기는 "사회의 조직과 문명을 가능하게 하는 힘이고, 주체가 세계에 대한 자립을 성취하기 위한 조건"[8]이라는 점에서 개인의 내면적 상처를 치유하는 수단이 된다.

2장에서는 유년 시절 개인 일상의 본능적인 욕망을 드러내고 극복해 나가는 모습을 분석하고, 3장에서는 이데올로기의 갈등 속에 드러난 가족의 해체와 분열이 경제적으로 무능력한 '아버지'로 인해 생겨난 '어머니'와 '나'의 내면적 상처가 아버지의 죽음 이후 어떻게 치유되는지 그 과정을 살펴보고, 4장에서는 미아리 산동네를 중심으로 소시민들의 가난과 소외로 인한 사회적 욕망의 결핍과 그것이 해소되는 양상에 주목하고자 한다.

2. 성애의 충격과 그 극복

대개 한 사람의 생애는 어린 시절 오이디푸스 콤플렉스를 어떻게 빠져나오는가에 따라 그 양상이 달라진다. 김소진 소설이 1970·80년대 거대 담론인 민족문학론의 주요 문제의식에서 벗어나, 1990년대 개인의 일상 속에서 그 동안 잊혀져왔던 개인의 내면에 귀 기울일 수 있었던 것도 '아버지'를 미시적인 일상적 차원에서 바라보면서 가능했다.

먼저, 유년시절의 억압된 본능적인 욕망이 어떤 형태의 시선으로 표출되고 있는지 살펴보자. 소설 속의 '나'는 '문틈'이나 '옹이구멍'을

---

[7] 지그문트 프로이트, 임홍빈 홍혜경 옮김, 『정신분석강의』, 열린책들, 2002, 374쪽.
[8] 이봉일, 『문학과 정신분석』, 새미, 2009, 219쪽.

통해 성애 장면을 자주 목격하게 된다. 유년 시절의 성애 장면의 목격에 대해서 프로이트는 "아이들은 성교를 강한 자가 약한 자에게 강압적으로 행하는 행동으로 인식"[9]하게 된다고 말한다. 이 견해를 참조하면, 성애 장면의 목격은 단순 호기심이 아니라 억압된 본능적 욕망을 드러내는 한 방법이 된다.

A) 병문은 그 자리에 붙박여 그 광경을 망연히 내려다봤다. 그의 눈길은 한 과녁만 겨누고 있었다. 참외 속처럼 뽀얗게 드러난 춘하의 종아리가 그의 시선을 사정없이 빨아들이는 거였다. 오금이 저릿저릿해서 금세라도 허리가 푹 꺾일 참이었다.
종아리와 허벅지.
병문은 머릿속에서 올챙이처럼 서로 꼬리를 물고 떠오르며 숨박꼭질을 계속하는 두 단어를 쫓아내느라 머리를 세차게 흔들었다.
― 〈춘하 돌아오다〉,《열린 사회와 그 적들》, 121쪽.

B) 나는 무릎걸음으로 다가가 떨리는 손으로 미닫이문을 조금 열었다. 그러자 더욱 크게 문 틈새에서 흘러나왔다. 나는 엉겁결에 그 틈새로 눈알을 박았다. 방 안에는 상이용사와 여자가 있었다. 둘은 모두 벌거벗고 싸우는 중이었다. 여자를 깔고 올라탄 상이용사의 갈고리팔이 불쑥 허공으로 솟구쳤다. 나는 사내가 그 여자를 죽이려고 하는지도 모른다는 생각이 들었다.
― 〈길〉,《자전거 도둑》, 234쪽.

---

[9] 지그문트 프로이트, 김정일 옮김, 『성욕에 관한 세 편의 에세이』, 열린책들, 2002, 179쪽.

C) 나는 얼른 바닥 옹이 틈새에 눈을 박았다. 과연 필례였다. 그런데 말로만 들었던 그 사실을 난 직접 확인할 수 있었다. (중략) 나는 처음엔 털보가 필례의 몸을 레슬링 선수처럼 휘감아 뼈를 으스러뜨려 죽이는 줄 알았다. 얼핏 보매 필례의 저항도 만만치 않았다.

— 〈부엌〉,《신풍근 배커리 약사》, 126, 127쪽.

위의 인용 A)-C)에서 공통점은 유년 시절 '문틈'이나 '옹이구멍'을 통해 보았던 성애 장면들이 '나'의 정신적 외상으로 형성되어 성장 후에도 작동하고 있음을 보여준다. 인용 A)에서 '병문'은 미아리로 다시 돌아온 '춘하'의 종아리와 허벅지를 보고, 과거 '춘하'와 '아버지'와의 관계가 떠올랐다. 아버지는 숱한 남정네와 정분을 뿌렸던 '춘하'에게 빠져 '나'의 등록금을 그녀에게 가져다바쳤고, 등록금 마감일이 되어서야 그 사실을 알게 된 '나'는 가출을 하게 된다. 가출한 다음날 골목길에서 대머리가 까진 초췌해보는 처량한 남자가 '춘하'에게 고개를 조아리며 잘못했다고 말하고 있었다. 바로 아버지였다. '춘하'는 치마를 허벅지까지 올리고, 아버지의 낯짝을 후려치기도 하고, 남은 술을 아버지의 얼굴에 끼얹기도 했다. 그 모습을 보게 된 '나'는 공상을 할 때도, 군기교육대 가스실에서도, 가투에서도 춘하의 허벅지가 떠오르며 충동적 허기에 시달린다.

인용 B)에서 '나'는 2층 문틈을 통해 '상이용사'와 '여자'의 성애 장면을 목격한 후, 몸은 석고상처럼 굳었고, 몸을 뒤로 돌리려다 층계 아래로 굴러 떨어졌다. '나'는 심한 타박상을 입지는 않았지만, 이로 인해 고열이 계속 되는 육체적인 증상을 겪게 된다. 또한 물 이외에 아무것도 먹지 않고 의도적인 단식을 하게 된다.

인용 C)는 '나'가 다락방의 옹이구멍을 통해 필례와 털보의 섹스하는 장면을 본 후 한 여름이 지나 찬바람이 불 때까지도 그곳을 내려올 수 없게 만들었던 장면이다. '나'는 바깥세상이 어떻게 변했을지 모를 두려움 때문에 그 다락방에서 내려올 수가 없었다. 또한 열이 나고 냄새 때문에 음식도 일체 입에 대지 못하고 흰쌀로 끓인 미음만 먹었다. 다락방 옹이구멍을 통해 본 성애 장면이 그 후 불안과 고소공포증으로 나타난 것이다.

이처럼 '춘하'와 '아버지', '상이용사'와 '여자' 그리고 '필례'와 '털보'와의 관계 속에 형성된 '나'의 정신적 충격은 육체적인 증상으로 표출되고 있는 것이다. 김소진 소설에서 주목할 점은 그러한 정신적 외상을 극복하려는 의지가 강하게 드러난다는 데 있다. 욕망에 대한 억압은 내면적인 상처를 만들고, 그 내면적인 상처는 결국 무의식 속에 잠재되어 다시 나타나게 된다. 김소진의 소설은 그러한 내면적 상처를 파헤쳐 대결하고 극복하고자 한다.

D) 중학교 추첨번호를 다시 받고 학교가 결정이 돼 입학식만 남겨둔 때였다. 나는 급속도로 예전의 그 착하고 품행방정한 아이의 면모를 회복해가는 중이었다. 따라서 아버지와의 불화는 이제 필요하지가 않았다. (중략) 그때 땅거미가 질 무렵 아버지가 날 들쳐업고 돌산을 내려온 게 아버지 등짝에 코를 박아본 최초의 그리고 마지막 기억이었다.

— 〈아버지의 자리〉, 《자전거 도둑》, 97, 99쪽.

E) 한 순간 노을은 사위고 용두각을 향해 땅거미가 함성을 지르며 몰려들고 있었다. 나는 들숨으로 한껏 가슴을 부풀린 뒤 탑 그림자가 가라 앉아 있는 그 얇은 어둠 속으로 돌맹이가 든 주머니를 힘껏 뿌리쳤다.

— 〈용두각을 찾아서〉, 《열린 사회와 그 적들》, 213쪽.

F) 아주 깊고 또 단잠이었다. 그리고 그 속에서의 잠은 너무도 황홀했다. 캄캄한 통로를 지나 나는 드디어 고래 뱃속을 빠져나오는 데 성공했다. 망망대해였지만 나는 두려움이 없었다. 주위는 햇빛으로 환했다. 그렇게 환한 꿈은 또 난생 처음이었다. 미끈덩거리는 내 발 밑에 커다란 고래 한 마리가 바다 위로 솟구쳐나와 헤엄치고 있었다. 고래는 내 말을 순순히 따르고 있었다. 내가 고래를 잡은 것이었다. 참으로 아름다운 밍크고래였다.

— 〈경복여관에서 꿈꾸기〉, 《자전거 도둑》, 291쪽.

인용 D)에서 '나'는 '아버지'가 '춘하'에게 중학교 등록금을 가져다 준 사실을 알게 된 후, '돈'이 무엇인지 알게 되고 돈독이 오르기 시작한다. 시장 어귀 약국의 잔심부름꾼이 되고, 그곳을 그만 두고 나서는 그동안 챙겨둔 약품들을 취로사업장 같은 데서 암거래로 팔기 시작한다. 약을 부탁한 사내들은 주로 저녁 무렵 술집에 있었기 때문에 '나'는 술을 권하는 사내들로부터 술을 받아먹는다.

그렇게 술에 취하면 이따금씩 춘하네 집으로 찾아가 아버지를 찾았다. '춘하'는 '아버지'와의 관계를 알고 있는 '나'를 방으로 불러들였다. 그리고 '나'는 비린내 비슷한 역겨운 냄새에 도망쳐 나온다. '아버지'와 '춘하'의 관계, 그리고 '춘하'의 허벅지는 '나'의 무의식적 상처가 되었다. 중학교 입학식만 남겨둔 어느 날, '아버지'와 '나'는 돌산에 가게 된다. '아버지'는 '나'에게 "사람이란 게 말이다. 살다 보믄 어쩔 수 없을 때가 많거든. 너도 이젠 중핵교를 들어가니 하는 말인데. 그럴 때마다 몸태질하고 기를 쓰다 보믄 마음이 더 상할 때가 있지. 다친 데는 움직거리면 가부간에 덧들이게 마련"[10]이라고 말했다.

---

[10] 김소진, 〈아버지의 자리〉, 《자전거 도둑》, 문학동네, 2002, 98쪽.

'나'는 잘 알아들을 수 없었지만 "당신에 대한 변명을 하고 있는 것이라는 사실을 눈치 챌 수 있었다."[11] 그리고 '나'는 땅거미가 질 무렵 아버지에게 업혀 내려온다. 이렇게 '나'는 '아버지'로부터 받은 충격을 표면에 드러내고, '아버지'의 등에 업혀 내려오면서 정신적 외상을 극복하려는 실마리를 찾게 된다.

인용 E)에서 '나'는 야근을 하고 찾아간 용두각에서 잠바 주머니 속에 있는 색동주머니를 꺼내 냄새를 맡아보았으나 사향과는 거리가 먼 비릿한 내음이었다. 초등학교 시절, 누워서 숙제를 하고 있다가 굳은 어깻죽지를 펴느라 등을 내고 돌아누웠는데, 홀치마 바람의 어머니가 지나가면서 속을 들여다보게 되었고 그때의 비릿한 내음을 잊을 수가 없었다. 그 후 나는 이따금씩 몸서리를 치며 어쩔 줄 몰라 하거나 눈에 띄는 것들을 헤아려두어야 마음이 편해지는 버릇이 생기게 되었다. 용두각을 찾은 '나'는 '색동 주머니' 안에 돌멩이를 밀어 넣고 어둠 속으로 힘껏 뿌리쳤다. 이 행위는 '어머니'에게서 받은 정신적 외상의 충격으로부터 벗어나고자 하는 의지의 표현이다.

인용 F)에서 '나'는 캄캄한 통로를 지나 고래 뱃속을 빠져나온다. 그리고 '나'는 내 발 밑에서 바다 위로 솟구치며 헤엄치고 있는 고래를 포획하는데 성공한다. 그 고래는 아름다운 밍크고래로 '나'의 유년 시절에 형성된 정신적 외상의 상징적 표현으로, '예숙'에 대한 '나'의 본능적인 욕망이 '미라'를 통해 드러난 것이라 할 수 있다. 이렇게 유년 시절의 억압되어 있던 '나'의 정신적 외상이 개인의 일상성 속에서 욕망의 형태로 드러나고, 극복되고 있는 것이다.

---

[11] 김소진, 〈아버지의 자리〉, 《자전거 도둑》, 문학동네, 2002, 98쪽.

3. 아버지로 인한 상처의 치유

앞 장에서 아버지의 문제가 개인적인 차원에서 다루어졌다면, 이 장에서는 공동체의 해체와 분열의 상처를 가족의 차원에서 살펴보려고 한다. 김소진 소설에서 '아버지'라는 상징적 존재의 무능은 이데올로기적 갈등의 거시적인 문제가 아니라 가족의 피해와 고통으로 나타나고, 그래서 가족의 해체와 분열 또한 '아버지'를 중심으로 전개된다. 전쟁 포로였던 '아버지'는 거제포로수용소에서 자신의 생사거취에 대해 '흰쥐'의 행동을 따라 남쪽을 선택한다. 그러나 북쪽에 두고 온 부인과 아들을 잊지도 못 하며, 무능력한 경제력으로 남쪽의 가족들에게도 큰 고통을 안겨 준다.

G) 나는 당혹스러움을 느꼈다. 아마 그때 어머니는 아버지가 그 빈집에서 무엇을 하고 있었는지 이미 다 알고 있었던 게 아니었을까 하는 생각이 갑자기 뇌리를 스친 것이다. 그런데 차마 아들을 앞세워 가는 길, 그 길에서 믿고 싶지 않은 사실을 두 눈으로 확인하고 싶기는 했지만 그게 너무 끔찍했을까? (중략) "한 몸뚱어리 살 속에서 그렇게 이십 년 가까이나 그렇게 오랫동안 머물러 있었으면 그저 뼈가 다 된 것으로 알고 구순히 받아들여야지. 이게 그냥 놔두면 죽어서 사리가 될지도 모를 돌멩이잖니?"
— 〈원색생물학습도감〉,《자전거 도둑》, 197~198쪽.

H) 아버지는 마치 신바람 난 골목대장인 양 활갯짓으로 바람을 잡으며 우줄우줄 앞장서서 세찬이네 골목으로 암내를 잔뜩 풍기는 누런 황구 한 마리를 구슬려 끌고 나갔다. 몇 올 남지 않은 머리카락이 바람에 헝클어져 쑥대강이처럼 너울너울 춤을 췄다. 윗동네 아랫동

네 할 것 없이 한덩어리가 된 조무래기들이 실성한 뒤를 쫓듯 킥킥거리고 손가락질을 하며 아버지의 뒤를 따랐다. (중략) 그날 나는 아버지가 개흘레꾼이었다는 얘기를 명숙이에게 다 해버리고 말았다. 그 때문에 내가 받아야 했던 마음의 상처와 콤플렉스에 대해서도 털어놨다.

— 〈개흘레꾼〉,《열린 사회와 그 적들》, 394, 414쪽.

I) 민홍은 북받치는 감정을 억누르며 아버지의 손목을 부여잡았다. 이 세상 어느 집구석이 쥐새끼 한 마리에 이토록 유린을 당할 수 있단 말인가. 아버지도 아버지였지만 자기 자신의 무기력함도 뼈저리게 느끼기 시작했다. 고개를 들어 자신 앞에 껍더기처럼 우두커니 서 있는 아버지를 보매 더욱 사무치는 기분이 들었다. (중략) 민홍은 입을 굳게 다물어보았다. 그냥 그렇게 서 있고 싶었다. 불끈 쥐어본 주먹에는 연탄집게가 알맞춤하게 들려 있었다. 왠지 느꺼운 감정이 밀려오면서 저만치서 채 시작되지도 않은 겨울의 출구가 보이는 듯했다.

— 〈쥐잡기〉,《열린 사회와 그 적들》, 13, 28쪽.

위의 인용 G)-I)에서 공통된 것은 부권을 상실한 '아버지'의 행동이 '어머니'와 '나'에게 절망감과 상처로 나타난다는 것이다. 인용 G)에서 '아버지'는 중풍으로 쓰러진 뒤 일 년에 한두 번씩 보름이건 달포건 간에 곡기를 끊고 꿈틀거리는 모든 벌레들을 잡아먹기 시작한다. '어머니'는 한을 품고 죽은 형과 화해해야 한다는 명분으로 굿을 하게 되고, 동네 무당이었던 꽁이 엄마는 '아버지'에게 특별한 징후가 보일 때까지 집을 떠나 마을 숲 언저리에 있는 외딴 폐가에서 지내라고 권한다.

그 후, '나'는 폐가로 밥을 나르게 되었고, '아버지'와 '송자엄마'의 성애 장면을 목격하게 된다. 며칠 뒤 '어머니'는 폐가로 가던 중 미끄러져 무릎을 크게 다친다. '나'는 '어머니'께서 '아버지'와 '송자엄마'가 함께 있는 장면을 목격할까봐 무척 걱정하고 있었으나, 한편으로 '어머니'는 이미 다 알고 계셨을 것이라고 생각한다. 무릎을 다친 그 때 미처 제거하지 못한 돌조각이 현재 염증을 일으키지만, '어머니'는 그렇게 오랫동안 머물러 있었으면 그저 뼈가 다 된 것으로 알고 받아들여야 한다며, '아버지'에 대한 자신의 상처도 받아들이겠다는 굳은 의지를 보인다.

인용 H)에서 '아버지'는 그저 하릴없이 동네에 있는 개들을 데리고 돌산 같은데 올라가 흘레를 붙여주는 일을 보람차게 느끼는 사람일 뿐이었다. 테제도 안티테제도 아닌 아버지, 동네 아이들에게 손가락질을 받고 놀림감이 되는 '아버지'의 모습은 '나'에게 수치스러움과 절망감 그리고 자포자기만을 안겨주었다. '나'는 오랜만에 만난 명숙이와 '나'의 소설 첫 문장에 대해 얘기하면서 아버지가 개흘레꾼이었다는 얘기를 다 해버린다. 그리고 '아비는 개흘레꾼이었다.'라는 명제로 뭔가 얘기를 해보고 싶었다고 말한다.

인용 I)에서 아버지는 가게에 들어온 쥐 한 마리도 제대로 잡지 못하고 유린당하는 힘없는 모습으로 나타난다. 결국 쥐와의 싸움은 끝나지만, 그 해 겨울 아버지는 돌아가신다. '아버지'는 거제포로수용소에서 발생한 폭동의 와중에서 죽음의 고비에서 자신을 구해 준 '흰쥐'를 따라 남한을 선택하는 테제도 안티테제도 아닌 사람이었다. 이러한 '아버지'에 대한 수치심과 절망은 '어머니'와 '나'에게 고스란히 상처가 되어 남아 있다.

'어머니'는 경제적으로 무능력한 남편으로 인해 정신적, 육체적인 고통을 받는다. 그 고통은 고스란히 '나'에게 전달된다. 그러한 아버지는 '나'에게 절망감과 부끄러움을 안겨준 존재로써 '나'의 삶에 짐이었다. '나'는 "왠지 느꺼운 감정이 밀려오면서 저만치서 채 시작되지도 않은 겨울의 출구가 보이는 듯했다."[12] 이처럼 '나'와 '어머니'는 불안한 산업사회 속에서 경제적으로 무능력하고 부권을 상실한 '아버지'에게 받은 상처를 겉으로 드러내고 운명으로 받아들임으로써 그것을 치유하고자 했던 것이다.

이러한 가족서사가 중요한 점은 1980년대 거대담론과 달리 이념과 남북의 문제를 미시담론의 관점으로 다루고 있는 데 있다. 아버지가 전쟁 중 포로수용소에서 이념과 무관하게 '흰쥐'를 따라 남쪽을 선택한 것이나, 남쪽에서 처음 먹은 '앙꼬빵'의 맛을 잊지 못해 남쪽에 머무르게 된 것처럼, '아버지'가 보여준 행동은 테제도 안티테제도 아닌 생활의 차원에서 삶을 바라보고 있음을 보여준다.

> J) 통일 전 남한 땅에서 마음의 잔뿌리를 전혀 내리지 못한 아버지가 아니던가? 또한 그 철저한 무능력 때문에 여자 몸으로서 어머니가 겪어야 했던 고통은 이루 말할 수 없었고 결국 아버지는 북쪽의 큰어머니인 최옥분, 그 이름 석 자를 그리워하며 부르다 죽어갔다.
> 아버지가 남쪽에 마음의 뿌리를 내리지 못하는 한 그 아버지의 아들인 난 철저한 서자에 머물 수밖에 없었다. 젊은 시절 내내 내 작은 가슴을 멍들게 하고 방황과 좌절의 폭음을 강요했던 그 서자의식 역시 나한테는 작지 않은 차꼬였음이 사실이었다.
> ― 〈목마른 뿌리〉, 《신풍근 배커리 약사》, 35쪽.

인용 J)에서 남북통일이 되어서 왕래가 가능하게 되어 '아버지'가

---

[12] 김소진, 〈쥐잡기〉, 《열린 사회와 그 적들》, 문학동네, 2002, 28쪽.

북에 두고 온 아들 '김태섭'을 만나게 된다. '김태섭'은 북쪽 어머니의 유골 상자를 가지고 와서 아버지 곁에 묻히고 싶다는 어머니의 유언을 전한다. 그렇지만 '나'의 어머니는 용납할 수 없다는 강경한 태도를 보인다. '어머니'와의 갈등을 잠시 뒤로 미루고 성묘 길에 나선 '나'와 '김태섭'은 아버지 무덤 앞에서 같은 아버지를 둔 형제임을 느낀다. 그러나 결국 북쪽 큰어머니의 유골을 아버지 곁에 묻지 못하고 북으로 돌아가지만, '나'는 "단비를 잔뜩 머금은 나무의 뿌리처럼 내 몸 안에서 뭔가 알 수 없는 축축함이 샘솟듯 힘차게 차오르는 느낌"[13]을 받는다.

분단의 고통을 온몸으로 받아내지만, 경제적으로 무능한 '아버지'의 모습은 비참함을 넘어 처참하기까지 하다. 이러한 '아버지'의 모습은 '어머니' 뿐만 아니라 '나'에게도 영향을 미쳐 '나'의 삶에 절망감과 수치스러움을 남기며 하나의 정신적 외상으로 남게 된다. 그러나 성장 후, '아버지'의 실존적 위치를 인식하게 되고, 이산가족의 만남을 통해 극복하면서 아버지에 대한 정신적 외상을 치유할 수 있게 된다.

여기서 보는 것처럼 이데올로기의 갈등을 거대 담론이 아닌 미시 담론으로 가족의 문제를 치유하고 있다. 휴전선이 걷히고 통일이 되었지만, 가족 간의 상처는 쉽게 해소되지 않고, 만나기까지 3년이라는 오랜 시간이 흐른다. 아버지로부터 버림받았다는 생각을 가지고 살아온 '김태섭'과 북쪽에 두고 온 아버지의 가족 때문에 자신은 서자라는 생각을 지니고 있었던 '나'. 둘은 모두 이데올로기로 큰 상처를 받았지만, 만남을 통해 이데올로기로 얼룩진 내면의 상처를 치유하게 된다.

---

[13] 김소진, 〈목마른 뿌리〉, 《신풍근 배커리 약사》, 문학동네, 2002, 63쪽.

4. 가난과 소외로 인한 결핍과 해소

이 장에서는 사회적 차원에서 아버지의 문제, 좀 더 외연을 확장하면 소시민들의 삶의 모습을 분석해 보려 한다. 김소진 소설에서 소시민들의 삶을 잘 보여주는 것은 '미아리'라는 공간적 배경을 중심으로 전개된 작품들이다. 김소진의 장편소설 《장석조네 사람들》은 미아리 산동네 장석조네 집에서 모여 살던 가난한 아홉 가구의 사람들의 살아가는 모습이 드러나 있다. 산업화로 인해 살 곳을 찾다 미아리 산동네에 모여 살게 된 사람들은 가난과 궁핍 속에서 벗어나지 못한다. 이처럼 미아리 산동네는 《장석조네 사람들》의 문학적 배경일 뿐만 아니라 김소진 소설의 첫 작품인 〈쥐잡기〉부터 마지막 작품인 〈눈사람 속의 검은 항아리〉까지 '나'의 유년 시절의 성장 배경이기도 하다.

K) "당신네들 지금 자꾸 어려운 말을 씀시롱 머릿속을 헷갈리게 하는데 한번 물어나 봅시다. 우리, 우리 하는데 도대체 거기에 낄 수 있는 축은 누가 되는 거요? 이데올로기의 신화니 이성적 원리니 하며 거창하게 빚어내는 사회라면 우리 같은 못 배우고 빽줄 없는 떨거지들은 여전히 찬밥 신세를 면치 못할 게 불 보듯 뻔한데 뭐가 진정한 사회란 거요?"
— 〈열린 사회와 그 적들〉,《열린 사회와 그 적들》, 86쪽.

위의 인용 K)에는 '밥풀때기'라고 불리는 소시민들은 이데올로기를 비판하며 자신들을 소외시키는 사회에 불만을 표출하게 된다. 시민대책위는 "민주주의, 물질적 풍요와 평등, 다수에 의한 양심적인 사회 운영이 기본이 되는 사회를 위한 것이라 하며, 그들을 '적'으로 규정할 수밖에 없다"[14]는 말로 '밥풀때기'들의 의견을 무시하고 소외시킨다. 그러나 정작 소시민들은 계급과 같은 이데올로기 보다는 개인과 개인 사이에 미시적인 갈등으로 인해서 더욱더 소외되고 있었던 것이다.

학생들과 대책위의 위상을 떨어뜨리고 여론몰이에 부정적인 영향만 끼친다며 분명한 선을 그어야 한다는 대책위 사내의 말, 관리직원의 협박에 프레스의 밥이 된 손목을 돈 오백만원에 팔아먹어야 하고, 오백만원으로 차린 노점상도 단속 정책 때문에 모두 날려야 하는 '밥풀떼기'의 삶은 더욱 가난과 소외의 결핍에서 벗어나지 못하게 된다.

또한 소시민들은 배고픔과 본능적인 욕망의 결핍을 보여주고 있다. 프로이트는 "외부 세계가 우리를 굶주리게 하면, 즉 우리 욕구를 충족시켜 주기를 거부하면 심한 고통이 생겨난다. 따라서 인간은 본능적 충동에 영향을 주어 고통에서 조금이나마 벗어나기를 바랄 수도 있다. 본능을 제어하는 요소는 현실 원칙에 복종, 또는 리비도를 다른 방향으로 돌린다."[15]고 말한다.

미아리 장석조네 사람들 또한 가난과 궁핍 속에서 자신들을 소외시키고 기본적인 욕구도 해결되지 않는 현실에 분노하지만 결국은 현실 원칙[16]에 복종하거나, 본능적인 욕망에 치우치게 된다. 고아 출

---

[14] 김소진, 〈열린 사회와 그 적들〉, 《열린 사회와 그 적들》, 문학동네, 2002, 86쪽.
[15] 지그문트 프로이트, 김석희 옮김, 『문명속의 불만』, 열린책들, 2002, 251쪽.
[16] 프로이트에 따르면 심리는 처음에는 이전의 만족의 기억에 환각적으로 카텍시스를 일으킴으로써 만족을 경험하려는 쾌락원칙에 의해 완전히 통제된다. 그러나 주체는 환각이 그의 욕구를 구제해 주지 못한다는 사실을 발견하고 '외부 세계에 실제상황이란 개념을 형성'하도록 강요받는다. 따라서 새로운 '정신적 기능의 원칙'이 도입되는데('현실원칙'), 이 새로운 원칙은 쾌락원칙을 수정하고 주체로 하여금 만족에 이르는 좀더 우회적인 방법을 택하도록 강요한다. 즉, "쾌락원칙을 현실원칙으로 대체하는 것은 쾌락원칙을 버리는 것이 아니라 단지 보완하는 것을 의미한다." 라깡은 현실원칙이 궁극적으로 쾌락원칙에 기여한다는 프로이트의 입장을 강조한다. "현실원칙은 쾌락 원칙의 지연된 행동이다." 딜런 에

신의 오영감, 모자른 지능을 가진 육손이 형, 똥지게꾼 광수 애비, 폐병쟁이 진씨, 양공주 옥자, 홀아비 쌍용 아범, 양은 장수 최씨, 젠짱 박씨 형제 등 장석조네와 함께 사는 사람들은 가난으로 인해 가장 기본적인 배고픔도 해결하지 못한다. 결국 이러한 기본적인 욕구의 결핍은 본능적인 욕망으로 표출되고 있으나 그것 또한 제대로 해소하지 못한다.

이러한 소외와 가난으로 인한 궁핍한 미아리에서의 삶은 '나'가 성장한 후 한 가정을 이루고 나서도 여전히 정신적 외상으로 무의식을 지배하고 있다. '나'는 《장석조네 사람들》에서 1인칭 관찰자 시점으로 장석조네 그들의 삶을 이야기하고 있지만, '나'에게는 미아리가 현재까지 자신을 지탱하게 해준 삶의 공간이다. 가난 속에서의 고달팠던 삶도 모두 미아리에서 있었던 일이다. 이러한 미아리에 대한 기억들은 결혼한 지금에도 '나'의 기억 속에 자리 잡고 있다.

그러나 현재 미아리는 재개발로 인해 대부분이 철거되었고, 조금이나마 재개발 비용을 더 받으려는 '어머니'의 의지에 따라 '나'의 집은 전세를 주며 버티고 있었다. '나'는 전셋집에 일어난 동파 문제를 직접 가서 해결하겠다며 직접 미아리로 향했다. 그러나 전셋집의 문제 해결은 핑계에 불과했으며 과거의 기억이 '나'를 미아리로 데려가는 것이 아닐까 하는 생각을 하게 된다. "나는 머리통에 난 혹을 더듬는 기분으로 손끝으로 옆머리를 짚으며 기억의 끈질김에 새삼 진저리치지 않을 수 없었다."[17]

L) 그런데 나는 왜 구린내가 진동하는 깨진 항아리 속에서 똥을 누

반스, 김종주 외 옮김, 『라깡 정신분석 사전』, 인간사랑, 1998, 433쪽.
[17] 김소진, 〈눈사람 속의 검은 항아리〉, 《신풍근 배커리 약사》, 문학동네, 2002, 295쪽.

는데 울고 싶어졌을까? 늙은 어머니와 아내 그리고 이제 막 초콜릿 맛을 안 네 살배기 아이, 이렇게 세 사람의 식솔을 거느린 가장이 비록 속눈썹이나마 이렇게 주책없이 적셔서야 되겠는가. 아아, 하지만 여태껏 나를 지탱해왔던 기억, 그 기억을 지탱해온 육체인 이 산동네가 사라진다는 것이 아니겠는가, 나를 이렇게 감상적으로 만드는 게. 이 동네가 포크레인의 날카로운 삽질에 깎여 가면 내 허약한 기억도 송두리째 퍼내어질 것이다. 그런데 나는 기껏 똥을 눌 뿐인데…… 그 것 밖에 할 일이 없는데……. (중략) 그리고는 뭔가를 잃어버린 사람처럼 주위를 계속해서 두리번거리며 걷기 시작했다.

— 〈눈사람 속의 검은 항아리〉, 《신풍근 배커리 약사》, 315쪽.

위의 인용 L)에서 '나'는 대부분 철거된 미아리 산동네에서 과거 미아리에서의 삶을 떠올리며, 그 기억으로부터 상처를 치유하고자 한다. 결혼 전까지의 모든 기억이 담겨져 있는 미아리가 이제 사라진다는 것은 자신의 근원이 사라지는 것과 같다는 생각에 눈물을 흘린다. 어린 시절 항아리를 깨고 엄마에게 지청구를 들을까봐 불안해하다 저녁이 되어서야 집으로 돌아간 '나'는 아무렇지도 않은 엄마의 태도를 보며 자신이 생각했던 세계와 실제 세계와의 거리감을 느끼게 된다. 그리고 세계는 자기와 상관없이 돌아간다는 것을 깨닫고 불안해 하던 그 일을 떠올린다.

'나'는 미아리의 다 무너진 집터를 보며 과거처럼 그 곳에서 낮술을 마시는 광경을 떠올리며 묘한 활력과 한편으로는 왠지 모를 뿌듯함을 느낀다. 반쯤 부서진 집 앞에 반쯤 깨진 항아리에다가 황금빛 똥을 배설하면서 자신의 기억을 지금까지 지탱해주던 미아리에 대한 애정이 새롭게 싹트기 시작한 것이다. 결국 김소진 소설의 마지막 작품인 〈눈사람 속의 검은 항아리〉는 다시금 찾은 미아리에서 과거의 가난과 소외 속에서 받은 상처를 치유하고자 했던 것이다.

5. 결론

지금까지 분석한 것처럼 김소진 소설은 개인과 가족 그리고 소시민들의 삶의 모습을 사적 개인의 내면을 통해 보여줌으로써, 1990년대 소설의 독특한 문학적 한 축을 형성한다. 그리고 1990년대의 개인의 일상과 내면을 묘사하는 데 그치지 않고, 1970·80년대 보통사람들의 상처를 보듬고 치유하려는 시대정신을 정신분석학적 시각으로 확보함으로써 미래를 향한 새로운 문학의 길을 열어주었다.

그러나 그의 소설은 "아버지는 개홀레꾼이었다."를 명제를 중심으로 전후 소설에서 보여지는 아버지의 부재와 부정에 국한되는 제한적 평가를 받아왔다. 그러다 보니 작품 속 다른 인물들이나 그 주변 인물에 대한 분석은 제대로 규명되지 않았다. 이 논문에서 개인과 가족 그리고 소시민들의 정신적 외상에 초점을 맞추고 작품 속 등장인물들의 무의식적 욕망을 드러냄으로써 그들의 정신적 상처를 극복하려 한 것도 그러한 이유에서이다. 그의 소설들은 정신적 외상(Trauma)으로 작동하는 오이디푸스 콤플렉스에 대한 무의식적 상처를 드러내고 극복하려는 치유의 글쓰기였던 것이다.

그의 소설 속에 나타나는 몇 가지 특징을 살펴보면 다음과 같다.

첫째, 그의 소설은 1990년대가 외면한 1970·80년대의 상처를 개인의 일상을 통해 드러냄으로써 치유하고자 했다. 개인의 욕망과 그것에 대한 억압과 그 극복을 보여줌으로써 무의식적 상처를 치유하려 한 것이다.

둘째, 1970년대는 압축적 산업화로 물질만능의 개인주의가 팽배

해지고, 사회적 이데올로기로 인한 가족 간의 소외가 극도로 진행된다. 그의 소설은 이러한 모습을 1990년대 일상으로 가져와 표출시킴으로써 사회적 분열과 가족 간의 소외를 '아버지'를 통해 드러내고 치유하고자 했다.

셋째, 1970년대는 계급 간의 갈등, 세대 간의 대립이 심화되고 있었다. 이러한 양상에 대해 당시 문단의 주류세력은 민족과 민중문학론이라는 거대담론으로 해소하려 하였다. 그러나 그의 소설은 1970년대 소시민들의 삶의 모습을 민족과 민중문학의 거대 담론이 아니라 소시민들 개개인의 내면을 통해 보여주면서 가난과 소외로 인한 그들의 고통을 드러내고자 했다.

그의 소설을 통해서 파악해 본 것처럼, 1990년대는 그 이전에 배재되었던 개인의 일상성과 내면의 욕망에 대한 새로운 패러다임을 형성하였다. 그러니까 1990년대 소설에서는 개인의 일상성 속에 숨겨져 있는 내면의 상처를 보듬고 그것을 치유하는 방법이 중요하게 부각되었던 것이다. 이러한 요구는 자연스럽게 무의식 속에 억압되었던 유년 시절의 상처가 어떻게 드러나고 치유되는지 파악하고 분석하게끔 했다.

이렇게 볼 때, 그의 소설은 1990년대 특징인 개인의 내면만을 드러내고 1970·80년대의 상처를 덮어버리는 것이 아니라, 개인적인 내면을 통해 그 상처를 드러냄으로써 시대를 넘어서려는 의지를 보여준다는 점에서 문학사적 가치를 획득한다.

5 『해를 품은 달』의 서사와 신자유주의 이념

1. 소설과 사회의 상동관계

한국근대 역사소설의 출발은 조선 후기 사회의 정치적 상황과 깊은 관련이 있고, 그 극복을 위한 방편으로 국내·외 영웅에 대한 서사가 창작되었다. "1895년경부터 한일합방이 일어나는 1910년 사이에는 역사·전기류 문학이라는 양식이 존재했다. 역사·전기류 문학은 개화기 전반에 걸쳐 번역되거나 창작된 역사물과 전기물을 일컫는 용어이다. 역사·전기류 문학은 1900년까지는 번역물이 주를 이루었고, 창작물은 1900년 이후 나오게 되었다."[1]

1905년 『대한매일신보』에 연재된 작자 미상의 『의태리국아마치전』을 시작으로, 1907년 광학서포에서 발행한 장지연의 「애국부인전」과 1908년 『대한매일신보』에 연재된 신채호의 「이순신전」 등 1910년대에 개화기 역사소설이 창작되었다. 1920·30년대에 들어서는 일제에 맞서 민족의식을 고취시키기 위해 영웅에 대한 대중의

---

[1] 김영민, 『한국근대소설사』, 솔, 1997, 83쪽.

기대심리에 부응했던 신문연재가 전성기를 맞았다. 그리고 한국전쟁 이후, 1950·60년대 역사소설은 사극영화의 원작으로서 활용되었고, 역사적 사실에 대한 고증과 멜로드라마적인 서사관습을 수용하게 되었다. 1970·80년대에는 민중에게로 역사적 관심을 기울인 대하역사소설이 대두되었고, 1990년대를 전후로 하여 민족사관과 영웅 중심의 이야기에서 벗어나 개인적 인물들의 이야기를 다룬 역사허구물[2]이 창작되었다. 2000년대에 들어서는 '팩션(faction)소설' 혹은 '퓨전사극'이라고 불리는 혼성장르의 역사허구물이 인기를 끌며 역사허구물은 사료나 고증에 얽매이지 않고 상상력과 대중성에 치중하는 경향이 두드러지고 있다.

정은궐의 소설 『해를 품은 달』은 역사허구물의 이러한 추세를 따르는 한편 조금 더 과감한 변화를 시도한다. 소설 속에서 취하고 있는 역사적 소재는 오직 조선 시대라는 배경뿐이며, 인물과 사건은 역사적 사실과는 관계가 없는 허구이기 때문이다. 역사허구물이 과거의 역사를 허구적 상상력으로 고찰하고 조망하는 데에서 그 문학적인 가치를 창조한다면, 『해를 품은 달』은 작가가 의도적으로 만들어 낸 과거의 역사에 입각하여 현대의 대중이 욕망하는 바를 비추고 있다는 데에 그 특수함이 있다.

소설 『해를 품은 달』을 원작으로 삼은 드라마 〈해를 품은 달〉이 성

---

[2] '역사허구물'은 '역사'와 '허구'가 결합된 서사물, 즉 역사적인 소재나 배경을 취해 허구적인 상상력을 발휘하는 서사물을 총칭하는 것이다. 이는 실재했던 인물이나 사건을 기반으로 이야기를 재구성하는 일반적인 의미의 역사물을 비롯하여 역사적인 배경이나 설정만을 빌려 오는 시대물까지 아울러 지칭하는 것이며, 영상·언어·문자 등 다양한 매체로 구성된 서사물들, 즉 역사소설을 비롯해 근대 야담, 역사극, 사극영화, TV사극, 대하역사만화 등을 포괄하는 것이다. 대중서사장르연구회, 『대중서사장르의 모든 것. 2: 역사허구물』, 이론과실천, 2009, 16쪽.

공을 거두며, 이 작품에 대한 몇 편의 연구가 선행되었다. 먼저 김기봉은 드라마 〈해를 품은 달〉이 '팩션사극'이라는 경유지를 지나 '픽션사극'에까지 다다른 것으로 여기고, 역사와 드라마의 지배 관계를 역전시켜 역사드라마가 아닌 '드라마역사'를 구현하기 위해, 역사를 수단으로 사용하였다고 생각했다.[3]

반면 김미진은 『해를 품은 달』을 '팩션소설'의 테두리 안에서 보았다. 역사가가 기록하지 않은 가려진 역사와 실제 역사의 간극을 메울 수 있는 작가적 상상력이 허구이며, 이 두 가지가 서로 조화를 이룰 때 비로소 팩션이 완성된다는 것이다. 이에 따라 이정명의 소설 『뿌리깊은 나무』와 『해를 품은 달』을 함께 묶어서 '국가 만들기' 서사에 대해 검토하고, 조망하였다.[4]

또한 우혜민은 퓨전사극 드라마의 특성을 해석하고자 하는 목적 하에 드라마 「해를 품은 달」의 문학적 형식을 분석함으로써, 각각의 요소에서 공통적으로 정통사극 드라마와 멜로드라마 그리고 판타지 드라마의 장르적 특성이 혼합되어 있음을 밝혔다. 그리고 플롯의 특성에서는 영웅적 모험담의 구조를, 인물의 특성으로는 현대 사회의 영웅적 인물상이 적용되고 있음을 파악하였다.[5]

공통적으로 드러나는 것은 『해를 품은 달』의 서사 속에 나타난 순수한 사랑과 바른 정치에 대한 이야기이다. 그러나 김기봉의 연구는 드라마에 대한 분석으로 그치고 영상 텍스트에 대한 직접적인 검토

---

[3] 김기봉, 「〈해를 품은 달〉, '막장 사극'인가 사극의 진화인가」, 『철학과 현실』 통권 제93호, 철학문화연구소, 2012.
[4] 김미진, 『팩션의 TV드라마화 연구 - 복장전환 기법과 국가 만들기 서사를 중심으로』, 단국대학교 대학원 박사학위논문, 2012.
[5] 우혜민, 『퓨전사극드라마의 특성에 관한 연구 : MBC 드라마 〈해를 품은 달〉을 중심으로』, 서강대학교 언론대학원 석사학위논문, 2013.

가 필요하며, 김미진의 분석은 소설과 드라마의 매체적 차이에 초점을 맞추고 있어 원작 소설의 서사 자체에 대한 집중도가 떨어진다. 또한 우혜민의 분석은 드라마의 구성 요소만을 다루고 있어 작품이 가진 사상적인 측면을 배제하고 있다.

루시앙 골드만의 '상동성' 개념에 따르면, 자본주의 사회에서 소설의 형식이란 시장생산에 의해 이루어진 개인주의적 사회 내에서의 일상생활을 문학적 차원으로 전환시키는 것이다. 그러니까 소설이라는 문학 형식은 시장사회 내에서 일반적으로 인간과 상품 간의 일상적 관계, 나아가서는 인간들과 다른 인간들 간의 일상적 관계 사이에 '엄격한 상동관계'를 구축한다.[6] 이 관점에서 보면 『해를 품은 달』의 서사구조는 현재 한국사회의 이념형식, 즉 신자유주의적 사회구조와 상동관계를 형성하고 있다고 가정해 볼 수 있다.

신자유주의는 70년대 이후 경제위기를 극복하는 과정에서 채택된 정치적-이데올로기적 조류를 뭉뚱그려 일컫는 이념체계[7]로, '경쟁'과 '성공'의 가치를 중요하게 내세운다. 개인 간의 무한경쟁으로 개인의 자질과 능력을 키워, 사회적 지위와 경제적 부를 획득할 수 있다는 논리이다. 여기에는 신분 상승이 곧 사회적 성공의 조건이라는 인식이 깔려 있다.

필자는 『해를 품은 달』의 서사구조와 신자유주의적 사회구조가 서로 닮은꼴을 형성하고 있다고 보고, 르네 지라르의 '욕망의 삼각형'[8]

---

[6] 루시앙 골드만, 『소설 사회학을 위하여』, 조경숙 옮김, 청하, 1982, 21쪽.
[7] 강상구, 『신자유주의의 역사와 진실』, 문학과학사, 2000, 92쪽.
[8] 르네 지라르는 근대 소설에 등장하는 주인공들의 욕망 체계를 욕망의 대상을 매개로 하는 삼각형 구도로 설명한다. 이러한 설명은 오늘날 고도 산업사회의 인간욕망의 현상과 다르지 않다. 달리 말하면, 사용가치에 따라 욕망을 추구하는 것이 아니라 다른 사람과의 경쟁관계, 즉 교환가치에 따라 욕망을 추구할 수밖에 없는 사회구조가 작품 속에서 재현된다는 것을 의미한다.(르네 지라르, 『낭만

이론으로 작품과 사회의 구조적 동질성을 분석해 보고자 한다. 먼저 2장에서는 『해를 품은 달』의 서사 구조에 대해 허연우를 중심으로 재구성하여, 한 인물이 성공에 이르기까지의 과정으로 살펴보고, 3장에서는 그 안에서 나타난 경쟁 구도와 계급 상승의 욕망을 찾아볼 것이다. 마지막으로 4장에서는 이러한 구조가 결과적으로 어떠한 계급적 한계를 가지고 있는지 살펴보겠다.

2. '삶과 죽음'을 통한 욕망의 완성

『해를 품은 달』은 '해'로 상징되는 왕 이훤을 품은 '달' 허연우의 이야기이다. 여기서 '달'은 왕과 짝을 이루는 왕비로서의 허연우를 뜻하기도 하며, 이훤에 의해 '월(月)'이라고 이름 붙인 무녀로서의 허연우를 가리키기도 한다. 소설의 서사는 현재 시점에서 시작해 8년 전 과거에 있었던 사건을 보여주고, 다시 현재로 돌아오는 구성을 취하고 있다. 이 과정에서 두 번의 '죽음'이 중요한 역할을 한다. '세자빈 허연우의 죽음'과 '무녀 월의 죽음'이 그것이다. 소설의 서사를 허연우의 시간에 따라 재구성하면 다음과 같다.

〈표 1〉 소설 서사와 허연우 서사의 비교

	소설 서사		허연우 서사
초장	온양행궁. 무녀 월과 왕 이훤의 만남.	①	8년 전 궁. 세자 이훤과 허연우의 사랑.
1장	8년 전 궁. 세자 이훤과 허연우의 사랑. 세자빈으로 간택된 허연우의 죽음.	②	세자빈으로 간택되나 장씨 도무녀의 무고술로 죽음의 위기를 겪음.

적 거짓과 소설적 진실』, 김치수 옮김, 한길사, 2001, 29쪽 참조)

2장	현재. 이훤의 액받이 무녀로 입궁한 월. 허연우의 죽음에 의문을 가진 이훤.	③	액받이 무녀가 되어 온양행궁 옆의 휴 지역에 수년간 정박령으로 머묾.
3장	8년 전 허연우에게 행해진 여탐굿을 각각 조사하는 이훤과 월.	④	현재. 온양행궁에 온 이훤과의 재회. 이훤으로부터 '월'이라는 이름을 받음.
4장	여탐굿이 무고술이었음을 알아내고, 월이 허연우임을 의심하는 이훤.	⑤	이훤의 건강이 악화되어 액받이 무녀로서 한 달 기한으로 입궁하게 됨.
5장	장씨 도무녀가 무고술을 행했음을 알아낸 월. 허연우=월이 밝혀짐.	⑥	몸종인 설의 도움으로 8년 전 자신의 죽음을 조사.
6장	양명군 역모 사건과 세자빈 시살 미수 사건의 관련자 처벌. 허연우 중전 책봉.	⑦	진실이 밝혀져 허연우로서 이훤의 곁에 있게 됨.
종장	약 3년 후의 일상.	⑧	모든 사건이 해결되고 중전으로 책봉됨.

허연우를 주인공으로 보았을 때, 서사의 흐름은 '사랑의 시작-위기와 좌절-기회와 극복-사랑의 완성'이라는 단계를 거치게 된다. 1장과 ①에서 이훤과 허연우는 이훤의 스승이자 허연우의 오라비인 허염을 통해 서찰을 주고받으며 사랑을 키운다. 허연우를 직접 본 적이 단 한 번도 없었기에, 이훤은 초장과 ④에서처럼 무녀의 신분을 한 허연우와의 만남에도 알아보지 못한다. 그러나 월의 말과 행동으로부터 허연우를 떠올리고 과거에 있었던 허연우의 죽음에 대해 조사하게 된다.

②에 나타난 '허연우'라는 존재 자체의 죽음은 서사의 주인공인 허연우에게 주어진 가장 큰 시련이자 위기이다. 이것을 극복해야만 완결 지점에서 중전으로 책봉되어 '사랑'이라는 목표를 성취할 수 있게 된다. 이에 따라 또 다른 주인공인 월에게 부여되는 목표는 ⑥에서 보이듯 '세자빈 허연우의 죽음'에 대한 진실을 알아내는 것이 될

수밖에 없다.

3장에서 5장까지의 진행에 따라, 이 죽음은 대비 윤씨와 장씨 도무녀(都巫女) 그리고 민화 공주 세 인물의 비밀스런 목적이 일치하는 데서 발생한 사건임이 밝혀진다.

> A) 왕실의 구복이라 하였느냐? 성수청의 입지를 망각하고 있구나. 내가 비호해 주지 않는 성수청이 존재하리라 생각하는 건 아니겠지? (중략) 괘념치 마라. 넌 세자빈을 죽이는 주술이 아니라 두 여인의 운명을 바꾸는 주술을 하는 것뿐이니. 운명을 빼앗긴 쪽이 죽는다는 건 잊으면 될 게 아니냐.
>
> ─『해를 품은 달』, 2권, 140쪽

> B) "마침 제가 초경을 시작하였사온데……. 저의 소원이 담긴 개짐만 있으면 서방님의 누이를 죽일 수 있고, 그러면 아바마마는 서방님을 구하기 위해서라도 저와 혼례를 올려주실 수밖에 없을 거라 하시었기에, 반드시 그렇게 해 주시겠다고 약속하시었기에……."
>
> ─『해를 품은 달』, 2권, 267쪽

인용 A)는 성수청의 존립을 두고 장씨 도무녀에게 무고술(巫蠱術)을 행하라는 대비 윤씨의 명령이다. 장씨는 최고의 신력을 가진 조선의 머리무당으로, 짐승이나 사물을 이용해 사람의 목숨을 빼앗는 무고술의 대가이다. 외척인 윤씨 일가는 조정의 권력을 독점하고 있는 훈구파 세력으로, 대비 윤씨는 사림파 세력인 허연우 대신 윤보경을 세자빈으로 간택하려 한다. 대비 윤씨의 지시에 따라, 윤보경이 가짜 여탐굿이 끝난 후 피 묻은 허연우의 대례복을 훔침으로써, 허연우와 윤보경의 운명을 바꾸려는 무고술은 완성된다.

인용 B)의 민화공주는 허염과 맺어지기를 바라는 일념으로 무고술에 개입하였다. 간세지재(間世之材)로 회자되는 허염은 사림파 세력이기에 훈구파에게 있어서는 위협적인 존재이다. 그 때문에 대비 윤씨는 허염을 향한 민화공주의 마음을 이용해, 허염이 정계에 나설 수 없도록 의빈(儀賓)으로 삼은 것이다. 이것은 이훤이 사건의 내막을 알고 나서도, 그 주동자들을 단죄할 수 없게 만든 훈구파의 함정이기도 하다. 사실이 밝혀지고 나면 이훤은 같은 핏줄인 민화 공주와 그 지아비인 허염에게까지 벌을 내려야 하기 때문이다.

5장과 ⑦에서 이와 같은 진실이 밝혀진 후, 허연우는 허염에 대한 염려로 진실을 덮고 월이라는 이름으로 남으려 한다. 그러나 이훤은 왕으로서 민화공주와 함께 그 모든 관련자를 처벌한다. 허연우 서사의 완결 지점에서 보이는 목표가 사랑의 완성이라면, 그 사랑의 대상인 이훤에게는 정치적 승리에 대한 목표 역시 공존하기 때문이다. 이것을 욕망의 삼각형 구도로 살펴보면 다음과 같다.

〈표 2〉 이훤의 욕망의 삼각형

〈표 2-1〉	〈표 2-2〉	〈표 2-3〉
이상국가 ▷ 허연우 / 이훤	죽은 허연우 ▷ 월 / 이훤	이상국가 ▷ 복권된 허연우 / 이훤

〈표 2-1〉은 이훤이라는 주체가 허연우라는 중개자를 매개로 이상국가라는 대상에 도달하고자 하는 욕망을 나타낸다.[9] 이훤이 가진 국가관과 허연우의 관계성은 다음과 같다.

C) "(중략) 누이가 땅과 어머니와 백성이 어찌 천하다고 성현이 가르칠 수가 있느냐고 물었사옵니다. 가까운 것이 어찌 천한 것이냐고도 물었지요.", "그렇지! 우리 연우 낭자 말이 옳구나. 곡식을 품어 주는 땅도 그러하고, 나를 낳아 주신 어머니는 더욱 그러하지. 나에게 백성은 친근한 것이지 결코 천한 것은 아니니……."

— 『해를 품은 달』, 1권, 81쪽

D) "(중략) 귀하고 친근함이 서로 변화를 주고받음으로 자연의 질서가 돌아간다고 배웠느니라. 그러니 백성도 친근하고 존엄하다 배웠느니라. (중략) 앞서는 군주가 본보기로 모범을 보여야 뒤따른 백성이 더불어 어질어진다 배웠느니라. 내가 어질어지면 백성도 어질어지고 내가 존귀해지면 백성도 존귀해지니 그것이 서열이라 배웠느니라."

— 『해를 품은 달』, 1권, 30쪽

E) 연우의 뒤에 있는 건 허염과 대제학을 중심으로 하는 사림파였다. 지금은 비록 미약하지만 사림파가 훈구파를 견제할 수 있을 만큼 힘을 얻게 된다면, 지금 왕권을 짓누르고 있는 세력을 떨쳐 낼 수가 있을 것이다.

— 『해를 품은 달』, 1권, 138쪽

---

9 한 개인이 무엇을 욕망한다는 것은 그 개인이 지금의 자기 자신으로 만족하지 못해 자기 자신을 초월하고자 하는 것인데, 이때 초월은 자기가 욕망하게 되는 대상을 소유함으로써 가능하다. 예를 들어 돈키호테는 직접 이상적인 기사도에 도달하고자 하는 것이 아니라 아마디스라는 전설의 기사를 모방함으로써 거기에 도달하고자 한다.(르네 지라르, 위의 책, 23쪽)

인용 C)는 이훤이 세자이던 시절, 스승인 허염에게서 듣게 된 허연우의 질문에 대해 깨달음을 얻는 부분이다. 『주역』을 보면 "하늘은 높고 땅은 낮으니 건곤이 정해지고, 높고 낮게 펼쳐졌으니 귀천이 자리잡는다."[10]는 구절이 있다. 허연우가 제기한 물음은 이러한 존귀를 나누는 논리에 대한 것이다.

인용 D)는 소설 초장에서 두 사람이 만나는 부분으로, 스스로를 허연우라고 말할 수 없는 월이 왕과 무녀 사이의 신분과 존귀에 대해 논하며 이훤을 거부하자, 이훤이 답하는 대사이다. 왕으로 성장한 이훤은 인용 C)에서의 배움을 통해 하늘과 땅, 군주와 백성이 가지는 질서에 대하여 더불어 존엄하고 존귀해진다는 답을 얻고 있다. 백성을 친애하며 서로 화합하는 민본주의적 정치가 이훤이 목표로 하고 있는 이상국가의 정치 형태인 것이다.

인용 E)에서는 이러한 이상국가를 세우기 위해 허연우가 필요한 이유가 좀 더 직접적으로 드러난다. 허연우를 얻으면 사림파를 얻을 수 있고, 그것이 곧 현재 권력을 잡고 있는 훈구파와 대적할 힘이 되기 때문이다. 이렇듯 이상국가에 대한 이훤의 욕망 구도는 허연우를 매개로 하여 이루어진다.

그러나 '세자빈 허연우의 죽음'으로 인해, 이 욕망은 좌절되고 월의 등장과 함께 〈표 2-2〉의 두 번째 욕망의 삼각형이 발생한다. 이훤은 월이라는 중개자를 통해서, 허연우에 대한 암시를 받고, 다시 허연우를 욕망하게 된다. '세자빈 허연우의 죽음'에 대한 진실을 밝히려 한다는 점에서 월이 욕망하고 있는 대상 역시 허연우라고 할 수 있다. 이때 허연우라는 같은 대상을 욕망함으로써, 이훤과 월 사이에는 내면적 간접화[11]가 발생한다. 이에 따라 월은 〈표2-1〉의 중개자인 허

---

10 天尊地卑, 乾坤定矣. 卑高以陳, 貴賤位矣. 「系辭傳」, 『周易』.

연우가 소유하고 모방해야 할 대상이었던 것과 달리, 경쟁자이자 장애물로서의 중개자가 된다. 또한 욕망의 삼각형은 이등변삼각형이기 때문에, 중개자가 주체에 가까워질수록 욕망은 더욱 강렬해지고, 욕망의 대상 또한 주체와 가까워진다. 이를 직접적으로 보여주는 부분이 다음 인용이다.

> F) 그녀의 발이 훤을 향해 한 발짝 내딛었다. 훤이 웅크린 채로 소리쳤다. "가까이 오지 마라! 내게서 떨어져라. 향기……, 네게서 나는 그 향이 나를 더 미치게 만들고 있어." 월이 뒷걸음으로 한 발짝 멀어졌다. 이번에도 훤이 소리쳤다. "멀어지지 마라! ……내게서 멀어지지도 마라." 월은 오도 가도 못하고 서서 훤이 흐느껴 우는 소리를 들었다.
>
> ─ 『해를 품은 달』, 1권, 388쪽

인용 F)는 주체인 이훤과 중개자인 월 사이의 거리를 보여준다. 표면적인 의미에서 두 인물의 거리는 왕과 무녀라는 신분이 만들어 낸 거리이지만, 욕망의 삼각형 안에서는 주체와 중개자의 거리에 따른

---

11 간접화는 중개자와 주체 사이의 거리에 따라 구분할 수 있는데, 둘 사이의 가능성의 거리가 서로 접촉하지 않을 만큼 떨어져 있어 경쟁관계가 없으면 '외면적 간접화'(가령 돈키호테와 산초는 물리적으로는 서로 접근해 있지만 그들을 분리시키고 있는 사회적·지적(知的) 거리는 극복될 수 없다. 주인의 욕망의 대상을 하인이 욕망의 대상으로 삼는 일은 전혀 없다. 따라서 산초의 간접화는 외면적 간접화이다.), 동일한 세계의 내부에서 서로 침범할 만큼 거리가 가까워 경쟁관계가 발생하면 '내면적 간접화'(도스토예프스키의 소설에서 지나치게 강렬한 증오심은 마침내 폭발해버림으로써 이중성, 또는 중개자가 맡은 모델과 장애물이라는 이중의 역할을 드러내게 된다. 숭배를 바치는 증오심, 진창 속과 심지어 핏속에서도 굴러다니는 이 존경심은 바로 내면적 간접화로 생긴 갈등이 절정에 달한 형태이다.)라고 부른다.(르네 지라르, 앞의 책, 49~92쪽)

간접화의 정도를 의미한다. 이훤을 '미치게 만들고' 있는 월의 향기는 허연우의 '난향'으로 곧 허연우라는 욕망의 대상을 떠올리게 하는 매개로 작용한다. 가지지 못한 욕망의 대상을 중개자에게서 찾았을 때 주체인 이훤은 고통스러워 하고, 이훤과 월의 거리가 가까워질수록 중개자인 월은 주체와 대상 사이에 남은 단 하나의 장애물이 된다. 주체인 이훤이 겪는 고통이 해소되는 것, 즉 욕망의 대상인 허연우에 도달하는 것은 이 장애물을 제거함으로써만 이루어질 수 있다. 전체 서사의 목표인 '사랑'과 '정치'의 성공을 위해 '무녀 월의 죽음'이 필연적이 될 수밖에 없는 이유이다.

G) 흙투성이가 된 훤이 캄캄한 어둠과 싸우면서 관 속을 확인했다. 손에 잡혀 나온 건 시커먼 덩어리였다. 힘을 주었다. 그러자 부스스 흩어졌다. 흙덩어리일 뿐이었다. 다른 것도 꺼냈다. 이번에는 돌멩이였다. 그 외에는 더 이상 꺼낼 게 없었다. 연우의 관은 텅 빈 관이었다.

─『해를 품은 달』, 2권, 157쪽

인용 G)는 이훤이 허연우의 무덤을 확인하는 장면으로, 무덤 속 비어 있는 관은 허연우의 죽음이 없었다는 뜻이며, 이는 허연우의 생존을 의미한다. 월이 곧 허연우라는 사실을 이훤이 깨닫는 것과 함께 '무녀 월의 죽음'이 이루어진다. 월은 허연우의 죽음이 있었기에 존재할 수 있었던 인물이기 때문이다. 〈표 2-2〉의 중개자였던 월이 제거됨으로써, 이훤은 욕망의 대상인 허연우를 마침내 쟁취한다.

그리하여 이훤은 〈표 2-3〉에서처럼 다시 한 번 이상국가에 도달하고자 하는 최초의 욕망을 실현할 기회를 갖게 된다. 6장과 ⑧에서 '세자빈 허연우의 죽음' 뒤에 훈구파가 있었다는 사실이 밝혀지고, 그 관련자에 대한 단죄가 이루어진 후, 허연우를 다시 중전으로 책봉하면서, 이훤의 이상국가는 완성된다. 동시에 이훤과의 사랑을 완성하고자 했던 허연우의 목표 역시 성공으로 끝난다.

즉 『해를 품은 달』의 서사는 허연우와 이훤 그리고 월 사이에 작동하는 욕망의 삼각형에 따라 '사랑'과 '정치'의 목표를 결합시키는 성공의 서사 구조로 구성되었다.

3. 신자유주의적 성공 신화

욕망의 삼각형을 자본주의 사회 구조에 그대로 적용하면, 주체는 화폐라는 중개자를 통해서만 재화의 습득이라는 목표를 달성할 수 있다. 자유주의 이념체계에서 주체는 재산을 소유한 개인이며, 이들은 재화를 자유롭게 교환할 시장을 필요로 한다. 시장에서는 주체-화폐-재화의 삼각형 구도가 끊임없이 계속되고, 이로 인해 경쟁이 나타나게 된다. 그런데 신자유주의 이데올로기는 경제영역을 넘어 모든 사회적 관계에서도 이 자유주의 시장 논리를 강조한다. 모든 것이 상품-화폐 관계여야 한다는 것이다.[12]

2장에서 이훤이 자신의 이상국가를 완성하기까지 보여준 과정처

〈표 3〉 신자유주의 사회의 욕망의 삼각형

〈표 3-1〉 고전파 경제학	〈표 3-2〉 케인스 경제학	〈표 3-3〉 신자유주의 경제학
부의 축적 / 자유시장 / 자본가	국가통제시장 / 국가 노동자 / 자본가	부의 축적 / 세계시장 / 자본가

림, 신자유주의 사회도 역사적 발전의 변모양상을 살펴보면 〈표 3〉 같은 과정을 거친다.

〈표 3-1〉에서 자본가는 화폐와 노동력을 교환할 수 있는 자유시장을 매개로 부를 축적하고자 한다. 자유시장 안에서 벌어지는 매매활동은 재화를 얻기 위한 경쟁을 부추기고, 더 많은 부를 쌓을 수 있다는 기회를 암시한다. 이훤이 허연우를 소유해야만 이상국가를 달성할 수 있었듯, 자본가는 자유시장이라는 이상적인 중개자를 가지는 것으로 그들의 욕망을 추구하게 된다. 이러한 자유시장 경제체제는 시장의 자기조절능력을 높이 신뢰하여 이른바 '보이지 않는 손'[13]이 질서를 유지해 줄 것으로 기대한다. 그러나 공황이 발생하고 대규모 실업이 오래 지속되면, 자유시장 경제체제는 한계에 봉착하고, 이에 국가가 시장의 질서에 끼어든다.

〈표 3-2〉가 이것을 잘 보여준다. 흔히 케인스 경제학[14]의 논리로 설명되는 이 같은 구도는 국가차원에서 시장경제에 적극적으로 개입

---

[12] 강상구, 앞의 책, 218쪽.
[13] 애덤 스미스는 어떤 사회이든, 그 연간 수입은 언제나 그 사회의 근로에서 나오는 연간 생산물 전체의 교환가치와 정확하게 같다고 보았다. 어떤 개인도 되도록, 자기 자본을 국내의 근로를 유지하는 데 사용하는 동시에, 그 생산물이 최대의 가치를 가지도록 이끌어 가기 때문에 필연적으로 그 사회의 연간 수입을 될 수 있는 대로 증가시키려고 애쓰는 셈이 되는 것이다. 즉 자신의 이득만을 의도하고 있지만 보이지 않는 손(invisible hands)에 이끌려 공공의 이익을 증진시키는 결과를 갖게 된다.(애덤 스미스, 『국부론』, 유인호 옮김, 동서문화사, 2013, 465쪽 참조)
[14] 케인스는 당대 경제사회의 두드러진 결함으로 완전고용을 성취하지 못하는 것과 부와 소득의 불평등한 분배를 꼽았다. 특히 불완전고용을 해결하기 위해서는 국가의 조세정책과 투자정책 등을 통해 유효수요를 창조하여야 한다고 주장했다. 고전파 경제학의 자유방임주의와는 달리 국가 정책을 통한 경제체제의 보완을 강조하여, 많은 나라의 경제정책에 영향을 주었다.(존 케인즈, 『고용, 이자 및 화폐의 일반이론』, 조순 옮김, 비봉출판사, 2012, 448~462쪽 참조)

할 것을 주장한다. 이때 국가권력은 노동자들의 완전고용과 경제성장을 위해 산업정책에 관여하며, 시민들의 복지를 향상시키기 위해 다양한 복지정책을 계획한다. 그 과정에서 노동계급이 실질적인 영향력을 가지게 되고, 자본과 노동 사이에는 계급타협의 필요성이 생긴다. 이처럼 원활한 시장경제를 위해 국가가 기업을 규제하고, 노동자가 자본가에 대해 이전보다 유리한 위치를 점하면서, 국가와 노동자는 국가통제시장을 두고 자본가와 일종의 경쟁 관계를 형성한다. 이렇게 주체와 중개자가 경쟁적으로 같은 대상을 욕망하며 자본가는 국가와 노동자라는 매개항을 거쳐야만 국가통제시장에 도달할 수 있게 된다.

그런데 신자유주의 사상의 토대를 마련한 하이에크는 고전파 경제학에서와 마찬가지로 시장을 '자연발생적으로 만들어진 체제'이며, 자생적 질서 속에 있는 것으로 보았다. 따라서 〈표 3-2〉처럼 국가와 노동조합 같은 외부존재의 개입은 수용될 수 없었다. 그렇기 때문에 신자유주의가 경제 문제를 해결하는 방법은 자연스러운 경제 질서에 방해되는 국가부문을 축소하고, 노동자의 힘을 약화시키는 데 초점이 맞춰진다.[15] 이훤이 허연우에 도달하려면 '무녀 월의 죽음'이 필수적이었던 것처럼, 국가와 노동자의 역할이 축소되어야 했던 것이다.

실제로 케인스 경제학은 한 국가 안에서의 경제 문제를 해결하는 데 있어서는 어느 정도 성공했지만, 세계화에 따른 경제 문제에는 효과를 발휘하지 못했다. 그렇게 〈표 3-3〉처럼 국가와 노동자는 제거되고, 시장이 다시 원래의 자리를 되찾는다. 이때의 시장은 무한 경쟁이 벌어지는 세계시장으로, 상품과 자본의 이동에 대한 국가주권은 세계시장을 위해 기꺼이 포기되어야 한다. 국제적 경쟁은 능률성과

---

[15] 강상구, 앞의 책, 95쪽.

생산성의 개선으로 가격을 낮춰, 이에 의해 인플레이션 경향을 통제한다는 점에서 건전한 것으로 이해된다.[16] 여기에서 승리한 자본 계급은 계속해서 부를 축적할 수 있게 되고, '경쟁'을 핵심적인 가치로 내세워 그것을 정당화시킨다. 신자유주의는 경쟁으로 개인의 능력을 극대화하고, 경쟁에서의 승리를 성공의 최고 미덕으로 삼는 것이다.

'사랑'과 '정치'의 성공을 이루어 낸 『해를 품은 달』의 서사에서도 이 치열한 경쟁 과정을 찾아볼 수 있다. 해와 달의 자리는 권력의 최상층에 있는 지배자의 자리이기에 모두의 욕망의 대상이 되며, 이훤과 허연우도 여러 번의 경쟁에서 승리한 후에야 완전하게 손에 넣게 된다.

H) 초간택이 시작되었다. (중략) 왕과 다른 대신들은 초간택이 거행되는 대비전에 발을 들여놓지도 못한 채 서른 명의 참여자 중 일곱 명을 간택하고 결말이 났다. 재간택은 (중략) 여러 가지를 심사하기 위해 하루 종일 걸렸지만, 삼간택은 (중략) 세 명으로만 진행되기에 오전 중으로 결정이 났다. 세 후보 중 단 한 명만이 세자빈이 되어 오늘 점심 수라를 받게 될 것이다.

— 『해를 품은 달』, 1권, 165~174쪽

I) (중략) 내가 지금 죽어 버리면 곤란한 사람들이 많지 않느냐. 어서 건강해져서 파평부원군의 외손자를 낳아야지. 세자로 만들어 이 조선을 윤씨 일파가 더욱더 좌지우지하도록 만들어 줘야지. 지금 나의 목숨은 그걸 담보로 부지되고 있으니까. (중략)

— 『해를 품은 달』, 1권, 224쪽

---

[16] 데이비드 하비, 『신자유주의』, 최병두 옮김, 한울아카데미, 2007, 89쪽.

J) 충분히 막을 수 있는 양명군이 검을 스스로 놓아 버리는 것이 보였다. (중략) 양명군이 싱긋이 웃으며 훤을 보았다. 수많은 질투와 시기를 한 상대였다. 하지만 단 한 번도 그의 형이 아니었던 적이 없었고 신하가 아니었던 적도 없었다. (중략) 그런 스스로를 이제는 거두고 싶었다. 왕을 편하게 하기 위해서가 아니라 자신이 편하고 싶어서였다.

―『해를 품은 달』, 2권, 398~400쪽

인용 H)는 허연우가 세자빈으로 간택되는 과정을 보여주고 있다. 가례도감이 설치되면 전국에 금혼령이 내려지고, 양반가의 처녀들은 사주와 가문의 이력 등을 적은 처녀단자를 올린다. 처녀단자에서 선발된 이들은 초간택, 재간택, 삼간택 등의 과정을 거치며 최후의 한 명으로 선택되어야만 비로소 세자빈의 지위에 오를 수 있다. 대비 윤씨에 의해 윤보경이 암묵적으로 내정되어 있었지만, 허연우는 이를 자신의 능력으로 제치고 세자빈으로 간택된다.

인용 I)는 왕의 자리를 유지하기 위한 이훤의 모습을 보여준다. 이훤은 세자 시절부터 외척 세력에 대한 적의를 감추고, 오히려 그들에게 아첨하며 세자 자리를 지켜왔다. 그러나 왕이 되어서도 외척의 압박과 견제를 받으며, 늘 죽음의 위협 속에 노출된다. 이훤의 건강이 좋지 않은 것도 파평대원군 윤대형과 협력 관계에 있는 권지도무녀가 계속해서 주술로서 해를 가했기 때문이다. 윤대형은 결국 이훤의 형인 양명군을 왕으로 내세우며 역모를 일으킨다.

그러나 윤대형과 한 뜻인 것처럼 보였던 양명군은 윤대형과 적대 세력을 일거에 축출하고자 한 이훤의 미끼이며 계략이었다. 인용 J)가 양명군이 죽음을 맞이하는 부분이다. 양명군은 왕좌를 차지하기 위해서, 사랑하는 여인을 얻기 위해서 이훤과 경쟁하였다. 그러나 양명군은 이훤을 '질투와 시기를 한 상대'라고 인정하면서도, 자신은 왕의 형이자 신하로 남기를 택하며 죽어 갔다. 이것은 소설 안에서 희생을 통한 형제간의 우애로 승화되지만, 경쟁 논리에서는 패배하여 낙오된 자의 최후에 지나지 않는다.

중요한 것은 허연우와 이훤의 목표를 방해하는 경쟁자들이 소설 말미에서 모두 '죽음'으로 제거된다는 점이다. 먼저 허연우가 있어야 할 중전의 자리를 차지하고 있던 윤보경은 끝내 자살하고, 외척(부원군)으로서의 권력을 유지하고자 하는 훈구파의 대표적 인물이었던 윤대형은 김제운의 칼에 목숨을 잃는다.

김제운 또한 욕망의 삼각형 구도에서 보았을 때 같은 목표를 욕망의 대상으로 삼은 경쟁자로 볼 수 있는데, 왕을 호위하는 운검의 직책에 있으면서 월에게 마음이 뺏겨 고뇌하기 때문이다. 다른 경쟁자들과 달리, 김제운만이 예외적으로 살아남는 것은 앞선 '무녀 월의 죽음'이 이유가 된다. 이미 사랑의 대상을 잃어 더 이상 허연우와 이훤의 목표를 방해하는 경쟁자가 아니게 된 까닭이다. 같은 것을 욕망하는 주체로서 제거된 세 인물과 달리, 욕망의 대상이 제거된 경우라고 할 수 있다.

이렇게 허연우와 이훤은 욕망과 경쟁 구도 사이에서 살아남은 유일한 승리자들로서, 더 이상의 경쟁자가 존재하지 않는 완벽한 이상 세계를 손에 넣는다. 그러나 이상적인 사랑과 정치의 형태를 그리고 있는 이 로맨스의 이면에 수많은 사람들의 '죽음'이 있음을 간과해서는 안 될 것이다. 〈표2〉의 주체가 '왕'의 지위를 가진 이훤이듯, 〈표3〉의 주체는 '자본'의 힘을 가진 자본가들이다.『해를 품은 달』의 서사가 이훤이 이상국가를 완성하기 위한 과정으로 볼 수 있는 것처럼, 신자유주의도 애초부터 계급 권력의 회복을 위한 프로젝트[17]로 생각할 수 있다. 즉 허연우의 자리에 있었던 윤보경과 이훤의 자리를 원했던 양명군은 승리자가 정해져 있는 이 경쟁 구도에서 애초부터 살아남을 수 없었던 것이다.

그럼에도 불구하고 자본가 계급의 권력 회복을 위한 신자유주의의 '경쟁'과 '성공'의 가치는 대중들에게 널리 지지되고 있다. 자기계발서가 베스트셀러가 되고, 성공의 처세술을 다룬 책이 출판되며, 그것이 대중에게 계속해서 소비되고 있는 근간의 흐름이 그것을 말해준다. '성공한' 귀한 인생과 '성공하지 못한' 천한 인생에 대한 인식이 있기에, 대중은 끊임없이 경쟁하며 스스로를 상품화하여 성공하고자 한다.

이러한 경향은 서바이벌 오디션 프로그램의 열풍으로도 설명된다. 오디션 프로그램에는 성공을 통한 '계급 상승'의 욕망이 녹아 있다. 높은 상금과 지위가 약속된 우승자의 자리는 수백만의 지원자 중 단 한 명, 자기를 기업화하는데 성공한 자에게만 허락된다. 이 불평등한 구조는 자기 관리 담론으로 정당화되고, 탈락의 책임은 탈락자 본인의 자질, 혹은 운의 탓으로 돌아간다.[18] 우승자는 경쟁에서 승리한 영웅으로서 찬사를 받으며, 미디어는 영웅이라는 허상을 부단히 재생산하며, 경쟁의 당위를 묵인한다.[19]

액받이 무녀로 천시 받던 허연우가 왕비가 되고, 살아남은 승리자로서 가족의 품에 돌아가 안기는 결말도 계급 상승을 승리에 대한 보상이자 성공의 증거로 삼는 오디션 프로그램의 인식에서 크게 벗어

---

[17] 데이비드 하비, 앞의 책, 33쪽.
[18] 강수진, 『오디션 리얼리티 쇼의 서사적 특성과 신자유주의 통치성: 〈더 엑스 팩터〉와 〈슈퍼스타 K2〉 비교연구』, 경희대학교 대학원 석사학위논문, 2012.
[19] 최소망·강승묵, 「텔레비전 오디션 리얼리티 쇼의 서사구조 분석: 〈스타오디션 위대한 탄생〉과 〈슈퍼스타 K2〉를 중심으로」, 『한국콘텐츠학회논문지』, Vol.12 No.6, 한국콘텐츠학회, 2012.

나지 않는다. 즉, 계급 권력의 회복을 위한 신자유주의 구조 안에는 경쟁을 통한 계급 상승의 욕망이 녹아 있으며, 이것이 신자유주의에서 말하는 성공 신화의 본질이라고 할 수 있다.

4. 성공의 허상과 계급적 한계

지젝은 이데올로기에 대해 기본적인 차원에서 현실 자체의 토대로서 기능하는 환상-구성물이라고 보았다. 우리의 실제적이고 현실적인 사회관계들을 구성하는 '환영'은 어떤 감당할 수 없는, 실재적인, 불가능한 중핵을 은폐시킨다.[20] 신자유주의 사회에서 이 환상-구성물은 경쟁으로 계급 상승의 성공을 이뤄낼 수 있음을 믿게 한다. 그러나 이 믿음은 인간의 모든 행동을 시장 논리 안으로 끌어들인 신자유주의의 이데올로기적 허상일 뿐이다.

시장은 경쟁과 혁신을 배양하기 위한 방식이라고 묘사되지만, 결과적으로 독점 권력을 강화하는 매개물이 되었다.[21] 능력이 없는 개인, 경쟁력이 없는 기업은 낙오되며 사회 구조 안에서 제외된다. 오디션 프로그램에서 우승하더라도 더욱 거대한 시장에서 새로운 경쟁을 벌여야 하는 것처럼, 이 성공 신화에는 완결된 지점이 없다. 영웅으로 군림할 수 있는 시간은 잠깐이고, 수많은 스타들과의 경쟁에서 살아남지 못하면 대중의 기억에서 사라진다.

마찬가지로 『해를 품은 달』에서 왕비가 된 것은 무녀 월이 아닌 양반 신분인 허연우라는 사실에 주목해야 한다. 허연우와 이훤의 궁극

---

[20] 슬라보예 지젝, 『이데올로기라는 숭고한 대상』, 이수련 옮김, 인간사랑, 2002, 89쪽.
[21] 데이비드 하비, 앞의 책, 43쪽.

적인 성공을 위해서 '무녀 월의 죽음'은 필연적이었다. 즉 '해를 품은 달'이라는 상징적 제목에서 이훤을 품고 있는 '달'은 '무녀' 월이 아닌, 대제학의 여식에서 왕비가 된 '양반' 허연우라는 것이다. 이는 지배 계급이 더 높은 지배 계급으로 올라간 것뿐으로, 이미 그 지위를 가지고 있는 계층의 성공에 지나지 않는다. 백성 역시 더불어 존귀하고자 했던 이훤의 정치관은 공정하게 모든 것을 품는 듯 해보이지만, 월은 월로서가 아닌 허연우로 돌아와야만 존귀해질 수 있었다.

다시 말해 『해를 품은 달』과 신자유주의 구조 안에 내포된 계급 상승의 욕망은 정말 이루어지는 것이 아니라 마치 이루어질 것처럼 보이는 허상이라고 할 수 있다.

실제로 신자유주의 정책은 수많은 실업자와 경제적 모순을 낳았다. 세계화 추세에 따라 욕망의 삼각형 구도에서 주체의 자리는 자유로운 개인 대신 국경을 초월한 거대 독점 자본이 차지하게 되었으며, 신자유주의는 노동자들-사회적 약자들의 희생을 발판 삼아 지배자들-살아남은 자들이 이전보다 더 큰 자유와 더 큰 부를 누리는 체제를 구축하였다.

이 계급 단절의 구조는 계급투쟁을 봉쇄시키는 '두 국민 전략'이 잘 설명해 준다. '두 국민 전략'이란 사회를 자본의 입장에서 의미 있는 집단과 그렇지 않은 집단으로 나눈 다음, 한 집단만 옹호하고 다른 한 집단은 철저하게 배제하고 소외시키는 전략이다. 부유층과 노동자계급의 상층이 자본에게 의미 있는 집단이라면, 빈곤층과 기층 노동자 대중은 의미가 없는 집단이 된다. 결과적으로 노동자-사회적 약자의 희생이 뒤따르며, 사회는 가진 자가 더 많이 가지는 구조로 재편될 수밖에 없다.[22]

---

[22] 강상구, 앞의 책, 364~365쪽 참조.

이러한 사회적 약자의 소외와 계급 간의 단절은 『해를 품은 달』에서도 그대로 드러난다. 앞서 살펴보았듯이 소설에 등장하는 인물들 중 허연우와 이훤의 경쟁자는 전부 '죽음'으로 제거되었다. 그런데 경쟁자가 아님에도 '죽음'의 결말을 맞이한 인물이 있다. 허연우의 몸종인 '설'과 성수청의 도무녀인 '장씨'이다.

〈표 4〉 설과 장씨의 신분과 역할

	설		장씨	
신분	노비	피지배계급	성수청의 도무녀	사회적 약자
역할	허연우의 조력자, 허염을 지키려다 죽음	권력자를 위한 노동, 희생	왕실의 기은	권력자를 위한 노동, 계급 간 소통

설은 일곱 살 때 허연우의 몸종으로 팔려와 '이년'이라는 이름 대신 '설'이라는 이름을 붙여 준 허염에게 사랑을 품는 인물이다. 그녀는 세자빈 허연우가 죽은 후에는 장씨 도무녀에게 팔려, 무녀가 된 허연우를 '도련님의 누이'로서 지켜주고자 한다.

K) 도련님의 손과 닮은 연우의 손이 망가지는 것이 싫어서 그만큼 자신의 손이 망가졌다. 연우에게서 나는 도련님의 향기가 지워지는 것이 싫어서 수시로 산을 돌아다니며 난초를 구해서 말리고 갈아 두었다. 그럼에도 불구하고 그리움이 사무치는 날이면 홀로 도련님이 하던 몸동작을 따라 했다. 염이 가지고 있던 검과 비슷한 길이의 나뭇가지로 말없이 서 있는 나무를 때렸고, 죄 없는 하늘을 찔렀다. (중략) 세상에서 가장 천한 노비와 가장 존귀한 공주. 그렇게 응달에 웅크리고 앉아 염을 그리워한 자신의 보잘것없는 사랑마저 마음껏 비

웃었다.
——『해를 품은 달』, 2권, 60~61쪽

　L) "죄는 용서하지 않을 것이옵니다. 하지만 사랑하는 마음도 거두지 않을 것이옵니다.", "저 지금 냄새가 나고 더러운데……. 손도 다 갈라지고 못생겨졌는데…….", "깨끗하고 하얀 눈이 모든 것을 덮어줄 것이옵니다." 민화의 귀에는 염의 울음소리가 목소리보다 더 크게 들렸다. 민화를 등 뒤에서 안고 있는 염에게로 마치 그의 행복을 기원하듯 그들에게로만 눈이 쏟아져 내렸다.
——『해를 품은 달』, 2권, 479쪽

　장씨에게 팔려간 설은 허연우가 무녀로서 살아야만 한다는 것을 알게 된 후에도 허연우를 무녀가 아닌 '도련님의 누이'로 대한다. '도련님의 손과 닮은' 허연우의 손, '도련님의 향기'와 같은 허연우의 향기를 지키려는 모습을 인용 K)에서 확인할 수 있다. 허연우가 무녀 월이라는 이름으로 궁에 들어간 후에는 그녀가 세자빈으로 간택되었을 당시 별궁에서 치러졌던 여탐굿에 대해 대신 조사하러 다니기도 한다.
　설에게 주어진 이 같은 역할은 권력자를 위해 일하고 희생하는 피지배계급의 모습과 닮아 있다. 권력자의 욕망을 위해 노동하지만 그 스스로의 욕망은 '가장 천한 노비와 가장 존귀한 공주'의 비교에서 알 수 있듯이, 민화공주라는 지배계급에 가로막혀 결코 이루어지지 못하고 좌절된다.
　인용 L)은 허염이라는 같은 대상을 욕망하는 설과 민화공주의 결말을 잘 보여주는 부분이다. 설은 양명군의 역모 사건 당시 윤대형이 보낸 자객들로부터 허염과 민화공주를 지키며 대신 죽음을 맞는다.

민화공주는 무고술에 개입한 정황이 드러나 노비형을 선고받지만, 3년이 지난 후 용서를 받고 관비에서 풀려나 다시 허염에게로 돌아온다. 눈이 내리는 묘사로 설의 희생을 '모든 것을 덮어 줄' 것처럼, '행복을 기원하듯' 아름답게 승화시키고 있지만 최종적으로 허염이라는 욕망의 대상을 쟁취한 것은 민화공주가 되는 것이다.

이러한 사회적 약자의 패배는 장씨의 죽음에서도 드러난다. 성수청의 도무녀 직책을 가진 장씨는 정치적 지배계급인 유학자들로부터 천대받는다는 점에서 사회적 약자로 규정될 수 있다. 성리학 이념을 따르는 유학자들에게 있어서 무속은 삿된 것이며 성수청 역시 철폐해야만 하는 기관이다.

M) 성수청과 소격서를 몰아내고자 매일같이 상소해 대는 유생들의 청을 들어주는 것이오. 거기에는 우리가 발붙일 곳이 없수다. 도교도 무교도 유교 앞에선 한낱 사악한 미신에 불과할 뿐이지. 혜각 도사도 소격서를 철폐하고 어디 산수 좋은 곳으로 들어가시오.
―『해를 품은 달』, 1권, 207쪽

N) 잔실아, 기억해라. 왕과 백성을 잇고, 백성과 하늘을 잇고, 하늘과 왕을 이었던 것이 우리 성수청이었음을. 역사를 쓰는 자들이 유학자들이기에 우리는 역사 속에 악인으로만 기록되겠지만……, 그 어떤 수모 속에서도 끝까지 왕실과 함께해야 한다. 언젠간 사라질 성수청의 운명이라 하더라도 마지막까지……, 마지막까지…….
―『해를 품은 달』, 2권, 369쪽

인용 M)은 세자빈 허연우의 죽음으로부터 8년 후, 장씨 도무녀를 궁궐로 부르기 위해 찾아온 소격서의 혜각 도사와 관상감의 교수들에게 던지는 장씨의 대사이다. 인용에서 보듯이 작품 안에서도 성수청의 입지는 매우 좁으며, 이것은 장씨가 언제 철폐될지 모르는 성수청을 지키고자 대비 윤씨와 결탁할 수밖에 없는 이유가 된다.

실제로도 궁궐 내의 무속을 전담한 성수청과 도교의 제천의식을 거행하는 소격서에 대해 철폐를 촉구하는 간언들이 자주 있었다. 성종 8년 주계부정(朱溪副正) 이심원(李深源)이 성종에게 "모든 음사(淫祀)에 관계되는 일을 일체 금단시킨다면, 유명이 엄해지고 상하의 예가 바로잡혀질 것입니다."[23]라고 상서하였고, 중종 1년에는 홍문관(弘文館) 부제학(副提學) 이윤(李胤) 등이 "청컨대 빨리 그 명을 거두어 길이 이단을 끊으소서. 소격서·성수청의 유도 아울러 모두 혁파하소서."[24]라는 소를 올리기도 했다.

인용 N)은 이런 불리한 여건 속에서도 성수청이 하고 있는 역할이 무엇인가를 보여준다. 샤머니즘의 형태로 고대에서부터 있어 온 무속신앙은 조선조에 이르러서도 백성들의 생활 속에 깊이 뿌리박혀 있었다. 왕실과 민간에서 함께 믿어져 오며 '백성과 하늘을 잇고, 하늘과 왕을' 이으며 또한 왕과 백성을 연결시켜 주었다. 이로써 보면, 성수청과 성수청을 대표하는 도무녀로 등장하는 장씨는 계급 간 소통의 역할을 상징한다고 할 수 있다.

그렇기 때문에 장씨의 죽음은 정치적·사회적 약자의 패배이기도 하지만, 계급 간의 단절을 의미하기도 한다. 피지배층의 자리에서 설과 장씨의 욕망은 좌절되고 죽음을 맞이함으로써, 결코 승리하거나 성공할 수 없는 계급의 한계를 보여준다. 모든 것을 '품는'다고 하는

---

23 「凡干淫祀, 一切禁斷, 則幽明嚴而上下之禮正矣」, 『성종실록』 86권, 성종 8년 11월 26일(기축) 1번째 기사.
24 「請亟還其命, 永絶異端. 昭格署, 星宿廳之類, 竝皆革罷」, 『중종실록』 1권, 중종 1년 10월 25일(경오) 7번째 기사.

해와 달의 표면적 서사 구조의 이면에서, 이훤과 허연우라는 지배자에게 이상적인 세계를 떠받치는 건 설과 장씨 같은 노동자-사회적 약자의 희생이 없이는 불가능한 것이다.

이훤과 허연우의 이상세계를 위해 모든 경쟁자가 제거되었지만 유일하게 살아남은 인물이 김제운이다. 마찬가지로 사회적 약자 계급인 설과 장씨가 죽음을 맞는 가운데에서도 서자 출신인 김제운은 계급 상승처럼 보이기도 하는 예외적인 승리를 가진다. 양명군의 역모 사건에서 세운 공으로 이훤으로부터 허통(許通)을 허락받으며, 친어머니는 아니지만 친어머니처럼 키워 준 박씨를 '어머니'라고 부를 수 있게 되는 것이다. 그러나 김제운에게 허락된 허통을 계급 관계의 완전한 극복으로 볼 수는 없다. 그 역할이 설과 장씨와는 달리 사회적 약자로서 기능하지 않기 때문이다.

 O) 효웅은 박씨가 자신을 여기까지 부른 이유를 명확하게 알아차렸다. 제운에게 검술을 익히게 하려는 의도였다. (중략) "제가 허민규께 보낼 서찰을 써 드리겠습니다. 먼저 그분께 학문을 익히게 하는 것이 순서입니다. (중략)"
           — 『해를 품은 달』, 1권, 429~430쪽

서자라는 신분을 뛰어넘어 운검의 지위를 획득하고 허통을 허락받는 것은 일견 피지배층에서 지배층으로 올라간 계급 상승의 성공으로 보이기도 한다. 그러나 인용 O)를 통해 김제운은 운검대장 박효웅으로부터 검술을 사사받았고, 대제학 허민규에게 학문을 배운 엘리트임을 알 수 있다. 그리고 김제운은 허염과 양명군의 벗이기도 하며, 왕을 호위하는 운검의 자리에 오른 후, 이훤이 신뢰하는 충실한 조력자로서 역할을 맡는다. 김제운의 성장 과정과 사회적 지위는 이미 지배충의 그것과 밀접하게 관계를 맺고 있었다.

따라서 이러한 성공은, 신자유주의 체제에서 두 국민 전략이 초래하는 결과처럼, 설과 장씨 그리고 김제운의 예에서 보듯이 극소수에게만 허락되거나 혹은 그마저도 불가능하다는 계급적 한계를 갖는다.

5. 해와 달이 품은 욕망

역사적 사실보다 허구적 상상력이 중요시되는 최근 역사허구물의 흐름에 따라 『해를 품은 달』도 픽션과 팩션의 경계에서 허구성에 더 많은 비중을 두었다. 『해를 품은 달』의 서사적 주인공인 허연우를 중심으로 재구성했을 때, 작품의 서사는 허연우가 사랑이라는 목표를 이루기까지의 성공 과정이 된다. 여기에서 '세자빈 허연우의 죽음'과 '무녀 월의 죽음'이 중요한 변곡점의 역할을 한다. 이 두 번의 죽음은 허연우를 매개로 이상국가를 실현하고자 한 이훤의 욕망의 삼각형을 작동시킨다. '세자빈 허연우의 죽음'이 정치적 성공을 목표로 하는 이훤에게 위기를 가져다주고, '무녀 월의 죽음'으로 허연우를 되찾아 이를 극복하는 계기가 되기 때문이다. 결과적으로 허연우는 이훤과의 사랑을 완성하고, 이훤은 정치적 승리자가 됨으로써 『해를 품은 달』의 서사는 사랑과 정치의 과정이 다르지 않음을 보여준다.

이 과정에서 신자유주의에서 내세우는 '경쟁'의 논리가 드러나고 있다. 두 사람이 왕과 왕비의 자리를 획득하여 승리하기까지는 치열한 경쟁이 존재하며, 목적을 이루는데 방해가 되는 경쟁자들은 전부 '죽음'으로 제거된다. 마찬가지로 신자유주의 체제에서 자본가는 자유시장에서의 경쟁으로 부를 축적하고자 하며, 국가와 노동자의 개입으로 자유시장에 곧장 도달하지 못하게 되자, 결국 국가와 노동자의 역할을 축소하기에 이른다. 그리고 무한경쟁을 최고의 가치로 삼아 국경을 초월한 세계 자유시장을 다시 손에 넣는다.

대중은 오디션 프로그램에 열광하고 경쟁에서 승리한 자를 영웅화하는 것으로 이 같은 신자유주의 이데올로기를 수용하고 있다. 이러한 현상에는 천한 무녀가 귀한 왕비가 되는 것처럼 계급 상승을 사회적 성공의 필수 조건으로 생각하는 인식이 깔려 있다. 신자유주의가 강조하는 경쟁 논리는 누구나 열심히 노력하기만 하면 성공할 수 있을 것 같은 환영을 보여준다. 그러나 두 국민 전략에서 알 수 있듯이 신자유주의 체제는 계급의 양극화라는 결과를 낳을 뿐, 진정한 의미에서의 계급 상승은 쉽게 이루어질 수 없다.『해를 품은 달』에서도 설과 장씨의 죽음을 통해 좌절된 사회적 약자의 욕망을 볼 수 있으며, 결국 이훤과 허연우 같은 지배층만이 살아남아 그들에게 가장 이상적인 결말로 마무리된다.

이처럼『해를 품은 달』의 서사 구조와 신자유주의 이념은 계급 권력의 회복을 위한 과정이라는 점에서 구조적 상동성을 갖는다고 할 수 있다.

지젝의 말처럼, 이데올로기에서 진정한 쟁점은 바로 그것의 형식이다.[25] 신자유주의의 여러 문제점이 드러나고 그 모순을 극복하기 위한 노력이 계속되고 있는 와중에도 신자유주의의 경쟁과 성공의 논리는 여전히 헤게모니를 쥐고 있다. 주체는 언제나 무언가를 욕망하고 욕망하는 것이 당연하기에, 사회에서 중요한 것은 욕망하는 인간을 관리하는 시스템이다. 그것이 신자유주의든, 사회민주주의든, 전체주의든 간에 그 이데올로기의 형식에 따라 현실 사회의 모습이

---

[25] 슬라보예 지젝, 앞의 책, 151쪽.

결정되는 것이다.

　그 형식의 틀 안에서 살아가는 작가의 세계관 또한, 이데올로기의 영향에서 자유롭거나 무관할 수 없다. 따라서 계급 권력의 회복 과정을 보여주는 『해를 품은 달』의 서사 구조에도 결국 신자유주의 이데올로기 시대를 살아가는 작가의 세계관이 반영되었다고 볼 수 있다.

　그러나 『해를 품은 달』의 이상세계가 만들어진 것이 '가상' 조선시대인 것처럼, 결국 이러한 이데올로기 너머엔 아무것도 존재하지 않는다. 대중이 무엇인가가 있을 것이라 믿고 욕망하기 때문에, 이데올로기라는 환상-구성물은 그 형식 자체로 현실의 토대가 되어 우리의 일상을 지배하고 계속 추종하게 만들 뿐이다.

　이러한 맥락에서 『해를 품은 달』이 얻은 대중적인 인기는 허연우와 같은 성공을, 이훤과 같은 영웅적 지도자를 꿈꾸는 대중의 바람을 보여준다고 할 수 있다. 해와 달이 품고 있는 욕망은 결국 지배층의 이상세계임에도 불구하고, 그것을 꿈꾸는 대중이 있기에 그들의 욕망은 대중의 욕망 안으로 스며든다. 이것은 "의식화하는 것이 소설이 아니라, 의식화되는 그 무엇이 소설 속에서 발생함으로써, 소설 그 자체가 현실적인 힘이 된다."[26]는 사실을 잘 보여준다.

　이렇듯 『해를 품은 달』은 포용의 가치를 내세우는 표면 서사와 달리, 신자유주의 체제를 수용하고 있는 대중과 현대 사회를 역설적으로 비추고 있다는 점에서, 또 하나의 역사허구물로써 문학적 의미를 가진다.

---

[26] 이봉일, 『문학과 정신분석』, 새미, 2009. 182쪽.

6 SNS 사회적 텍스트와 집단지성
– 트위터를 중심으로

1. 서론

월드와이드웹(WWW: world wide web)은 1990년대 초에 처음 등장하여 웹1.0 시대를 열었다. 그 후 사용자가 직접 콘텐츠를 만들고 배포하는 웹2.0[1]이 2001년부터 2006년까지 인터넷의 큰 흐름을 주도했다. 그러나 차세대 미디어 환경인 웹3.0[2]에 가장 적합한 매체로 스마트폰인 아이폰(iphone)이 2007년 등장함에 따라 언제 어디서나 무선 인터넷에 접속해 정보를 공유할 수 있게 되면서 SNS[3]는 강력한 영향력을 발휘한다.

---

[1] 웹2.0이란 사용자 참여, 네트워킹, 손쉬운 정보의 입수를 허용하는 모든 웹 기반 도구들을 의미한다.(버지니아 스콧, 정인아 역(2011),『구글』, 명인문화사, 151쪽)
[2] 웹3.0이란 정보검색·생성 과정에서 인공지능을 활용한 개인별 맞춤 정보서비스가 가능해지는 걸 뜻한다.(전영수(2008),『한국경제 프리즘』, 비즈니스 맵, 195쪽)
[3] SNS란 소셜 네트워킹 서비스(Social Networking Service)의 약자로, 온라인을 통해 불특정 다수와 관계를 맺을 수 있는 서비스를 말한다.(홍석환(2012),『갈팡질팡 미디어에 고함』, 모아북스, 8쪽)

특정 목적과 공통된 관심을 공유하는 사람들 사이의 관계망을 구축해 주는 온라인 서비스인 SNS는 최근 페이스북(facebook)과 트위터(twitter) 등의 폭발적 성장에 따라 사회적·학문적 관심의 대상으로 급부상했다. 특히 스마트폰이나 태블릿PC를 통해 SNS를 사용하는 수용자들로 하여금 시간과 공간의 제약을 벗어나 어디서든 정보를 공유하거나 배포할 수 있게 되었다.(이원태·차재권·신호철, 2012) 기존의 블로그가 SNS 기능이 없었던 만큼 고립된 역할을 했던 반면, SNS는 그 특징이 개방형 서비스 구조를 기반으로 하여 이용자의 참여와 공유가 활발하게 이루어진다.

웹3.0의 사회에서는 대중이 지식의 생산자이자 소비자는 물론 유통자로서의 역할까지 하게 된다. 이것은 사회의 중심이 소수의 전문가에서 집단지성으로 이동하고 있음을 반증한다. 또한 한국인터넷진흥원(2011)의 인터넷이용실태조사에 따르면, SNS 이용 현황과 관련하여 20대 인터넷 이용자 10명 가운데 9명인 89.7%가 SNS 이용자로 나타났다. 특히 20대 뿐만 아니라 6~19세의 인터넷 이용률도 78.9%로 SNS의 주요 이용층이 10대와 20대인 것으로 나타났다.(김세희, 2013) 이렇듯 SNS 영향력이 강화된 것은 웹2.0을 기반으로 하는 네트워크의 활성화에 기인한다. 이러한 기술적 특성으로 인해 인터넷 이용자는 어떠한 미디어보다도 사회적 관계에 대한 자신의 자발적·능동적 참여를 이끌어내고 있다.

이에 대해 이승민[4]은 SNS 스마트 기기가 다양한 커뮤니케이션 방식을 제공하여 사람들의 사회활동 참여방식을 오프라인에서 온라인으로 급격하게 이동시키고 있다는 사실에 주목하였다. 이 같은 현상

---

4 이승민(2013), 『스마트 기기와 SNS 활용이 사회자본 형성에 미치는 영향 연구』, 『한국문헌정보학회지』 제47집 제2호, 한국문헌정보학회, 178쪽.

으로 온라인 상에서 SNS 스마트 기기가 많이 사용되면 될수록, 사람들의 사회활동 참여가 높아진다. 그 결과 사람들 사이의 유대관계에 기반한 교량적 사회자본이 확장되고, 사회의 전체자본이 증가한다.

또한 김재휘·부수현·김희연[5]은 소셜 미디어가 매스미디어에 비해서 사용자들로 하여금 심리적으로 가깝게 느껴질 가능성이 높다고 보고, 특히 다른 집단에 비해서 소셜 미디어를 사용하는 사람들은 구체적인 메시지가 주어졌을 때 더 높은 사회적 참여를 보여준다고 하였다. 이러한 맥락에서 볼 때, 참여대상과의 사회적 거리가 가까울 경우에는 구체적인 메시지가 더 설득력 있는 반면, 사회적 거리가 멀 경우에는 추상적인 메시지가 적합하다는 것을 가리킨다.

이러한 소셜 미디어 상의 사회적 관계의 형성은 개인의 활발한 활동 뿐 아니라 네트워크 상의 지성이 높아진다는 것을 의미한다. 이것은 곧 집단지성이 향상되는 것이라 말할 수 있다. 현재 집단지성에 관하여 많은 연구가 진행되고 있지만, 다음과 같은 사회적 의문이 제기되고 있다. 소셜 네트워크 상의 집단지성은 어떠한 특징이 있는지, 그리고 좀 더 근본적으로 온라인 집단지성을 측정하기 위한 구체적인 텍스트 분석이 이루어져야 한다고 생각한다.

사실 SNS라는 뉴미디어가 대중화되고 이슈화된 것은 트위터[6]가 각광받기 시작한 2009년 이후의 일이므로, 이에 대한 언어학적인 연구는 거의 없다. 뉴 미디어를 대상으로 하는 텍스트언어학[7] 연구는

---

[5] 김재휘·부수현·김희연(2012), 『공공캠페인 효과 촉진을 위한 SNS 커뮤니케이션 전략 해석수준이론의 사회적 거리와 규범적 영향을 통한 설득』, 『한국광고홍보학보』 제14집 제3호, 한국광고홍보학회, 66쪽.

[6] 트위터의 뜻은 글자 그대로 지저귀는 사람들 즉, '소통하는 사람들'이다. 트위터는 일종의 마이크로블로그로 최대 140자까지 쓸 수 있는 것이 가장 큰 특징이다.(이강석·최재용·박사영·오홍균(2010), 『SNS 100배 즐기기』, 매경출판, 10쪽)

[7] 텍스트 언어학은 텍스트들이 실제로 어떤 소통적인 기능들을 드러내는지, 텍

아직도 이메일, 문자메시지, 블로그, 뉴스그룹 댓글과 같은 매체에 그 범위가 한정되어 있다.(김세희, 2013)

이러한 측면에서의 SNS 연구가 양적, 질적으로 부족하다는 문제 인식에서 출발하여 이 글에서는 텍스트 언어학적 관점에서 1) SNS 사회적 텍스트의 언어가 브링커(Brinker, 1985)가 제시한 텍스트 기능의 핵심인 '의도성'과 연관된다는 점, 2) SNS 사회적 텍스트[8]의 심층에는 '진짜 의도'가 있다는 점, 3) SNS 사회적 텍스트가 집단지성과 깊은 관계가 있다는 점을 기본적인 논지 전개의 틀로 삼고, 보다 객관적이고 정교한 분석이 이뤄질 수 있도록 실제 텍스트를 분석하고자 한다.

SNS 사회적 텍스트가 상징적 의미를 생산하는 궁극적인 목적은 무엇인가 하는 문제를 풀기 위해 브링커의 텍스트 기능의 핵심인 의도성에 주목했다. 텍스트 기능[9]은 텍스트의 의사소통양식, 즉 다시 말해서 생산자가 수용자를 향해 표현한 의사소통적인 접촉방식을 규정한다. 그러므로 발화수반행위에 걸맞게, 텍스트 기능도 생산자의 '진정한 의도'와 구별되어야 할 것이다. 진정한 의도, 즉 '숨겨진 의도'는 텍스트 기능과 일치할 수 있으나, 그렇다고 이와 완전히 일치한

트들의 기능 속에 존재하는 소통상황 기대의 자세들, 관습들이 어떻게 커뮤니케이션을 구축하는지를 이해하는 학문이다.(S.J 슈미트, 차봉희 역(1995), 『구성주의 문예학』, 민음사, 139쪽)

[8] 텍스트가 가지는 사회적 기능을 더 자세하게 연구할 때, 어떤 특정 사회적 구조가 텍스트의 구조와 기능에 영향력을 가지게 되는가 하는 문제를 더 정확히 분석하고 가공 처리된 텍스트를 말한다.(반데이크, 정시호 역(2001), 『텍스트학』, 아르케, 411쪽)

[9] 텍스트 기능은 "일정한, 규약적으로 타당한 곧 의사소통 공동체에서 구속력 있게 규정된 수단들을 이용하여 텍스트에 표현된 생산자의 '의사소통 의도'를 일컫는 말이다."(클라우스 브링커, 이성만 역(2004), 『텍스트언어학의 이해』, 도서출판 역락, 129쪽)

다고 볼 수는 없다.[10] 하지만 이 의도성은 텍스트에 반영된다. 정리하자면, 필자는 SNS의 사회적 텍스트 기능 분석을 통해 텍스트 생산자의 목적, 즉 SNS 사용 목적을 밝히고 사회적 상관성에 관한 보다 구체적인 접근을 시도할 것이다.

이에 따라 SNS 사회적 텍스트를 분석하기 위한 대상 텍스트로 충분한 표본수집이 가능한 특정 직업군의 텍스트를 선정했다. 그 중 작가들의 텍스트가 다른 직업군의 사용자들보다 수집이 용이하고, 또 작가의 역할이 소셜 네트워크 상에서 다양한 목소리를 반영하고 집단지성에 대한 사회적 합의를 쉽게 이끌어낼 수 있기 때문이다. 그래서 작가가 생산한 SNS 사회적 텍스트의 기능을 분석하고, 이를 바탕으로 하여 작가가 왜 SNS 사회적 텍스트를 사용하려는지 그 의도에 대해 밝혀보려 한다. 매체선정에 있어서는 공인이 가장 활발히 활동하고 있는 트위터를 분석대상으로 삼았다.

상당수의 한국 작가들이 페이스북과 트위터 연동 기능을 이용하기 때문에 트위터에 작성한 텍스트가 페이스북에 그대로 업데이트된다는 사실 또한 알게 되었다. 또한 팔로잉을 통해 모든 텍스트에 접근 가능한 트위터와는 달리, 작성자의 공개 설정 여부에 따라 텍스트 접근 권한이 다르게 부여되는 페이스북으로는 한정된 수의 텍스트만 수집할 수 있었다. 이러한 문제들로 인해 최종적으로 분석 대상 텍스트를 수집하는 매체는 트위터로만 한정하였다. 특히 트위터 텍스트에 어떤 기능이 더 많이 반영되는지 알아볼 때에 그 결과의 오차를 최소화시키기 위해서 기간을 임의로 2011년 10월부터 2013년 12월까지로 정하고, 1만명 이상의 팔로워 기준 유명 작가를 대상으로 하였다.

---

[10] 클라우스 브링커, 앞의 책, 130쪽.

2. SNS 사회적 텍스트의 최초 발화와 그 목적

SNS는 사회적 관계 속에서 개인과 개인, 또는 개인과 집단 간의 연결망이다. 이러한 사회적 관계망이 연결되기 위해서는 발화되는 텍스트를 수단으로 소통하여야 한다. 트위터의 경우 텍스트 생산자/화자가 자신의 의사를 표현하면 텍스트 수용자/청자는 리트윗(retweet)[11]을 통해 의사소통에 참여하게 된다.(김세희, 2013) 따라서 SNS의 의사소통 상황은 텍스트 생산자의 텍스트 작성으로부터 시작된다.

텍스트 생산자는 수단-목적-분석을 기초로 하여 자신이 원하는 목표를 가장 적절하게 달성하는 방법을 생산한다.[12] 다시 말해서 텍스트에는 텍스트 생산자의 목적이 반영된다는 것인데, 이것은 브링커가 제시한 텍스트의 의도성과 일치한다. 텍스트 생산자가 텍스트를 작성하려는 의도는 트위터라고 하는 사이버 공간에서 규정된 수단을 통해 발화되고, 수용자에게 어떤 형태로든 영향을 미치게 된다. 이것은 곧 텍스트가 특정한 기능을 갖는다는 것을 의미한다. 또한 브링커는 하나의 텍스트가 하나 이상의 의사소통 기능을 보일 수 있지만 그 중 지배적인 기능이 존재해서, 텍스트 전체의 의사소통 양식이 보통 한 가지 기능에 의해서만 정해진다는 점을 밝혔다.

아래 정리된 도표에 분류된 텍스트 유형은 총 5가지로, 제보·호

---

[11] 리트윗(retweet): 리트윗은 RT라고도 한다. 트위터에서의 추천글이라고 보면 되는데 자신이 팔로잉한 사람이 쓴 글이 마음에 들 경우, 그 메시지를 팔로워들에게 알리는 기능이라고 보면 된다.(이강석·최재용·박사영·오홍균(2010), 『SNS 100배 즐기기』, 매경출판, 34쪽)

[12] 볼프강 하이네만·디티 피이베거, 백설자 역(2001), 『텍스트 언어학 입문』, 도서출판 역락, 74~75쪽.

소·책무·선언·친교라는 지배적인 기능을 통해 텍스트 생산자의 암묵적인 설득 의도를 담고 있음을 보여준다.

⟨표 1⟩ 브링커(Brinker, 1985)의 텍스트 유형 분류

텍스트 유형	텍스트 기능	지배적인 화행	텍스트 종류
제보 텍스트	정보전달	주장, 예측, 보고, 전달, 설명, 추측, 분류	뉴스(신문, 라디오, 텔레비전, SNS 미디어), 보도(보고), 진단 소견서, 넌픽션, 서평, 독자편지
호소 텍스트	설득	명령, 요청, 지시, 권고, 충고	광고선전, 홍보텍스트(신문, 라디오, 텔레비전, SNS 미디어), 논평, 사용지침, 처방전, 신청서, 설교
책무 텍스트	책무	협박, 약속, 내기	계약서, (문서상의) 합의서, 보증서, 서약서, 맹서, 상품전단
선언 텍스트	선언	선언, 공포, 다짐, 약속	임명장, 유언장, 유죄판결, 권한 위임, 증명서
친교 텍스트[13]	친교	감사, 사과, 축하, 환영, 조의를 표함	축하편지, 조문엽서

브링커의 기술에 따르면 가장 지배적인 의도를 띠고 있는 텍스트 기능을 통해 생산자의 입장을 평가해볼 수 있다.

예) 오늘부터 일요일까지 내 문학적 자궁이며 ⟨소금⟩ 주 배경인 강경에서 강경발효젓갈축제가 열린다. 강경의 맛깔젓은 염도가 낮고 맛이 좋다. 다채로운 볼거리도 있다. 금강의 빼어난 풍경도 볼거리 중 하나이다. — 박범신(@Parkbumshin)/2013.10.16/9 : 49

---

[13] 본 연구에서는 설득적 메시지의 성격이 가장 낮은 친교 텍스트의 분석을 제외한다.

이 텍스트는 5개의 문장으로 이루어져 있다. 첫 번째 문장에서는 단지 정보를 제공하는 역할을 하고 있다면, 두 번째 문장에서 '맛깔젖'의 맛이 좋다는 표현을 통해 직접적 입장으로 나타내고 있다. 작가 자신의 작품의 배경이 되는 곳의 정보를 청자에게 홍보하고, 알리고자 한다는 의도를 드러내고 있다. 청자가 외부 상황 맥락을 모른다고 해도 텍스트의 기능을 이해하는 데에 문제가 없다. 트위터 텍스트에 수반된 텍스트 생산자의 의도를 좀 더 면밀히 살펴보면 다음과 같다.

〈표 2-1〉 트위터 사례 예시

텍스트 유형	텍스트 사례	작성자	작성 날짜
제보 텍스트	1) 대한민국 대 말리 축구 평가전은 3 대 1로 대한민국이 통쾌한 승리를 거두었습니다. 태극전사들은 속도감과 조직력이 돋보이는 경기로 시종일관 말리를 압도했습니다. 홍명보 감독과 코치들, 그리고 태극전사들과 관중들의 노고에 박수를 보냅니다.	이외수 (@oisoo)	2013. 10. 15 22:01
	2) 여러분 오랫만에 인사드립니다. 모월간지의 일방적인 문제제기는 '황석영 죽이기'로 접어든 것 같습니다. 저간의 과정을 오늘 프레시안에 공개했습니다.	황석영 (@Hsokyong)	2011. 11. 22 16:00

〈표 2-1〉의 사례 1)의 경우, 첫 번째 문장과 두 번째 문장은 모두 표면적으로 제보기능을 나타내고 있다. 이 텍스트에서 주목할 부분은 두 번째 문장이다. 두 문장 모두 과거형 어미를 사용하고 있는 것으로 보아, 두 텍스트의 내용이 과거에 일어난 사건에 대해 기술하고 있음을 알 수 있다. 세 번째 문장의 경우 생산자가 수용자의 마음을 움직이고 싶어 한다기보다는 경기 결과에 대한 자신의 감정을 그대로 표현한 것이라고 보아야 한다. 따라서 이 텍스트는 전체적으로 제

보기능을 수반한다.

사례 2)의 텍스트에 나타난 '모 월간지의 일방적인 문제제기'가 현재 텍스트 생산자가 처한 상황이 왜곡된 보도임을 알리고 있다. 즉, 자신의 상황과 앞으로 예측되는 상황을 청자에게 알리고자 하는 의도를 드러낸 것이다. 텍스트 생산자가 자신의 정보를 알리고자 하는 목적이 그대로 전달된 것을 제보 기능이라 할 때, 호소 기능은 생산자 자신의 관심(필요, 바람, 선호)을 나타내며, 특정한 행위를 이끌어 내기 위해 수용자를 이해시키고자 한다. 이러한 입장은 다음의 예에서 살펴보자.

〈표 2-2〉

텍스트 유형	텍스트 사례	작성자	작성 날짜
호소 텍스트	3) 제가 마라톤을 두 번이나 완주한 이유~! 푸르메재단이 여러분과 짓고자 하는 장애어린이를 위한 재활병원 건립에 동참해주세요~! 〈060-700-1002〉으로 전화주시면 ARS로 2000원을 기부해주시는 거예요.	이지선 (@ezsun_net)	2013. 9. 11 10:55
	4) 오늘부터 하루에 조금씩, 저와 맞팔하신 트윗에 찾아가서 마음에 드는 글귀를 RT하려 합니다. 함께 음미해봅시다. 더딘 걸음이겠지만 벌써부터 즐겁습니다.	황지우의 명작읽기 (@Jiwoo classic)	2010. 3. 16 7:58
	5) 술로 인해 범죄를 키우는 우리문화에 관심이 많습니다. 어린이와 청소년들이 보고 배울까봐 선배로서 걱정이 많이 되는 군요. 앞으로 피폐되고 고질화된 술문화가 건강한 캠페인으로 지속적으로 이어졌으면 좋겠고 계속해서 신문기사화 되길 바랍니다.	조양희 (@yanghee cho)	2012. 6. 14 6:26

〈표 2-2〉의 사례 3)의 텍스트는 전체적으로 제보기능을 나타내고

있다. 그러나 두 번째 문장을 통해 호소기능으로 변환한다. '~해주세요'라는 부탁한다는 호소의 기능을 표명하고 있다. 세 번째 문장 역시 정보전달의 기능을 수반하고 있지만 앞서 두 번째 문장과 동일한 종결형 어미를 사용함으로써 요청의 역할을 하고 있다. 이를 풀어쓰기로 옮기면 다음과 같다. "나는 (첫번째 문장에서 제시한 정보에 대해) 수용자가 많은 관심을 갖고 참여할 것을 요청한다."

사례 4) 텍스트의 두 번째 문장은 동사의 형태가 명령형으로 드러나 있다. 명령은 수용자가 특정한 생각이나 행동을 하게 하려는 의도를 갖고 있으며 호소기능을 수반한다. 따라서 첫 문장의 정보 제공은 뒤에 나올 자신의 요구가 어떤 상황에 관한 것인지를 밝히기 위한 것이고, 텍스트 전체 기능은 명령형 '~해봅시다'를 통해 드러난 두 번째 문장의 호소기능에 따른다고 보아야 한다.

사례 5)의 첫 번째 문장은 이 텍스트의 주제가 어떤 것인지 나타내고 있다. 이를 통해 상황 맥락이 조성되었다. 이어서 두 번째 문장은 그 맥락 안에서 일어날 수 있는 가능성을 가진 사태에 대해 염려하고 있다. 주목할 점은 세 번째 문장의 '바란다'라는 수행동사 자체가 매우 명백하게 호소기능을 나타낼 뿐만 아니라, 앞의 두 문장에 의해 발생된 맥락의 연장선에서 구체적인 이유를 밝히고 있다.

실제로 이러한 호소 기능은 트위터 속에서 광고나 홍보 텍스트로 많이 등장한다. 그 중에서도 수용자의 선택에 가장 큰 영향을 미치는 것이 그 집단의 네트워크 성격이다. 이는 그 사회 또는 규범이 텍스트 의도 속에 반영된다는 사실을 의미한다. 책무와 선언의 기능을 나타낸 텍스트들은 집단의 규범에 직접적으로 호소함으로써 그 영역은 좀 더 확대된다.

〈표 2–3〉

텍스트 유형	텍스트 사례	작성자	작성 날짜
책무·선언 텍스트	6) 저는 재판관이 아니며, 어린 소녀들을 짓밟은 사건에 분노해 현지 언론의 보도를 전한 것입니다. 이제 한국의 언론과 방송이 나설 것입니다. 그 취재 내용을 보고 우리의 지성과 양심이 판단할 것입니다. 그때까지 저는 본연의 글 쓰는 일로 돌아가겠습니다.	류시화 (@healing poem)	2013. 8. 23 8: 49

사례 6)은 사례 7)에 대한 보충 설명의 텍스트이다.

사례 7) 인도 소녀 까말라 성폭행 사건과 가해자로 지목된 최도웅 선교사, 성폭행 장면 비디오에 대한 현지인들의 제보가 저에게 계속 전달되고 있습니다. 어려운 상황과 협박에도 불구하고 용기를 내어 알려주신 현지의 한국 분들에게 감사드리고 박수를 보냅니다.

— 류시화(@healingpoem) / 2013.8.23/ 8: 49

이전 맥락을 통해 살펴보면, 본 텍스트는 내용에 대한 수용자들의 반응에 자신의 입장을 직접적으로 표명하고 있다. 주목할 점은 네 번째 문장의 종결어미 '~겠다'에서 동작 주체의 의도를 나타낸다. 화자는 성폭행 사건과 관련된 제보를 전달함에 있어 자발적으로 수행할 의지가 없다는 사실을 알리며 앞으로의 행동에 대한 각오를 드러낸다. '~겠다'라는 종결 어미를 통해 책무·선언 기능을 수반한다. 전반적으로 SNS 속 텍스트 사례들이 개인적인 언급들뿐만 아니라 사회적 공유와 참여를 적극적으로 수행하고 있음을 볼 수 있다. 특히 사례 7)과 같은 경우 텍스트 생산자의 발화를 중심으로 사건에 대한 지식의 공유와 참여가 협업의 형태로 이뤄졌다. 이것은 SNS 사회적 텍스트의 핵심으로써 3장에서 이야기할 집단지성과 밀접한 연관성을 이룬다.

이와 같이 본장에서는 텍스트 생산자들이 트위터라는 SNS 매체를 도구 삼아 주로 어떤 목적 아래 발화하는지 살펴보고 브링커가 제시한 텍스트 유형으로 분석해 보았다.

3. 상징성으로 살펴본 '숨겨진 의도'

3장에서는 2장에서 나타난 텍스트 유형에 나타난 숨은 의미를 밝혀보고자 한다. 브링커는 텍스트 기능이 생산자의 '진짜 의도'와 구별되어야 한다고 기술했다. 이러한 '진짜 의도'를 그로세(Große, 1976)는 '숨겨진 의도'(geheime Intention)[14]라고 명명했다. 텍스트 기능과 이러한 '숨겨진 의도'가 반드시 일치하는 것은 아니다. 수용자가 이러한 의도를 파악할 수 있는지 여부는 텍스트의 단어 속의 단서나 생산자가 기술한 것들의 정보들에 따라 살펴볼 수 있다. 오그든과 리차드(Ogden & Richard, 1928)는 "수사를 통해 부분적으로 상징주의를 사용하는데 인용의 목적은, 타인이나 자신의 태도의 상징에 제안된 효과를 주는 것으로 사회적 심리적 요인에 의해 만들어진다"[15]고 하였다. 즉, 만약 누군가를 설득할 때 특별한 상징을 사용하여 자신의 의

---

[14] 안준엽(2012), 『트위터의 텍스트 기능 연구 : 한국과 독일 정치인들의 텍스트를 중심으로』, 고려대학교 대학원 석사논문, 2012, 23쪽 재인용.(Große, E. U(1976), 『Text und Kommunikation. Eine Einfuhrung in die Funktionen der Texte』, Stuttgart : Kohlhammer, 68쪽)
[15] 티모시 보셔스, 이희복·차유철·안주아·신명희 역(2008), 『수사학 이론』, 커뮤니케이션북스, 164쪽.

도가 대상에게 전달되도록 하는 것이다.

특히 트위터와 같이 140자의 짧게 압축된 문장에서는 작가가 의도하는 메시지를 진솔하게 담아낼 수 있다. 불필요한 수식어로 가득 찬 긴 글은 전달을 혼란스럽게 만들 수 있는데 비해, 짧은 트위터는 한 단어로 축약하여 그 속에 담긴 상징성을 최대한 활용할 수 있는 장점이 있다. 트위터를 통해서 간결하게 요점을 정리하여 자신의 의도를 알리는 것도 소셜네트워크에서 필요한 기술이다.[16]

다음의 〈표3-1〉에서 텍스트 사례를 보면 상징과 의도, 그리고 대상의 관계를 좀 더 살펴볼 수 있다.

〈표 3-1〉

텍스트 유형	텍스트 사례	작성자	작성 날짜
호소 텍스트	8) 쌍용차 복직 검토한다고? 인삼씨앗을 뿌렸어도 벌써 내다팔 만큼의 시간이 흘렀다. 당신들은 검토라는 좋은 낱말에 미안하지도 않은가?	공지영 (@congjee)	2013. 10. 14 16: 23
	9) "쌍용차 사태는 대기업판 도가니" http://me2.do/G65dYkW	공지영 (@congjee)	2012. 8. 6 02: 51

〈표3-1〉에서 사례 8)의 첫 번째 문장과 세 번째 문장의 종결에 반복적으로 수사 의문문[17]을 사용함으로써 텍스트의 생산자의 강한 부정 정신을 드러낸다. 주목할 점은 두 번째 문장에 사용된 '인삼씨앗

---

[16] 강요식(2011), 『소셜리더십』, 미다스북스, 13쪽.
[17] 수사 의문문: 문장의 형식은 물음을 나타내나 답변을 요구하지 아니하고 강한 진술을 내포하고 있는 의문문, 명령의문문(빨리 공부하지 못하겠느냐?), 권고, 금지의 의문문(우리 같이 공부할까?), 감탄의문문(그렇게만 된다면 얼마나 좋을까?) 등이 있다.(편집부(2007), 『글쓰기 큰 사전』, 북피아, 530쪽)

을 뿌렸어도 벌써 내다팔 만큼의 시간'이란 비유를 통해 상황에 대한 안타까움을 호소하고 있다. 첫 번째와 세 번째 반복적으로 나오는 '검토'는 이 텍스트의 상징적 핵심으로써 강조되고 있으며, 특히 마지막에서는 의인화되어 대상에게 의미를 부여하고 있다. 이 텍스트 속 '검토'는 대상에 대한 이전 경험의 맥락에 의해서 형성되었다.

2009년 구조조정 당시 쌍용차 강제 퇴직자들의 시위가 4년째 이어지고 있음에도 불구하고, 회사가 이제야 복직을 검토하기 위한 전담팀을 구성해 이들의 채용 여부를 검토하고 있는 것에 대해서, 작가는 자신의 내면적 정서 속에 숨어 있는 심리적 의미를 은연 중에 드러낸다.

마찬가지로 사례 9)는 짧고 간결한 문장으로 트위터들에게 쌍용차 사태를 환기시킨다. 그러나 이 텍스트는 수행동사가 생략되어 있고 전후 맥락이 없다. 오히려 이 문장에 의해 텍스트 전체의 맥락이 결정되는 만큼 텍스트 전체는 아주 강한 호소 기능을 갖게 된다. 그러한 결정적 역할은 '대기업판 도가니'의 상징성에서 잘 드러난다.

먼저 텍스트 생산자는 은유적 수사로 쌍용차 사태를 '또 하나의 도가니'라고 지칭한다. '또 하나의 도가니'는 외지고 음습한 광주인화학교에서 일어난 '도가니'[18]가 아니라 번듯한 대기업에서 일어난 '도가니'라는 점에서 다르다. 이 호소 텍스트는 노동자-사회적 약자의 희생이 뒤따르는 사회 이데올로기에 대해 비판하면서 상징성 속에 숨은 의도를 내포하고 있다. 실제로 이 호소 텍스트는 이러한 의도가 잘 반영된 청자들에 의해 리트윗되면서 언론에 기사화되었으며 사회

---

[18] 2011년에 발표된 대한민국 영화로, 2000년부터 5년 동안, 광주인화학교에서 일어난 청각장애 아동을 대상으로 교장을 비롯한 교직원들이 저지른 성폭행 사건을 바탕으로 하여 쓴 공지영의 장편소설 『도가니(2009)』를 바탕으로 제작되었다.

적 반향을 불러일으켰다.

텍스트의 단어에 내재된 상징은 텍스트의 새로운 맥락 속에서 원래의 맥락과는 다소 차이를 보여주게 된다. 오그든과 리차드(Ogden & Richard, 1928)는 상징의 해석이 왜 다른지를 설명하는 주된 요인으로 맥락에 대해 "과거를 재현하는 방법으로 맥락이 작용하기 때문에 지난 일의 단순 재발생에 영향을 받은 맥락이 해석을 다르게 한다"[19]고 설명하였다.

〈표 3-2〉

텍스트 유형	텍스트 사례	작성자	작성 날짜
호소 텍스트	10) 전교조라는 푸른나무를 누렇게 말려 죽여야 그들은 속이 시원할까? 해직자 9명이 조합원으로 있다는 이유로 6만명의 조합원 가진 교원단체를 날려버리겠다는 발상은 도대체 어디에서 나온 것일까!	안도현 (@ahndh61)	2013. 9. 26 15: 44
	11) 달력을 펼쳐보니 10월 23일은 서리가 내린다는 상강(霜降)이다. 고용노동부는 이날까지 전교조가 해직자를 조합원에 포함시키는 규약을 시정하지 않을 경우 노조 설립을 취소하겠다고 통보했다. 상상만 해도 끔찍한 찬 서리를 인위적으로 뿌리겠다는 것이다.	안도현 (@ahndh61)	2013. 9. 26 15: 44

〈표3-2〉 속 사례 10) 텍스트의 모든 문장의 종결은 텍스트 생산자가 의도하는 내용을 상대방에게 납득시키기 위해 수사 의문문 기능을 수반하는 반어적 표현으로 되어 있다. 특히 '전교조'는 텍스트 생산자인 작가의 사회·심리적 요인을 담고 있다. 실제로 이 작가가

---

[19] 티모시 보셔스, 앞의 책, 165쪽.

전북 이리중학교 국어교사로 재직할 1989년 전교조에 동참했다가 해직되었던 상황에 비추어 볼 때, 텍스트의 전반적 흐름을 이해할 수 있다. 이렇게 지난 사건의 단순 재발생에 영향을 받은 맥락은 관념적인 차원에 의해 형성되었기 때문에 텍스트 전체의 맥락에서는 자칫 수용자의 측면에서 오해를 불러일으킬 수 있다.[20]

사례 11)의 첫 번째 문장의 '서리'는 뒤에 나올 자신의 견해에 대한 상징적 단어로써 작용하기 위해 밝히기 위한 것이었고, 두 번째 문장에서는 정보를 제공함으로써 상황 맥락이 조성되었다. 세 번째 문장 속의 '서리'는 전교조의 시련과 고난을 상징함과 동시에 앞선 사례와 동일하게 텍스트 생산자의 숨은 의도가 작용한다. 이러한 의도는 오해와 왜곡을 낳기도 하지만 생산자의 명백한 호소 기능을 통해 수용자의 행동에 영향을 미치게 된다.

SNS의 역기능으로 작용하고 있는 텍스트 정보의 왜곡은 여과 없이 리트윗되면서 발생한다. 텍스트를 유통하는 생산자가 파워 블로거 혹은 파워 트위터리안 등의 영향력을 지닌 경우, 그 위험성은 극도로 높아진다. 본고에서 분석되는 SNS 사회적 텍스트를 생산하는 작가들은 1만명 이상의 팔로워를 지니고 있기에 자신의 이념이나 의도가 반영된 텍스트를 사회 전반으로 빠르게 확산시킬 수 있다. 이들은 스마트폰이 지닌 이동성과 속보성의 미디어적 특성을 이용하여 인터넷 상의 정보 형성 및 확산을 주도하고 있다. 특히, 리트윗이나 공유정보의 업데이트 등 트위터의 참여 기능을 적극 활용하여 광범위하게 상호작용한다.(이원태 외, 2010) 그런데 문제는 개방·공유·참여의 집단지성이 아니라 지성이 마비된 집단무의식으로 작동될 때이다.[21]

---

[20] 티보시 보셔스, 앞의 책, 165쪽.

즉, 텍스트의 상징성에 내포된 숨은 의도가 원래의 맥락과 다른 새로운 맥락으로 이어질 수 있으며, 이것이 SNS가 사회적 관계와 밀접한 관련성을 맺고 있음을 보여준다.

4. SNS 사회적 텍스트와 집단지성의 관계

집단지성(Collective Intelligence)은 어디에나 분포하며, 지속적으로 가치가 부여되고, 실시간으로 조정되며, 역량의 실제적 동원에 이르는 지성을 말한다.[22] 다수의 참여자가 모여 집단을 이루고 개인의 활발한 활동, 즉 지식이나 정보 공유에 의해 형성되는 집단 차원의 지성을 지칭한다.(박혜수, 2007) 오늘날 사이버 공간에서는 SNS의 발전과 더불어 대중에 의해 만들어지고 형성되는 지식공간이 증가하고 있으며, 이를 통해 발휘되는 영향력은 매우 크다. 이와 더불어 점점 개방·공유·참여의 중요성이 강조된다. 향후 집단지성의 발전과 관련하여, 우리가 주의 깊게 살펴보아야 할 대목은 특정한 목적의식을 갖고 자신이 원하는 집단지성에 참여하여 문제 해결을 하려는 주체의 행위에 관한 부분이다.[23]

트위터는 정보 교환의 단순한 사회적 네트워크에서 그치는 것이 아니라 각 개인들이 만들어내는 정보가 하나의 지성으로 역할하며 사회적으로 영향력을 발휘하고 있다. 각각의 주체들은 개인 트위터

---

[21] 강명석 외 25인 공동집필(2011),『공감의 한줄』, 북바이북, 257쪽.
[22] 피에르 레비, 권수경 옮김(2002),『집단지성』, 문학과 지성사, 38쪽.
[23] 김세희(2013),『청소년이 지각한 SNS 특성과 사이버 집단지성 유형별 참여 정도간의 관계에서 심리사회적 특성의 매개효과』, 순천향대학교 대학원 박사논문, 31쪽.

로 팔로워(follower)들과의 정보 공유뿐만 아니라 자신의 이해와 관심에 맞는 공동체를 사이버 공간에 자발적으로 구축하여 실시간으로 모든 것을 공유한다. 이렇게 하여 팔로워들을 자발적으로 사회적 이슈에 참여하게 하는 트위터야말로 지식의 공간이라고 할 수 있다.[24] 특히 소셜 네트워크에서 하이퍼텍스트(hypertext)로 만들어지는 지식의 생산은 광범위하게 유통되고 있으며, 이러한 텍스트의 주체는 점차 개인에서 집단의 차원으로 나아가고 있다.(이재현, 2002) 이러한 소셜 미디어의 활용은 사람들의 일상적인 온라인 활동이 깊이 침투하게 되고, 이용자 간의 활발한 상호 소통은 전문적 혹은 비전문적인 집단지성을 활용한 정보의 영향력과 활용성을 더욱 높여준다.

현대사회에서 나타나는 여러 가지 현실 참여에 대한 분석을 통해서도 집단지성의 모습들을 살펴볼 수 있다. 대중은 온라인 공간에서 정치, 경제, 사회, 문화 등 각 영역에 대한 정보를 습득하고 의견을 개진하기도 하며 나아가 현실 공간에 참여한다. 그리고 이러한 움직임은 다양한 사회운동이나 실천을 이끌어내는 원동력이 되고 있다.[25]

그 중 하나로 트위터에서 활동하고 있는 작가행동(@1219writer)[26]은 작가들이 사회를 향해 한 목소리를 내고 있는 집단형식의 계정이다. 이들의 취지는 "사람과 사회와 정치에 대해 특정 후보 지지가 아니라 정치를 새롭게 사유할 수 있도록 작가행동을 제안합니다."고 말

---

[24] 김지연(2011),『블로그와 트위터 이용자들의 소셜 미디어 출판에 대한 연구』, 중앙대학교 신문방송대학원 석사논문, 71쪽.

[25] 김성민(2010),『인터넷 이용자들의 온라인 집단지성에 대한 질적 연구 : 피에르 레비의 '집단지성(Collective Intelligence)'을 중심으로』, 중앙대학교 대학원 석사논문, 13쪽.

[26] 2012년 10월 22일을 시작으로 시인, 소설가, 아동문학가, 평론가, 극작가 등 글을 쓰는 100명의 문인들이 각자의 계정과 연계해 정치사회적 문장을 자발적이고 자유롭게 쓸 수 있도록 만든 트위터 계정이다.

하면서 "우리가 문학을 추구하는 이유가 결국 다른 세계를 향한 꿈 때문이라면, 우리는 현실에서도 다른 세상을 위해 행동할 수 있을 것입니다. 현실은 관심으로 쓰는 문학입니다."라고 하였다.

이렇게 특정목적을 의도한 작가들의 사회적 텍스트가 생산되어 트위터를 사용하는 수용자들에게 전달되는데, 이들의 활동은 오프라인에서의 개인 정보활동도 기꺼이 공유하는 등 이용자들의 활발한 참여와 협업이 새로운 사회적 관계의 가상 공동체를 구축하고 형성한다. 작가활동의 텍스트가 집단지성으로써 기능을 하는 첫 번째 이유는 그들의 특정 목적이 사회적 정당성을 획득하고 있기 때문이다.

〈표 4-1〉

텍스트 유형	텍스트 사례	작성자	작성 날짜
선언·호소 텍스트	12) "시가 사회구조 자체를 바꿀 수는 없지만 그것을 바꿀 수 있는 한 개인은 분명히 호출할 수 있다" 작가행동 1219 북콘서트 11월 27일 화요일 늦은 7시 카페 산 디미아노에서 열립니다. 우리의 호출에 답해주세요.	작가행동 (@1219writher)	2012. 11.23 14: 19

사례 12)를 보면, 첫 번째 텍스트에서 텍스트 생산자가 특정한 사실의 도입을 수용자들에게 이해시키고자 한다. 이것은 '명시한다'라는 지시적 선언을 그 기본기능으로 갖는다. 선언기능은 거의 항상 직접적으로 표현되며, 그 사용 형태가 공식적으로 표현된다.[27] 그러한 목적이 명확하게 제시되어 있다. 작가행동(@1219writher)은 이 텍스트 생산을 통해서 수용자의 주체 의식을 호명하고 있다. 이것은 우리가 호명이라고 부르는 이러한 매우 정확한 작용을 통해 개인들을 주

---

[27] 클라우스 브링커, 앞의 책, 124쪽.

체들로 '변형'시키는 방식으로 '활동'하고 '작용'함을 암시하는 것이다.[28]

수용자는 이러한 부름에 반응하여, 텍스트 언어가 구성하고 있는 사회적 상황을 인식하게 된다. 이 사례의 텍스트에서 작가행동은 어떤 매개가 있어 이러한 활동을 하는 것이 아니라 그들 자체적으로 힘을 모으고 참여를 유도한다. 각각의 개인들에게 무의식적 호명을 불러일으켜서 팔로워들의 자발적인 사회 참여에 동참해줄 것을 호소하고 있다. 이처럼 특정한 목적과 정보를 생산자와 소비자가 함께 공유하여 사회의 공동선에 대처하는 것이 집단지성의 힘이다.

⟨표 4-2⟩

텍스트 유형	텍스트 사례	작성자	작성 날짜
제보 텍스트	13) 이후 구체적인 진행은 작가모임(준비반장 함성호 김선우) 주민모임(마을회장단) 시민모임(미정)을 통해 이뤄질 것입니다. 동참하고 싶은 작가께서는 메일이나 트윗을 통해 언제든 참여 의사를 보내주시면 고맙겠습니다.	작가행동 (@1219 writher)	2012. 11.23 14:33

사례 13)를 통해 살펴볼 수 있듯이, 현재 이들 작가들의 활동은 오프라인 상에서 활발하게 이루어지고 있으며, 젊은 작가들의 동참으로 인적 네트워크의 사회적 구축망이 점점 커지고 있는 추세이다. 트위터 내에서 작가들의 활동은 글을 짓는 것으로 끝나지 않고, 사회적 공간 속에서 자신의 목소리를 키워나가고 있다. 이런 공통의 관심사를 보여주는 텍스트는 함께 토론하고자 하는 개개인들이 사회적 집단지성을 형성하는데 참가하도록 이끈다. 물론 이러한 동기들이 작

---

[28] 루이 알튀세르, 김동수 역(1991), 『아미엥에서의 주장』, 솔, 118~119쪽.

용되었다고 해서 항상 집단지성이 형성되는 것은 아니다. 그럼에도 이와 같은 동기나 목적들은 소셜 네트워크 속에서 집단지성을 형성할 수 있는 배경이자 요소가 된다. 특히 기존의 정형화된 지식과 정보가 아니라 개개인들이 주체적으로 피드백을 주고받을 수 있는 소통창구로써의 역할을 지속한다.

〈표 4-3〉

텍스트 유형	텍스트 사례	작성자	작성 날짜
책무 텍스트	14) "언론과 한 사회의 관계는 감각과 한 사람의 관계와 같습니다. 언론으로 하여금 바로 보고 듣고 말하지 못하게 하는 것은 한 사람에게서 눈과 입과 귀를 뺏는 것입니다. 우리가 이런 상황에 처해 있습니다. 우리의 눈과 입과 귀를 되찾아야 합니다." — 시인 권혁웅[29]	작가행동 (@1219 writher)	2012. 12.11 10:06
	15) "저는 유신 시절에 유년과 학창 시절을 보냈고 쿠데타 정권 밑에서 청춘을 보냈습니다. 그 시절 얼마나 암담했고 벗어나기 위해서 기성세대들이 얼마나 노력했는지 잘 알고 있습니다. 과거의 시대로 복귀하려는 세력들에 대해 단호하게 반대합니다." — 소설가 은희경[30]	작가행동 (@1219 writher)	2012. 12.12 19:34

작가가 그가 속한 사회계층, 그의 사회적 이념, 경제상태, 그리고 그의 말에 귀를 기울이는 독자의 부류에 의해 어떻게 영향을 받는가 하는 방식은, 문학작품이 그 시대의 사회적 상황과 불가분의 관계에 있으며, 그것들에 의해 결정된다고 추론할 수 있다. 작가들 같은 창조

---

[29] 집단ID인 작가행동이 권혁웅의 트위터(@hyoukwoong)에서 발췌.
[30] 집단ID인 작가행동이 은희경의 트위터(@silverytale)에서 발췌.

적 집단은 그 집단 멤버들의 의식 속에서 자연과 그들 인간과의 관계 및 그들 인간 사이의 관계에 의해 제기된 문제에 대해 일관성을 가진 반응을 보이려는 감정적이고 지적이며 실제적인 경향을 다듬어나가는 구조화의 과정을 거치게 된다.[31] 사례 14)와 15)은 이러한 작가들의 사회적 텍스트가 문학작품의 토대가 되고 있음을 보여준다.

위의 텍스트 사례가 집단지성을 구성하는 데 있어 어떤 한계점이 있는지 살펴보면, 작가행동과 상호 대화하는 다수의 텍스트 수용자들 간에 견해가 서로 다를 때 의견 조율이 어렵다는 것이다. 이러한 질적 한계는 참여자들의 동기 부여에 부정적 영향을 미치기도 한다. 또한 작가라고 하는 소수의 지성이 이끌고 다수의 지성이 협업하는 형태였기에 소수 지성의 역할과 비중이 너무 커질 수밖에 없다. 더욱이 트위터를 통한 텍스트가 전문적 콘텐츠가 아니기 때문에 질적 한계에 부딪칠 수밖에 없으며, 옴니버스식 글쓰기 방식 또한 진정한 의미의 집단지성을 이루기에는 어려움이 많다.

SNS 속에서 집단지성이라고 부를 수 있는 현상들이 발생하고 있지만, 이러한 흐름이 지속적인 반성적 성찰을 거치지 않는다면 단순한 의견이나 주장에 그칠 수 있다. 그렇기 때문에 대중이 참여하여 협업으로 만들어지고 수행되어지는 집단지성에 대해 면밀한 검토가 필요하다. 집단지성이 성공하기 위해서는 무엇보다도 많은 지성인들이 자유롭게 참여하여 각자의 의견을 개진하고 공유하며, 상호 협업 하에 콘텐츠를 생산하는 또 다른 사회적 역량을 창출해야 한다.

근본적으로 트위터 텍스트가 설득적 측면을 담보하고 있기 때문에, SNS 상에서 창출할 수 있는 사회적 효과는 매우 크다. 또한 SNS 상에서는 텍스트의 상호 협업이 용이하기 때문에 전문적 또는 비전

---

[31] 루시앙 골드만, 조경숙 역(1982), 『소설사회학을 위하여』, 청하, 245쪽.

문적인 집단지성의 발판을 쉽게 마련할 수 있다.

5. 결론

SNS는 짧은 역사에도 불구하고 우리의 삶에 매우 큰 영향력을 미치고 있다. 우리나라의 SNS 시장을 주도하고 있는 페이스북(facebook)과 트위터(twitter) 이용자 수는 2011년에 1천만 명을 돌파했으며, 그 지속적인 증가 추세는 당분간 멈출 것 같지 않다. 이러한 SNS가 새로운 시대의 핵심적 사회적 의사소통 도구로 쓰인다는 점에서, 필자는 텍스트 생산자의 의도에 따라 텍스트 기능을 분류해 보고 또 그 기능 속에 내재된 진짜 의도를 살펴보았다. 그 결과 SNS 사회적 텍스트 속에 내재된 숨겨진 의도의 변모양상이 트위터와 팔로위 간 사회적 관계 속에서 잘 드러난다는 사실을 알 수 있었다.

먼저 텍스트 생산자들은 트위터라는 SNS 사회적 텍스트를 통해 주로 어떤 목적으로 발화하는지 살펴보기 위해 텍스트 언어학에 기초하고 있는 브링커의 텍스트 유형에 주목하여 사례들을 분석해 보았다. 그리하여 트위터라는 SNS 사회적 텍스트에 담긴 단어와 문장의 수사적 표현 속에 담긴 2차적 의미를 파악할 수 있었고, 그것은 새로운 맥락 속에 놓일 때 원래의 의미와는 다소 동떨어진 차이를 보여준다는 사실 또한 알 수 있었다. 마지막으로 이와 같은 SNS 사회적 텍스트의 수사적 표현 속에 내포된 트위터와 트위터, 트위터와 팔로워의 관계에 대해 살펴보았다. 그 관계 속에서는 개방과 공유, 그리고 협업이라는 새로운 형태의 집단지성이 활성화될 토대가 이제 막 마련되고 있었다.

그러나 이에 대한 우려도 있다. 집단지성이 단순히 여러 사람의 지성을 한데 모은 것이 아니라 각각의 의견이 존중되는 분위기 속에서 일종의 시스템으로 통합되고 제시할 수 있어야 하기 때문이다. 만약 SNS 상에서 논의되는 모든 대화에서 합리적 검열 과정이 빠져 있다면, SNS 사회적 텍스트는 그저 부정확한 정보가 넘쳐나는 무책임한 공간에 불과할지 모른다. 그래서 인터넷 상의 모든 정보에 대한 합리적 검증이 필요하다. 최근 영국 BBC는 'UGC(사용자 제작 콘텐츠) 허브'라는 시스템을 운영하고 있다. 이곳에서는 트위터나 페이스북 등에 떠도는 정보를 수집해서 검증하는 작업을 한다. 이런 검증과정으로 사회적 이슈에 대해 올바로 해결할 수 있는 정보를 모두가 공유할 때, SNS 사회적 텍스트는 그 유용성을 확실하게 인정받을 수 있을 것이다. 그러한 시대가 바로 웹 3.0의 시대이다.

본 연구는 연구의 객관성과 신뢰도를 높이기 위해 SNS 사회적 텍스트의 분석 범위를 트위터라는 단 하나의 매체로 제한하였다. 그 이유로 SNS 사회적 텍스트에 대한 시대적 문제인식에 대한 보편적인 분석을 이끌어내지 못한 한계가 있다. 그럼에도 불구하고 다양하게 활용이 가능한 SNS 사회적 텍스트의 기초연구로서 그 학문적 성과는 어느 정도 달성했다고 본다.

7 천사는 팜츄리 나무 아래에 산다

> 꿈만으로, 사랑만으로, 그리움만으로
> 나는 지금 어디쯤 와 있는 것일까!
> ―「어디에 있든 무엇을 원하든」 중에서

1. 서사는 어떻게 시작되는가!

해외 이민 동포 소설의 대부분이 자전적 체험의 기록들이라고 볼 때, 홍영옥 작가의 소설도 예외는 아니다. 이번 작품집 『어디에 있든 무엇을 원하든』에 실린 7편의 단편소설 모두는 작가의 이민 생활이 투영된 소설이라고 해도 무방하다. 이때 소설에서 요구되는 것은 그 자전적 체험들이 소설의 플롯 속에 잘 녹아들어 작가의 서사전략과 딱 맞아떨어지는 세계를 구축할 수 있느냐 하는 문제이다. 소설은 시공간의 서사로, 지금-여기에서 일어나는 사건들을 씨줄과 날줄로 엮어 짜서 원하는 곳에 원하는 것을 배치시키는 것이다.

해외 이민 동포 작가의 소설들은 국내 작가의 소설들과는 사뭇 다른 이국적인 이야기와 정서, 그리고 메시지를 담고 있다. 소설이 개인 삶의 드라마틱한 장면들을 가지고 이야기를 만들어가는 장르임을 생각해보면, 해외 이민 동포들의 삶은 소설의 독특한 창작 소재이기도 하다. 그러나 좋은 옷감이 있다고 해서 훌륭한 옷이 만들어지지는 않는다. 작가 자신의 체험만 가지고는 독자들의 심금을 울리는 서사적 이야기를 만들 수 없으며, 자칫 고백 소설로써 그치기 쉬운 약점을 노출할 수 있다.

1980년대 이후, 해외 이민 동포 작가(대부분이 미주에 살고 있다)의 작품 속에는 자전적 체험들이 이야기의 중심을 이룬다. 이 시기 작가들은 이민 1·2·3 세대가 함께 공존하면서, 소설의 내용은 각 세대별 특성에 맞게 일제강점기와 6·25 전쟁, 그리고 그 이후 정치경제적 상황과 맞물려 있다. 그러나 해외 이민 동포 작가들이 어떠한 삶의 이야기를 창작 모티브로 삼아도, 이들 작품들 속에는 공통된 특성들이 존재한다. 그것들을 분석해 낼 때, 해외 이민 동포들이 겪은 삶의 희로애락을 제대로 이해할 수 있을 것이다.

작가가 고국을 방문했을 때, 그의 감성적 촉수는 광화문거리를 걸으며 모국의 흔적을 찾으려 애써 보지만, 결코 찾을 수 없었다. 작가가 「작가의 말 – 오줌 싸게 키 쓰고 소금 얻으러 가기」에서 이야기하고 있듯이, 작가가 생각하는 고국과 발전하고 변화된 한국사회의 모습이 크게 달랐기 때문이다. 작가가 이민 생활을 하는 동안 고국의 '말씨와 식성과 언어'가 아주 많이 바뀌었고, 그로 인해 작가는 "나의 모국은 어디에 있을까? 나는 어느 곳을 떠돌고 있을까?" 하는 자신의 삶에 대한 근본적 질문에 휩싸인 것이다. 그래서 작가는 그 돌파구를 찾기 위해 새로운 길을 모색하기 시작했고, 우연한 기회에 소설을 알게 되었다. 이것은 작가에게 인생의 변곡점을 알리는 문학적 봄날의 시작이었다. 소설쓰기는 작가의 가슴 저 밑바닥에서 고향에 대한 그리움으로 목말라하던 개인과 민족의 정체성을 찾을 수 있게 해준 마음의 등불이 되었다.

작가는 누구나 자신의 고유한 문학 세계를 추구한다. 그리고 이를 위해 자신만의 독특한 서사의 세계를 만들어나가는 장치를 가지고 있다. 홍영옥 작가의 소설 속에 등장하는 주인공들은 거의 모두가 이민을 떠나오기 전에 정신적 외상을 겪는다. 그의 소설을 읽어본 독자라면, 소설의 서사를 이끌고나가는 힘의 근원이 바로 정신적 외상의 극복과정과 맞닿아 있다는 사실을 발견할 수 있다.

2. 서사의 추동력은 정신적 외상이다.

「1958년, 그 여름의 끝」에서 '나'는 미국 캘리포니아 연안에 혹등고래가 나타났다고 구경가자는 아이들의 성화에 따라나선다. 일반적으로 캘리포니아 남서부 해안에서 고래 떼의 행렬을 볼 수 있는 기간은 12월 하순부터 다음해 3월 초순까지이다. 디스커버리(Discovery)호를 타고, 롱비치(Long Beach) 항구를 떠난 지 1시간 만에 망망대해에서, "숨구멍으로 큰 숨을 토하며 수면 위로 긴 등과 꼬리를 잠깐 드러낸 후 다시 깊은 물속으로 들어가는" 혹등고래의 장관이 펼쳐진다. '나'는 이 장관을 보면서 자신이 살았던 서부이촌동에서의 1958년 그해 여름의 마지막 풍경을 떠올린다.

> 그 기억은 거대한 물의 무서움이었다. 1958년 9월 4일부터 6일까지 전국적으로 내린 호우로 서울 경기 일대는 30여 년만의 큰 홍수 소동을 일으켰다. 그 폭풍우의 제 19호 태풍 이름은 그레이스였다. 이 태풍으로 전국적으로 이재민이 1만 3천 477명이 발생했고, 1만 445동의 건물 피해와 263억 2천 9백만원의 재산피해를 냈다. 더구나 한강의 증수로 한강연변 낮은 지대는 모두 침수되고 서울에서만 약 2천여 세대 7천여 명의 이재민이 발생했다.
>
> ―「1958년, 그 여름의 끝」에서

용산구 이촌동은 조선시대 말까지도 모래벌판이어서 여름에 장마가 지면 홍수를 피해 강변으로 옮겨 살았기 때문에 마을을 떠난다는 의미의 이촌동(移村洞)이라고 불렸다. 그러나 해방 후인 1946년 이촌 1·2동으로 행정구역이 나뉜 후, 1동은 동부이촌동(二村洞)으로 2동은 서부이촌동(二村洞)으로 불리며 오늘에 이르렀다. 이곳은 조선 초기부터 대역죄인의 처형장이었는데, 그때부터 죽은 사람의 혼령을 천도시키기 위해 '지노귀새남'라는 굿을 하는 데서 유래한 '새남터'라는 지명이 있다. 한강대교와 원효대교 사이에 있어서 태풍이 오면 한강이 넘쳐 항상 피해가 컸다.

　작가의 가족은 1958년 봄 경기도 부천군 소사읍에서 서울 용산구 서부이촌동으로 이사를 한다. 그리고 6개월도 안 되어 제19호 태풍 그레이스의 홍수로 가게와 집을 잃고, 한 달 동안 한강학교에 수용되어 생활하게 된다. 그런데 왜 작가는 이때의 쓰라린 기억을 캘리포니아 앞바다 망망대해 배 위에서 수많은 혹등고래가 펼치는 군무를 보면서 떠올리게 되었을까? 그 기억은 우리 앞에 제시되는데, 2개다. 하나는 홍수로 인해 한강이 범람했을 때 강물에 휩쓸려가는 소꿉친구 '재원'의 죽음에 관한 것이고, 다른 하나는 작가의 엄마가 학교 건물 바닥에서 배급받은 미군 담요 한 장을 덮고 난산 끝에 동생을 낳은 것이다. 그 후 수재민들은 미아리 공동묘지 옆 삼양동 허허벌판에 지은 천막촌에서 힘겨운 생활을 시작한다. 제19호 태풍 그레이스는 이처럼 가혹한 수해재난으로 작가의 가슴속에 끔찍한 악몽으로 깊이 각인되었다.

　작가는 왜 삶과 죽음이 교차하는 물에 대한 공포를 상징하는 두 개의 고통스런 기억을 이야기하는 것일까? 아마도 극한의 상황에서 삶과 죽음이라는 이름이 결코 다르지 않다는 것을 말하고 싶었을지 모른다. 이러한 생사의 경계를 가로지르며 삶의 운명을 결정짓는 서사적 화자의 두 번째 모습을 살펴보자.

1971년 12월 25일 오전 9시 30분경, 서울 충무로에 있는 대연각 호텔에 화재가 발생했다. 이 화재로 총 166명이 사망하고, 68명이 부상당했다. 사망자는 한국인 122명, 교포 5명, 일본인 8명, 중국인 3명, 미국인 1명, 인도인과 터키인 각 1명, 국적불명 25명 등 다양한 국적의 사람들이다. 그만큼 대연각 호텔은 당시에 국제적 감각의 숙소였다.

「천사의 도시」에서 나오는 주인공 '나'의 남편 'Y'도 이때 죽었다. 출장을 가기 위해 예약했던 항공편이 하루 지연되면서, 항공사에서 제공한 숙소가 대연각 호텔이었던 것이다. 이 참변에 대해 시아버지는 며느리 탓으로 돌렸다. "여자가 잘못 들어와 집안에 참변이 벌어졌다"며, "너는 며느리가 아니라 살인자다", 라고 말하는 시아버지의 눈빛은 싸늘했다.

> Y가 세상을 떠난 이듬해 나는 오랜 진통 끝에 아들을 낳았다. 난산이었다. 내 새끼라는 사실을 증명하듯 아이의 손목에는 파란 점이 돋아나 있었다. 작은 생명체가 꿈틀거릴 때마다 그 파란 점이 별빛처럼 반짝였다. 사람들의 몸에는 왜 점이 있을까. 저마다 감춰둔 사연, 또는 앞으로 펼쳐질 일들이 응축되어 까맣게 맺혀 있는 게 아닐까. 우리 아이는 어떤 사연을 안고 태어났을까. 나는 그 파란 점을 눈여겨 보며 아이의 운명을 점쳐보곤 했다. 시부모는 자기 집안의 핏줄만 남기고 내가 사라져주길 바랐다. 그것이 영원불변의 진리라고 말하는 듯한 Y의 부모 앞에서 나는 벙어리가 되어버렸다. 마음속에서 소용돌이치는 말들이 밖으로 나올 엄두를 내지 못하고 사그라졌다.
>
> ―「천사의 도시」에서

'Y'가 세상을 떠난 후 '절망과 환상 속에서' 허우적거렸던 '나'는 이듬해 출산을 한 지 아흐레 만에 '자기 집안의 핏줄만 남기고' 떠나 주길 바라는 시부모의 요구에 어쩔 수 없이 미국행 비행기에 몸을 실었다. 스스로 생을 마감하고 싶었으나 결국 용기를 내지 못했던 '나'의 미국행은 '과거를 지우기 위한 최선의 선택'이었다. '나'는 미국에서 한국에서의 간호사 경력을 인정받아 일자리를 구할 수 있었다. 이로써 '나'는 한국에서의 정신적 외상을 가슴속에 묻은 채 미국생활에 적응해 나갔다.

이러한 개인적 상황과는 달리 국가적 위기 속에서 어쩔 수 없이 실직하게 된 후, 새로운 삶에 대한 도전의식으로 불투명한 미래를 각오하며 미국 이민을 선택한 서사적 화자의 세 번째 모습을 살펴보자.

우리나라가 국제통화기금(IMF)에 구제금융을 요청한 것은 김영삼 정부 마지막 시기인 1997년 11월 말경이다. 국가 빚은 총 1,500억 달러가 넘고, 외환보유액은 39억 달러까지 급감했다. 1997년 12월 3일 임창열 경제부총리와 강드쉬 IMF총재가 긴급자금지원 기자회견을 열었고, 이후 IMF로부터 195억 달러, 세계은행(IBRD)과 아시아개발은행(ADB)으로부터 각각 70억 달러와 37억 달러의 구제금융을 지원받아 간신히 국가부도 사태는 막았다. 이때 IMF는 돈을 빌려주는 대가로 우리나라에 무지막지한 조건을 제시하였다. 당시 대통령 선거 후보들에게, 대통령에 당선되면 김영삼 정부가 IMF와 한 약속을 꼭 지키겠다는 각서를 쓰라고까지 무례한 요구를 하였다.

1997년 11월, 지역적 금융위기로 시작된 한국의 IMF(국제통화기금)는 가장 먼저 강철밥통과도 같던 남편이 다니던 은행을 뒤흔들었다. 남편이 공채로 일반사원이 되고 출근한 지 꼭 26년째 되던 해였다. 남편은 명문대를 졸업하던 해에 시아버지의 권유로 은행에 들어

갔다. - 중략 -. 결국에는 실력을 인정받아 고속 승진을 하였고, 다른 입사 동기들보다 제일 먼저 지점장이 되었다. 그러나 한국에 IMF가 터진 지 1년 만에 잘려나갈 때도 가장 먼저 1순위가 되었다.

—「어디에 있든 무엇을 원하든」에서

1998년 2월 새로 들어선 김대중 정부는 그 약속을 충실히 지켰고, 국민들의 자발적인 금모으기 운동과 아나바다 운동(아껴 쓰고, 나눠 쓰고, 바꿔 쓰고, 다시 쓰기 운동)에 힘입어 2001년 8월 23일 IMF에서 빌린 돈을 모두 갚음으로써, 외환 위기에서 완전히 벗어날 수 있었다. 그러나 외환위기로부터는 벗어났지만, 대량실직이라는 서민들의 삶은 풍전등화의 상황으로 내몰리고 있었다.「어디에 있든 무엇을 원하든」의 주인공 '나'는 남편과 함께 이러한 IMF 위기상황에서 1998년 미국 이민을 결행한 것이다. 그러나 개인이 정신적 외상을 겪는 방식은 꼭 국가적 위기에 어떻게 살 것인지 고민하는 데에만 있는 것은 아니다.「천사의 도시」에 등장하는 '수민'처럼 자식의 미래를 준비해주고자 자발적으로 불법적 미국원정출산을 선택한 경우도 있다.

이 세상에는 수많은 길이 있고, 사람들은 심사숙고해서 선택한 방향으로 발걸음을 옮긴다. 미국행 비행기에 몸을 실은 산모들이 얻고자 하는 건 바로 독수리가 새겨진 여권이다. 아이의 이름 석 자가 찍힌 여권을 어떻게든 취득해서 반쪽 미국인으로 살게 하려는 것이다. 원정출산이라는 달콤한 유혹에 깊이 빠져든 산모들은 어떤 위험도 감수하겠다는 각오로 비행기를 탄다. 방문 비자 여행객으로 위장하고 말이다. 그 유행은 들불처럼 번졌고 수민도 그런 특별한 여행길에 오른 산모였다.

—「천사의 도시」에서

"내 새끼한테 물려줄 재산이 없으니 미국시민권이라도 만들어주고" 싶고, 훗날 그것을 가지고 자기 자식이 기름진 환경에서 교육받고 다양한 혜택을 누리며 살 수 있다면, 부모로서 더 바랄게 없다는 입장이다.

'수민'은 출산 직후, "이제부터 엄마는 너를 위해 살 거야. 니가 원하는 것이라면 뭐든지 해줄 거야"라고 아기에게 말한다. 이것은 '나'가 시댁에 빼앗긴 아이에게 꿈에서나 할 수 있는 말이다. 이제 '수민'은 '나'의 소타자(a)가 되어 내 안의 가장 소중한 나가 된다. 이렇게 하여 나에게 원정출산에 대한 도덕적인 죄의식은 사라지고, 고국의 신생아를 내 눈으로 보고, 내 손으로 안아주고 싶은 모성애로 전환된다.

3. 그들은 미국에서 어떤 삶을 살고 있나?

「천사의 도시」의 '나'는 중년에 접어들면서 삶에 회의를 느끼고, 더 늙기 전에 좀 더 가치 있는 일을 모색하기 위해 간호사 생활을 그만둔다. 어쩌면 오래전부터 '나'의 마음속에는 젊어서 박탈당한 엄마의 자리를 회복하고 싶은 욕망이 꿈틀거리고 있었을지 모른다. 그래서 그가 선택한 새로운 직업이 산후조리사라면, 서사적 화자의 목소리는 계속될 수밖에 없다.

나는 병원에 사표를 낸 후 발 빠르게 움직였다. 언제부턴가 내 안에 차오른, 신생아만을 돌보고 싶은 욕심을 채우기 위해서였다. 어떤 식으로든 갚을 길 없는 부채의식을 조금이나마 덜어보려는 심산인지도 몰랐다. 결단과 정리는 신속하게 이루어졌다. 나는 로스엔젤리스

한인 타운에 일자리를 얻었다. 산후조리사였다.

—「천사의 도시」에서

　빼앗긴 자식에 대한 강렬한 욕망, 그것이 '나'로 하여금 산후조리사라는 직업을 갖게 한 것이라면, 자식을 향한 말할 수 없는 그리움이 '나'의 삶을 지탱하는 힘일 것이다. 고국의 신생아를 갈망하는 '나'의 욕망은 의식과 무의식의 세계를 넘나들며 독자들을 압도한다. 그 욕망은 결코 충족될 수 없는, 무의식적 충동을 반복하면서 '나'의 삶을 지배한다. 그것은 결코 '나'의 현실에서는 채워지지 않는다. 그리고 언젠가는 그 자식을 다시 만날 수 있으리라는 '나'의 희망 또한 부권적 은유라는 상징적 질서 속에 편입되지 않고, 지연된다.

　'나'는 상징적 질서에 순응할 뿐, 산후 조리원에서 자신의 상상적 질서 속으로 들어오는 산모들과의 동일시를 포기하지 않는다. '나'는 산후조리사로 일하면서 삼십여 년 전 한없이 슬프고 막막하던 나날들을 수도 없이 떠올렸을 것이다. '나'는 그 정신적 외상을 들여다보지 않고서는 살아갈 의미를 찾지 못 한다. 그래서 '나'는 '마음속 여기저기 떨어져 있는 돌부리에 계속 걸려' 넘어지면서도 결코 그곳을 떠나지 않는다. 왜냐하면 그곳에는 '나'가 그렇게 갈망하는 욕망의 실체, 즉 "해산하고서 미역국조차 얻어먹지 못한 젊은 여자와 손목에 푸른 점이 돋아난 핏덩이"가 있기 때문이다.

　「천사의 도시」에서 산후조리사인 '나'는 「너와 나의 자장가」에서 어떤 모습으로 살아가는 알아보자! 주인공 '나'는 사십이 넘어 LA로 이민을 온, 현재 52세 산후조리사다. 28세에 첫 아이를 지운 이후로, 아기의 얼굴을 보면, 그때 얼굴도 모른 채 형체도 없이 사라져간 아기의 울음소리와 함께 '아랫도리에서 날카로운 금속소리가 철거덕철거덕' 환청처럼 들려온다. 그 이유로 '나'는 죽은 아기에게 엄마로서 아무것도 해주지 못한 대가로, 그 결여를 채우기 위해 끊임없이 그때로 돌아가고 싶어 한다.

출장 산후조리 회사를 통하여 산후도우미의 직업을 시작한 건 돈 때문만은 아니었다. 뱃속의 아이를 떠나보낸 뒤부터 내 마음 안에는 구멍이 숭숭 뚫려 있었다. 그 구멍들을 무엇으로든 메워야만 했다. 어쩌면 처음부터 아기들을 돌봐야겠다는 생각보다는 숭숭 뚫려 있는 내 마음속의 구멍들을 메우려 했는지도 몰랐다.
                                                    ―「너와 나의 자장가」에서

현재 숭숭 뚫려 있는 내 마음속의 구멍을 메우기 위해서는 내 마음속에 구멍이 숭숭 뚫린 원인을 찾아야 한다. 그 원인은 죽은 아기에서 비롯되었으므로, '나'의 곁에 없는 아기를 불러오기 위해서는 그때의 기억을 재현하는 길밖에 없다. 그래야 아기가 '나'의 곁에 살아나기 때문이다. 그러나 죽은 아기를 불러오면, '나'의 고통은 이루 말할 수 없이 커진다. 그래서 나는 죽은 아기의 진혼을 위해 살아 있는 아기에 대한 헌신적 삶을 선택한 것이다. 그것이 산후조리사다.

「어디에 있든 무엇을 원하든」에서 IMF 때 남편과 함께 이민 간 '나(미경)'는 어떻게 살아가고 있을까? '나(미경)'는, 아르헨티나로 이민 갔다가 그곳에서 번 돈으로 미국에 와 LA의 자바시장에서 아동복가게를 하고 있는 친구 '상희'의 권유로 그곳에서 보따리 장사를 시작한다. LA의 자바시장(Jobber Market)은 LA뿐만 아니라 캘리포니아 전체의 의류도매시장으로, 한국의 동대문 시장과 같은 곳이다. '나(미경)'는 한국에 살고 있는 고모에게 부탁한 상품들(중년여자들 바지, 요즘 유행하는 칼라의 니트 상의, 핑크-하양-검정-회색의 면 티셔츠, 야한 디자인의 레이스 잠옷들)을 가지고 미국 전역으로 사업영역을 넓혀가며 출장판매에 나선다.

첫 출장지는 애리조나(Arizona)주 피닉스(Phoenix)를 시작으로 투산(Tucson), 멕시코 국경지역 시에라 비스타(Sierra Vista), 유마(Yuma)까지이다. 특히 유마에서 만난 '오리엔탈 기프트' 가게 주인, 검정 무명치마와 흰 저고리를 입고 '두레처럼 꼬아 올려 쪽진 머리에 은비녀를 질끈' 꼽은 50 후반의 한국 여인의 말은 아주 인상적이다.

저 황량한 사막에 혼자 서 있는 선인장들보다도 더 많이 외로웠지. 이렇게 은비녀를 꼽고, 한복을 입어야 내가 한국 사람이라는 걸 내 스스로 확인할 수 있거든. 모두가 다 미국인들이라 내가 백인인가 헷갈린단 말이야.

─「너와 나의 자장가」에서

'그녀'는 열아홉 살에 백인 남편에게 시집와서, 40년 가까이 미국에서 살았다. 그 세월 동안 '저 황량한 사막에 혼자 서 있는 선인장들보다도' 더한 외로움을 이기기 위해, 그리고 한국인이라는 사실을 잊지 않기 위해 머리에 은비녀를 꼽고 한복을 입어야 했다. 그래야만 엄혹하고 고독한 현실에서 한국인으로서 자신의 정체성을 지킬 수 있었기 때문이다.

'그녀'는 떠나는 '나'에게 '이 앞 큰길에서 좌회전하여 한 시간쯤 가면 한국 사람 가게 한 군데 더' 있으니, 엄청 반가워할 거라며 꼭 들려서 가달라고 주문한다. 그곳의 이름은 '디스카운트 스토어'였다. 거기에는 미국 지사로 발령받았던 대학시절 산악결혼식까지 약속했던 '윤민우' 선배가 어떤 이유에서인지는 모르지만, '세월이 하얗게 내려앉은 사막의 잡초처럼' 초췌하고 살고 있었다. 두 사람의 이 극적인 만남은 좀 생뚱맞은 느낌이 든다. 그러나 자발적이건 그렇지 않건 미국 사회의 하층민으로 혹은 이방인으로 살아가는 한국 이민자들은 미국의 주류사회가 관심을 두지 않는 생존의 틈새에서 삶의 터전을 일구면서 살아가고 있었던 것이다.

'나(미경)'가 남편과 함께 시작한 한국인 가게 찾아가기는 처음에는 생존을 위한 행동이었을지 모르지만, 그들이 한인 가게의 주인들을 만날 때마다 서로 반가워하는 심리적 근원에는 한국인으로서 자기정체성의 문제가 놓여 있다. 나의 삶을 만들어가는 과정은 마음의 고향, 더 나아가 민족정체성이라는 정신적 자장 속으로 흡수된다. 이제 그들의 마음속에는 동포애적 유대감과 민족적 정체성이 자리를 잡고, 서로가 서로에게 기쁨과 위로를 건네주는 주체로서의 타자, 타자로서의 주체가 된다. 이런 민족정체성의 본질은 60·80년대의 가장 민족적인 것이 가장 세계적이라는 한국문학의 문화적 담론과도 일맥상통한다.

그럼 「자카란다의 사랑」의 '나(유진국)'는 '조명자'와 위장결혼으로 미국에 간 후 어떻게 살아가고 있을까? 위조 여권으로 무사히 LA에 도착한 그는 다음날부터 페인트공인 중학 동창 '박경칠'을 따라 페인트 일터로 나간다. 그러나 '박경칠'이 6개월 동안 일만 시키고 품삯을 한 푼도 주지 않자, 그는 페인트 가게에서 만난 '김씨'와 함께 '박경칠'의 집을 나온다. 그 후 페인트 기술자로 인정받고 큰 회사의 하청을 맡으면서 그의 생활은 조금씩 안정되어 갔다.

> 나는 매일 새벽 6시에 명자의 집인 부에나팍에 가 있었다. 내가 사는 곳에서 삼십 분 거리에 있지만 2년 동안 단 하루도 거르지 않았다. 그녀의 집에 들어가서 십 분 만에 커피 한 잔만 들고 나오는 저릿저릿한 생활을 하였다. - 중략 -. 이제 페인트 일도 기술자로 인정받고 큰 회사의 하청을 받아서 일을 하니까 수입도 조금씩 안정되어 갔다. 그

렇게 일 년이 지나갔다. - 중략 -. 결혼서류로 이민국에 영주권 신청한 지 2년하고도 3개월 되었을 때 인터뷰하러 오라는 통지서가 왔다.
—「자카란다의 사랑」에서

그는 매일 새벽 6시 자기가 살고 있는 곳에서 30분 거리, 오렌지 카운티(Orange County) 부에나팍(Buena Park)에 있는 '조명자'의 집에 가는 일을 2년 동안 하루도 거르지 않았다. 그리고 결혼서류를 구비하여 이민국에 영주권을 신청한 지 2년 3개월 만에 인터뷰에 통과한다. 그런데 '독수리사냥'에서 이기고 한국에 있는 사랑하는 사람 '서양순'을 초청하려는 바로 그 순간에, "서양순이 감전사고로 사망하였음. 2월 2일 오전 10시 시립병원에서 장례식"이라고 적힌 짧은 사연의 편지가 도착한다.

그러나 '서양순'의 죽음이라는 이 비극적 전환은 이미 예정된 것인지 모른다. 자카란다(Jacaranda)는 봄에 피는 꽃으로 우리나라 벚꽃과 비슷하다. 연분홍 벚꽃의 꽃말이 '봄의 설렘과 환희'라면, 보랏빛 자카란다의 꽃말은 '화사한 행복'이다. 자카란다는 색깔이 다른 벚꽃인 셈이다. 「자카란다의 사랑」에는 총 세 명의 '자카란다'가 등장한다. 그러니까 이 작품은 세 명의 '자카란다 이야기'가 뒤섞여 있다고 봐야 한다. 한 명은 이미 죽었고, 다른 두 명도 독자들은 쉽게 찾을 수 있다.

실제로 작품에는 '자카란다'라는 등장인물이 나온다. 세 번의 결혼으로 매퀸 박 챠우 춘자가 된 여자. 보라색을 좋아해서 영어 이름을 '자카란다'라고 지은 여자. 동두천에서 미군과 결혼하여 낳은 아들 토니로부터 버림 받은 여자. 한국 남자 박씨를 만나 재혼했던 여자. 데킬라를 마시고 마리화나를 피우는 여자. 중국 남자와 헤어지고 '유진국'을 찾아온 여자. 이러한 사실 말고는 '자카란다'에 대해 알 수가 없다. 독자들은 각자의 추리능력으로 판단할 뿐이다. 그녀는 후에 '유진국'을 찾아가 함께 살자고 말하지만, 어느 시점에 그런 마음을 먹게 되었는지조차 알 수 없다.

두 사람의 만남은 어떤 의미를 가지는가? 둘의 만남은 비행기에서 스치듯 한 번, 나이트클럽 레인보우에서 두 번 이루어진다. 첫 번째 만남은 의미가 없었고, 그 후의 만남에서는 '자카란다'의 신세한탄이 전부다. 그런데 그들은 어떻게 사랑을 하게 되었을까? '유진국'이 '자카란다'를 사랑한다는 흔적은 어디에도 없다. 그는 자기를 찾아온 '자카란다'를 받아주었을 뿐이다. 그렇다면 남은 것은 '자카란다'의 사랑인데, 안타깝게도 그 흔적 또한 어디에서도 찾을 수 없다. 그들의 만남은 미래를 알 수 없는 서로의 비참한 삶에 대한 위장일 뿐이다.

마지막으로 「자카란다의 사랑」를 그 시절을 회상하게 하는 자카란다의 이미지로 본다면, 자카란다는 '조명자'일지 모른다. 위장결혼 상대자인 '조명자'와 한국에서 같은 비행기를 타고 오면서 정이라도 들었던 것일까? 그녀는 비행기에서 내린 뒤 갈 생각을 안 하고 못내 아쉬운 듯, 며칠 뒤 꼭 연락을 달라며 전화번호를 건네준다.

> 연보라색 꽃잎들은 바람이 불 때마다 한들한들 나부끼며 가지에서 떨어졌다. 공항에서의 조명자 얼굴이 자꾸만 스쳐 지나갔다. 그녀는 헤어지는 것이 못내 아쉬운 듯 갈 생각을 안 하고 엉성하게 말끝을 흐렸었다. 그녀는 "며칠 뒤에 꼭 연락 주셔야 되요. 우리 집은 부에나팍이에요."라면서 내게 전화번호를 건네주었다.
> ― 「자카란다의 사랑」에서

위장결혼에 대한 계획은 한국에서 모두 이야기를 하고 온 상태일 텐데, '조명자'의 태도에는 사랑의 감정이 배어 있다. 왜 24세의 '유진국'은 연보라색 꽃잎을 볼 때마다 23세의 '조명자'의 얼굴을 떠올릴까? 그리고 작품의 말미에서 '서양순'이 죽고 나서 절망에 빠진 '유진국'이 이혼 서류에 싸인을 해 달라고 요구하자, 그녀는"꼭 그래야 하나요? 사랑은 움직이는 거예요."라고 말하며, '유진국'에 대해 사랑을 고백하는 듯한 태도를 취한다. 그 이유는 뭘까? 그린카드라고 불리는 영주권을 얻기 위해 함께 노력한 시간 때문일까? 오히려 이 말은 통속적으로 위장결혼에 들어간 3만불의 비용이 아까워서도, '유진국'이 '조명자'에게 하는 편이 더 설득력이 있다고 본다. 만약 자카란다의 사랑이 모두가 꿈꾸는 그러한 자유로운 욕망의 행위라면 이해될까? 독자로서, 한 인간으로서, 필자는 동의할 수 있다.

4, 그들은 자신들의 삶에서 무엇을 발견하였나!

「자카란다의 사랑」첫 대목은 "자카란다 꽃잎이 날리는 5월의 LA 도심은 보랏빛 향기가 그윽하게 퍼져간다"로 시작된다. 첫 문장부터 무척이나 화사하고 향기로움을 느낄 수 있다. 자카란다라는 생소한 꽃나무의 이름이, 보랏빛 향기가, LA라는 도시가 그렇다. 월셔-웨스턴(Wilshire-Western), 월셔-킹슬리(Wilshire-Kingsley), 성 바실 성당 광장(St. Basil Church Korean Catholic Apostolate), 핸콕팍(Hancock Park)의 미라클 마일(Miracle Mile), 한인타운 6가와 라브레아(La Brea)에서부터 알바라도 맥아더 공원(Alvarado MacArthur Park)과 같은 이국의 이름들과 함께 자세한 묘사는 독자들에게 이민자와 같은 설렘을 주기에 충분하다.

월셔-웨스턴, 월셔-킹슬리, 성 바실 성당 광장에는 푸른 하늘보다 진한 보랏빛 자카란다 나무의 은은한 향기가 아침 공기를 한층 더 싱그럽게 한다. 특히 코리아타운과 인접한 행콕팍의 미라클 마일 일대에서는 4월부터 자카란다 꽃이 피기 시작해 온 세상을 보랏빛으로 물들여 놓는다. 이곳은 거의 한 달 동안 보라색 꽃 터널을 만들어 지나가는 이들과 운전자들을 즐겁게 해준다. 한인타운 6가와 라브레아에서부터 알바라도 맥아더 공원까지 흐드러지게 피어난, 자카란다 꽃은 높은 나무 가지에 보랏빛 꽃이 포도송이처럼 탐스럽게 주렁주렁 피어나는 설렘과 환희를 넘어 그리움이 송이송이 매달려 있는 꽃이다.

— 「자카란다의 사랑」에서

위에 열거된 아름답고 화려한 지역은 LA에 한정돼 있지만, 이런 공원과 상점들은 미국 대도시 어디에서도 쉽게 찾아볼 수 있다. 아메리칸 드림을 꿈꾸며, 미국 이민을 가려는 사람들은 누구나 저런 곳에서 살기를 바랄 것이다. 그러나 마음먹은 대로 잘 돌아가지 않는 곳이 현실이다. 지금은 미국이 심리적으로 아주 가까운 곳이 되었지만, 그러나 직항으로도 11~13시간을 꼬박 날아가야 도착할 수 있을 만큼 여전히 물리적 거리는 멀다.

'유진국'이 미국 생활을 회상하며, "LA에서의 미국 생활은 시작부터 우툴두툴한 거칠음이었다."고 이야기한 말 속에는 미국 이민자들의 고달픈 삶이 압축적으로 녹아 있다. 이것은 인종의 도가니 사회에서 이웃과 서로 연대하지 않고는 살 수 없다는 것을 역설적으로 드러낸다.

인간 사이의 갈등은 어쩔 수 없는 상황에서 시작된다. 어쩔 수 없이 함께 살다 보니, 마음이 가고, 사랑하게 되고, 또 미워지면 헤어지고 싶고, 다른 이들을 질투하게 되고……. 이 뻔한 사랑과 전쟁 같은 이야기가 만고의 진리인 이유는 아마 가장 인간적이기 때문일 것이다. 「자카란다의 사랑」에서 각각의 등장인물들은 이러한 사실을 잘 보여준다. '조명자'가 '유진국'을 떠나보내지 않으려고 머뭇거리는 것이나, '유진국'이 죽은 '서양순'을 마음속에서 지우지 못 해서 괴로워하는 것이나, '자카란다'가 '유진국'을 찾아와 자신의 신세를 한탄하며 슬퍼하는 장면들은 사람은 어디에서건 연대하지 않고는 살 수 없다는 것을 단적으로 증명한다. 그들은 서로의 가슴을 보듬어주는 연대를 통해 '푸른 대륙에서 이제 마음 풀고 푹' 쉬고 싶은 것이다.

이러한 연대는 영어를 모국어처럼 할 수 없는 사람에게는 불가능하다는 것, 그런 사람은 소통맹이 되어 사회적 고립을 피할 수 없게 된다는 사실을 깨달은 후에야 가능하다. 「어디에 있든 무엇을 원하든」에 나오는 애리조나 유마 시의 '오리엔탈 기프트' 가게 주인 은비녀 여자가 그런 경우다.

> 한국말을 잊어버릴까 봐 한국의 친정 오빠와 밤새워 통화도 했었지.
> 처음에 이곳에 왔을 때는 한국 사람이 하도 그리워서 색동저고리 한복을 입고 내가 사는 아파트를 하루종일 빙빙 돌아다녔어. 멀리서라도 어떤 한국인이 색동저고리 입은 거 보고 말 걸어 올 수 있겠지 하고.
> ─「어디에 있든 무엇을 원하든」

이런 경우의 이민자들은 다른 타자를 만나지 않으면 자신이 정녕 누구인가를 잊어버릴지 모른다. 그래서 그들은 고국의 역사와 문화적 전통에 깊은 관심을 갖게 된다. 그들은 고향은 말할 것도 없고 한국적인 것들에 집착하고, 그것을 획득하여 계속 소유하려고 한다. 내가 한국인임을 알아달라고 색동 한복 차림으로 아파트 주변을 마구 돌아다니고, "한국어를 잊어버릴까 봐 한국의 친정오빠와 밤새도록 통화"를 하고, 일부러 한복을 입고 손님을 맞이하는 은비녀 여자는 영락없는 1960년대 한국의 시골 아낙을 닮았다. 작가가 손자손녀들이 모국어를 잊지 않도록 하기 위해 「천사의 도시」는 「The City of Angels」로, 「자카란다의 사랑」은 「The Love of Jacaranda」로 영역한 것도 모국어의 중요성을 알기 때문일 것이다.

이러한 언어와 문화를 다른 동포들과 공유하려는 피눈물 나는 노력 속에서, 이민자들은 민족의 정체성을 잃지 않고 유지하고 있는 것이다. 이렇게 하여 "내 나라 물건을 팔고 있으니 애국자는 바로 나", 라는 이민자들의 길 위의 서사가 만들어진다.

> 그렇다. 나는 그렇게 대답해주며 살았다. 나는 그들이 원하는 무엇이든 그곳이 어디든 가져갔다. 그리고 이제 몸이 지쳐 뉘일 곳을 찾아들었다. 이 낯선 아메리카의 어느 한 곳에서 나는 저물고 있다.
> 이곳에 머물며 저문 해를 바라보던 어느 날 문득, 나는 깨달았다.
> ─Anything you want, I go everywhere.
> 그곳이 어디든 무엇을 원하든, 내가 그들이 그리워하는 내 모국의 물건을 찾아들고 간 그곳이 바로, 그 옛날 아버지가 보부상으로 전국을 누비다 지쳐 돌아와 몸을 뉘일 때 바로 그 몸에서 나던 빛깔과 향기의 진원지였다는 것을.
> ──「어디에 있든 무엇을 원하든」에서

길 위에서 '나(미경)'가 자신의 삶도 황혼에 접어들고 있음을 느끼고, 그 옛날 아버지가 몸에 묻혀온 먼 곳의 바람과 흙과 술 냄새에 대해 생각한다. 아버지가 묻혀온 그것들의 빛깔과 향기는 내가 어렸을 때 가보지 못한 그 아득한 곳으로부터 비롯된 것들이다. 지금 생각해 보면, 그 아득한 곳은 '나'가 anything you want, I go everywhere 라고 외치며 찾아간 그런 공간들이었다. 이역만리 타국에서 살아온 내 삶의 근원이 바로 아버지와 함께 이미 시작되었다는 사실을 알아채는 것, 이것이야말로 삶의 신비가 아니겠는가?

그곳에서 자신에 대해, 나는 누구인가? 나의 뿌리는 무엇인가? 내 삶의 목적은 무엇이었나? 내가 살아온 삶은 어떤 모습인가? 질문하고, 그 질문에 응답하는 방식으로 자기가 태어난 고향에 대해 생각하고, 그럼으로써 마음의 고향은 조국이 된다. 이런 마음의 고향이 구체적인 모습으로 내 눈 앞에 출현한다면, 우리는 어떤 반응을 보일까?

저는 우리 아기 손목에 박힌 이 파란 점을 보면 신기하다 못해 신비스러워요. 손목의 점이 시댁유전이래요. 아기 아빠 손목에도 파란 점이 있거든요. 어떻게 이런 콩알만 한 점이 할아버지의 손목에도 아버지의 손목에도 아들의 손목에도 생겨날까요. 이 파란 점을 보고 있으면, 어느 누구도 끊을 수 없는 단단한 핏줄이 느껴져요.

— 「천사의 도시」에서

작가가 짜놓은 퍼즐이 풀리듯, 소설 속 어떤 등장인물도 알지 못하던 '나'와 '수민' 사이에 가로놓여 있는 혈연의 비밀이 급기야 모습을 드러내는 극적 순간이다. 이 말에 충격을 받은 "내 마음속으로 묵직하고 습한 무엇인가 툭 떨어"지고, "동시에 내 몸이 휘청거린다." 아기 손목의 '파란 점'이 시댁의 유전이라는 생물학적 사실 앞에, "수민과 이어진 끈에는 향긋하면서도 알싸한 냄새가 묻어 있었"고, "여느 산모와는 달리 수민은 까마득히 멀어진 시간 속으로 나를 이끌었"던 그 '묘한 이끌림'의 비밀이 밝혀진 것이다.

아무것도 모르는 '수민'은 말을 잇는다. "아기를 낳고 보니까 자기를 열 달 동안 품고 있던 엄마의 얼굴도 이름도 모르는 남편이 더 안쓰러워요." 이 말을 끝으로 서사적 화자는 더 이상 이야기를 전개하지 않는다. 서사적 화자의 시선은 작품의 서두에서처럼 다시 저 팜츄리 나무 아래에서 살아가는 사람들의 공간으로 향한다.

백인, 흑인, 황인종……. 유럽계, 히스패닉, 중국계, 한국계, 베트남계……. 스포츠 선수, 영화배우, 유학생, 관광객, 불법체류자, 노숙자, 원정출산자……. 이들은 긴 가뭄과 갑작스런 겨울비, 넘치는 사람과 광활한 자연, 빈곤과 풍요, "Goddam!"과 "Why not?"이 서로 공존하는 이곳에서 혼돈에 빠져든다. 나도 여전히 그 혼돈 속에 있다. 긴 여름과 짧은 겨울 속에서 새 생명의 울음소리가 메아리치고, 건조한 땅에서 평생 땀을 흘리다 꽃이나 바람이 되는 곳, 사람들은 이곳을 천사의 도시라 부른다.

— 「천사의 도시」에서

현실 속에서 '나'는 아직도 '혼돈' 속에서 살고 있다. 그러나 '나'는 이제 아기에게 엄마 노릇을 못한 과거의 거세된 주체가 아닌, 자기 속의 타자를 포용하는 충만한 주체로 성숙한 걸까? 또는 타인의 시간이 아닌 자신의 시간 속에서 스스로를 타자의 위치로 끌어올리며, 보다 성숙한 세계시민이 되어가고 있는 걸까? 모든 사람들이 함께 머무는 땅, "긴 여름과 짧은 겨울 속에서 새 생명의 울음소리가 메아리치고, 건조한 땅에서 평생 땀을 흘리다 꽃이나 바람이 되는 곳, 사람들은 이곳을 천사의 도시라 부른다."

작가는 첫 소설집 『어디에 있든 무엇을 원하든』을 출간한 이후, 더욱 더 도전적인 삶을 살기 위해 스스로에게 다시 되물어야 한다. 소설 쓰기란 무엇인가? 소설은 왜 쓰는가? 소설을 어떻게 쓸 것인가? 그렇게 하여 작가는, 생물학적 혈연에서부터 인류의 문화적 차원에 이르기까지, 스스로의 서사적 전략 속에서, 끈질긴 생명력으로 살아가는 사람들에게 타자로서의 자기 자신을 발견하는 세계시민적 주체로 거듭나야 한다.

신화와 역사 그리고
욕망의 서사

초판 1쇄 인쇄 2022년 11월 20일
초판 1쇄 발행 2022년 11월 30일

지은이 이봉일
펴낸곳 굿모닝미디어
펴낸이 이병훈

출판등록 1999년 9월 1일 제10-1819호
주소 서울시 마포구 동교로 50길 8, 201호
전화 02) 3141-8609
팩스 02) 6442-6185
전자우편 goodmanpb@naver.com

ISBN 978-89-89874-45-4 93800

* 책값은 뒤표지에 있습니다.
* 잘못된 책은 구입하신 서점에서 바꾸어 드립니다.